全国职业教育“十三五”规划教材
职 业 教 育 公 共 基 础 课 教 材

化　　学

主　编　张　杨　张汉武
副主编　张卫华　穆慧娟
编　者　张卫华　张汉武　陈　冰
　　　　张　杨　庞超良　穆慧娟

河南大学出版社
HENAN UNIVERSITY PRESS
·郑州·

内容简介

本教材是根据《中等职业学校化学教学大纲》所规定的基础内容和要求编写的。从中等职业教育的地位和作用出发，结合化学的学科特点、学生的认知水平、社会需求和中等职业学校教学的实际情况，选材广泛、内容丰富、形式新颖多样，兼顾基础性、灵活性以及实用性，突出职业教育的特点，便利教学。本书主要内容有：物质的结构及变化；电解质溶液；物质的量；化学反应的基本知识；重要的非金属及其化合物；几种金属及其重要化合物；来自化石能源的基本化工原料—烃；烃的衍生物及高分子合成材料。

图书在版编目（CIP）数据

化学 / 张杨，张汉武主编. —郑州：河南大学出版社，2018. 8
职业教育公共基础课教材
ISBN 978 - 7 - 5649 - 3444 - 6

Ⅰ. ①化… Ⅱ. ①张… ②张… Ⅲ. ①化学-中等专业学校-教材 Ⅳ. ①06

中国版本图书馆 CIP 数据核字（2018）第 186089 号

责任编辑 阮林要
责任校对 张雪彩
封面设计 郭 灿

出 版 河南大学出版社
地址：郑州市郑东新区商务外环中华大厦 2401 号
邮编：450046
电话：0371-86059701（营销部）
网址：www. hupress. com
排 版 河南宏运蓝图文化传媒有限公司
印 刷 郑州市运通印刷有限公司
版 次 2018 年 8 月第 1 版　　**印 次** 2018 年 8 月第 1 次印刷
开 本 787mm×1092mm 1/16　　**印 张** 14. 25
字 数 374 千字　　**定 价** 35. 00 元

前言

化学是重要的基础科学之一，在与物理学、生物学、自然地理学、天文学等学科的相互渗透中，得到了迅速的发展，也推动了其他学科和技术的发展。例如，核酸化学的研究成果使今天的生物学从细胞水平提高到分子水平，建立了分子生物学；对地球、月球和其他星体的化学成分的分析，得出了元素分布的规律，发现了星际空间有简单化合物的存在，为天体演化和现代宇宙学提供了实验数据，还丰富了自然辩证法的内容。

化学对我们认识和利用物质具有重要的作用，世界是由物质组成的，化学则是人类用以认识和改造物质世界的主要方法和手段之一，它是一门历史悠久而又富有活力的学科，与人类进步和社会发展的关系非常密切，人类在化学领域取得的成就是社会文明的重要标志。

本教材是根据《中等职业学校化学教学大纲》所规定的基础内容和要求编写的。从中等职业教育的地位和作用出发，结合化学的学科特点、学生的认知水平、社会需求和中等职业学校教学的实际情况，选材广泛、内容丰富、形式新颖多样，兼顾基础性、灵活性以及实用性，突出职业教育的特点，便利教学。本教材在体系和内容结构上，理论知识和元素化合物知识相对独立，穿插编排，兼顾教学的选择性和学生的可接受性。在知识的深度和广度上，理论知识侧重科学态度和化学观念的形成，元素化合物知识侧重化学与生活、生产的联系，并且尽量从学生已有知识或熟悉的生活常识出发，深入浅出，通俗易懂。在内容呈现上，除了教材内容外，添加了“小锦囊”和“知识库”等内容，灵活多样，充分调动学生的积极性。由于本教材组稿仓促，希望广大教师和教研人员以及学生朋友在使用教材的过程中提出宝贵的意见和建议。

编 者

2018 年 5 月

目 录

第一章 物质的结构及变化

本章概述

在初中已经学习了氧、氢、碳、铁等元素和它们的一些化合物以及一些有关原子结构的知识，初步了解了元素的性质与元素原子核外电子层排布有密切的关系，基本了解了离子化合物和共价化合物的形成过程以及化合价的实质。本章将在初中学习的基础上，进一步学习原子结构、元素周期律，化学键的知识，为继续较深入地学习化学打下基础。

教学目标

1. 了解原子结构的相关知识。
2. 熟悉并掌握元素周期律和元素周期表。
3. 理解并掌握化学键中的离子键和共价键的概念。

第一节　原子的基本结构

一、原子核

原子核虽小，但并不简单，它是由质子和中子构成的。现将构成原子的粒子及其性质归纳于表 1-1 中。

表 1-1　构成原子的粒子及其性质

构成原子的粒子	电　了	原子核	
		质子	中子
电性和电量	1 个电子带 1 个单位负电荷	1 个质子带 1 个单位正电荷	电中性
质量/kg	9.1094×10^{-31}	1.6726×10^{-27}	1.6749×10^{-27}

原子作为一个整体为电中性，而核电荷数（mlclear charge number）又是由质子数决定的，因此，

$$核电荷数(Z)=核内质子数=核外电子数$$

从表1－1可以看出，电子质量很小，仅约为质子质量的1/1 836。所以，原子的质量主要集中在原子核上。质子和中子的相对质量分别为1.007和1.008，取近似整数值为1。如果忽略电子的质量，将原子核内所有的质子和中子的相对质量取近似整数值加起来，所得的数值，叫做质量数，用符号 A 表示。中子数用符号 N 表示。则

$$质量数(A)=质子数(Z)+中子数(N)$$

所以，只要知道上述三个数值中的任意两个，就可以推算出另一个数值。例如，知道碳原子的核电荷数为6，质量数为12，则

$$碳原子的中子数\ N=A-Z=12-6=6$$

归纳起来，如以 ${}^{A}_{Z}X$ 代表一个质量数为 A、质子数为 Z 的原子，那么，组成原子的粒子间的关系可以表示为

$$原子{}^{A}_{Z}X\begin{cases}原子核\begin{cases}质子 & Z个\\ 中子 & (A-Z)个\end{cases}\\ 核外电子 \qquad\qquad Z个\end{cases}$$

知识库

原子是由居于原子中心的带正电荷的原子核和核外带负电荷的电子构成的。原子很小，但原子核又比原子小得多，它的半径约为原子半径的几万分之一，它的体积只占原子体积的几千万亿分之一。如果假设原子是一座庞大的体育场，则原子核只相当于体育场中央的一只蚂蚁。

二、同位素

1. 同位素

（1）定义　人们把具有相同的质子数和不同的中子数的同一元素的原子互称同位素（isotope）。许多元素都有同位素。如 ${}^{1}_{1}H$，${}^{2}_{1}H$，${}^{3}_{1}H$ 是氢的三种同位素；铀元素有 ${}^{234}_{92}U$，${}^{235}_{92}U$，${}^{238}_{92}U$ 等多种同位素；碳元素有 ${}^{12}_{6}C$，${}^{13}_{6}C$ 和 ${}^{14}_{6}C$ 等几种同位素。

（2）用途　许多同位素具有重要的用途，如可以利用 ${}^{2}_{1}H$、${}^{3}_{1}H$ 制造氢弹；利用 ${}^{235}_{92}U$ 制造原子弹和作核反应堆的燃料；利用 ${}^{60}_{27}Co$ 给金属制品探伤，抑制马铃薯、洋葱等发芽并延长它们的储存保鲜期，以及治疗癌肿等。而 ${}^{12}_{6}C$ 就是我们将它的质量的1/12当做相对原子质量标准的那种碳原子。

2. 元素的相对原子质量

天然存在的某种元素，不论是以单质状态存在还是以化合物状态存在，各种同位素原子所占的百分比一般是不变的。通常我们所说的某种元素的相对原子质量（relative atomic mass），实际上是按该元素各种天然同位素原子所占的百分比求得的平均质量与 ${}^{12}_{6}C$ 质量的1/12之比。

小锦囊

同种元素的原子数与中子数的比较

具有相同核电荷数（即质子数）的同一类原子总称为元素，即同种元素的原子的质子数一定相同，那么，它们的中子数是否也一定相同呢？

实验证明，同种元素的原子的中子数不一定相同。例如，氢元素的原子都含 1 个质子，但氢原子有的不含中子，有的含 1 个中子，有的含 2 个中子。

不含中子的氢原子叫做氕，用 $^{1}_{1}H$ 表示；

含 1 个中子的氢原子叫做氘，就是重氢，用 $^{2}_{1}H$（或 D）表示；

含 2 个中子的氢原子叫做氚，就是超重氢，用 $^{3}_{1}H$（或 T）表示。

三、原子核外电子的排布

1. 电子层

氢原子只有一个电子，这个电子在核外空间一定区域内做高速运动。在含有多个电子的原子里，由于电子的能量不尽相同，它们运动的区域也不相同。通常，能量低的电子在离核近的区域运动，而能量高的就在离核较远的区域运动。

根据这种差别，可以把核外电子分成不同的电子层。用 n 表示从内到外的电子层次，n = 1，2，3，4，5，6，7，分别称为 K，L，M，N，O，P，Q 层。n 值越大，说明电子离核越远，能量越高。

2. 核外电子排布

核外电子的分层运动，又叫核外电子的分层排布。科学研究证明，电子一般总是尽先排布在能量最低的电子层里，对于核电荷数为 1 ~ 18 的原子来说，核外电子的排布是先排 K 层，K 层排满后，排布 L 层，L 层排满后，再排布 M 层。

那么每个电子层排布多少个电子才算排满了呢？为了解决这个问题，首先来研究稀有气体元素的原子中电子排布的情况，见表 1 – 2。

表 1 – 2　稀有气体元素原子的电子排布情况

核电荷数	元素名称	元素符号	各电子层的电子数					
			K	L	M	N	O	P
2	氦	He	2					
10	氖	Ne	2	8				
18	氩	Ar	2	8	8			
36	氪	Kr	2	8	18	8		
54	氙	Xe	2	8	18	18	8	
86	氡	Rn	2	8	18	32	18	8

从表 1 – 2 不难看出，K 层，L 层，M 层最多能排布的电子数。也不难看出，不论有几个电子层，最外层的电子数最多只有 8 个（若最外层是 K 层，则为 2 个电子）。一般地说，最外层 8 个电子是相对稳定的结构。

讨论

1. 根据表 1 – 2 和初中学习的部分元素原子结构示意图的知识，讨论核电荷数为 1 ~ 18 的元素原子核外电子排布的情况以及核外电子排布的一般规律，并将讨论的结果分别填入表

1－3和表1－4中。

表1－3　核电荷数为1～18的元素原子核外电子排布的情况

核电荷数	元素名称	元素符号	各电子层的电子数		
			K	L	M
1	氢				
2	氦				
3	锂				
4	铍				
5	硼				
6	碳				
7	氮				
8	氧				
9	氟				
10	氖				
11	钠				
12	镁				
13	铝				
14	硅				
15	磷				
16	硫				
17	氯				
18	氩				

表1－4　核外电子分层排布的一般规律

K层为最外层时，最多能容纳的电子数	
除K层外，其他各层为最外层时，最多能容纳的电子数	
次外层最多能容纳的电子数	
第 n 层里最多能容纳的电子数	$2n^2$

2. 根据第 n 层最多能容纳 $2n^2$ 个电子的规律，请你检验一下你所判断的K，L，M层最多容纳的电子数是否符合这一规律。

第二节　元素周期律和元素周期表

一、元素周期律

1. 核外电子排布的周期性

表1－5为原子序数为1～18的元素原子最外电子层的电子数。

• 原子序数为1～2的元素，即从氢到氦，有一个电子层，电子由1个增加到2个，达到稳定结构。

• 原子序数为3～10的元素，即从锂到氖，有两个电子层，最外电子层电子数从1个递增到8个，达到稳定结构。

• 原子序数为11～18的元素，即从钠到氩，有三个电子层，最外电子层电子数也从1个递增到 8 个，达到稳定结构。对 18 号以后的元素继续研究的结果表明，每隔一定数目的元素，会重复出现原子最外层电子数从 1 个递增到 8 个的情况。也就是说，随着原子序数的递增，元素原子的最外层电子排布呈周期性的变化。

知识库

迄今为止，人类已经发现和人工合成了一百余种元素。这些元素之间是否存在着某种内在联系？为了探讨这个问题，我们将核电荷数为 1 ~ 18 的元素的核外电子排布、原子半径和主要化合价列成表（表 1 -5）来加以讨论。为了方便，人们按核电荷数由小到大的顺序给元素编号，这种序号叫做该元素的原子序数（atomic number）。显然，原子序数在数值上与该元素原子的核电荷数相等。表 1 -5 就是按原子序数的顺序编排的。

表 1 -5　1 ~ 18 号元素的核外电子排布、原子半径和主要化合价

原子序数	1							2
元素名称	氢							氦
元素符号	H							He
核外电子排布	1							2
原子半径/nm	0.037							—①
主要化合价	+1							0
原子序数	3	4	5	6	7	8	9	10
元素名称	锂	铍	硼	碳	氮	氧	氟	氖
元素符号	Li	Be	B	C	N	O	F	Ne
核外电子排布	2 1	2 2	2 3	2 4	2 5	2 6	2 7	2 8
原子半径/nm	0.152	0.089	0.082	0.077	0.075	0.074	0.071	—
主要化合价	+1	+2	+3	+4 -4	+5 -3	-2	-1	0
原子序数	11	12	13	14	15	16	17	18
元素名称	钠	镁	铝	硅	磷	硫	氯	氩
元素符号	Na	Mg	Al	Si	P	S	Cl	Ar
核外电子排布	2 8 1	2 8 2	2 8 3	2 8 4	2 8 5	2 8 6	2 8 7	2 8 8
原子半径/nm	0.186	0.160	0.143	0.117	0.110	0.102	0.099	—
主要化合价	+1	+2	+3	+4 -4	+5 -3	+6 -2	+7 -1	0

注：①稀有气体元素原子半径的测定方法与相邻非金属元素的不同，数字不具有可比性，故不列出。

2. 元素主要化合价的周期性变化

从表 1－5 可以看到，从第 11 号元素到第 18 号元素在极大程度上重复着从第 3 号元素到第 10 号元素所表现的化合价的变化——正价从 +1(Na) 逐渐递变到 +7(Cl)，从中部的元素开始有负价，负价是从 -4(Si) 递变到 -1(Cl)。第 18 号元素以后的元素的化合价，同样与前面 18 种元素有相似的变化。也就是说，元素的化合价随着原子序数的递增而起着周期性的变化。

原子序数(原子的核电荷数)、核外电子排布和原子半径，均是原子结构的重要数据。元素的主要化合价是元素的重要性质。今后将要学习到的元素的其他许多性质，也具有与元素原子结构及主要化合价相似的周期性变化的趋势。

通过以上讨论，可以归纳出这样一条规律，就是元素的性质随着元素原子序数的递增而呈周期性的变化。这个规律叫做元素周期律(periodic law of elements)。

元素性质的周期性变化是元素原子结构(特别是原子核外电子排布)的周期性变化的必然结果。

3. 原子半径的周期性变化

从表 1－5 和图 1－1 可以看出，由锂到氟，随着原子序数的递增，原子半径由 0.152 nm 递减到 0.071 nm，即原子半径由大逐渐变小。再由钠到氯，随着原子序数的递增，原子半径由 0.186 nm 递减到 0.099 nm，原子半径也是由大逐渐变小。如果把所有的元素按原子序数递增的顺序排列起来，将会发现，随着原子序数的递增，元素的原子半径发生周期性的变化。

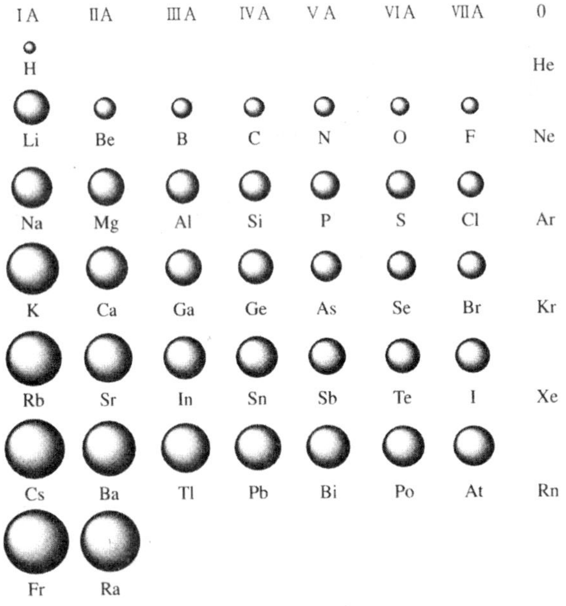

图 1－1　一些元素原子半径的周期性变化

二、元素周期表的基本知识

1. 元素周期表的基本结构

(1)横行　元素周期表有 7 个横行，也就是 7 个周期。具有相同的电子层数而又按照原子序数递增的顺序排列的一系列元素，称为一个周期(period)。

周期的序数就是该周期元素具有的电子层数。除第 1 周期只包括氢和氦、第 7 周期尚未填满外，每一周期的元素都是从最外层电子数为 1 的活泼的金属元素（第一周期除外）（如锂、钠、钾等）开始，逐渐过渡到最外层电子数为 7 的活泼的非金属元素（如氟、氯等），最后以最外层电子数为 8 的稀有气体元素结束。

（2）周期　元素周期表共有 7 个周期，第 1 至第 3 为短周期，第 4 至第 6 为长周期，第 7 周期尚未发现完，称为不完全周期。

元素周期表下方有两行元素，即镧系元素和锕系元素，它们分别属于第 6 和第 7 周期。这两个系列元素由于它们各自的电子层结构和性质相近，所以分别把它们作为一个系列放在第 6、第 7 周期各一个格内。为了使表更清晰并且使表的结构紧凑，同时把这两个系列所含元素分别展开另列于表的下方。

（3）纵行　周期表有 18 个纵行。除了第 8，9，10 这 3 个纵行合称第Ⅷ族元素外，其余 15 个纵行，每个纵行标作一族。

● 族（group）又分主族（main group）和副族（Subgroup）。由短周期元素和长周期元素共同构成的族，叫做主族；完全由长周期元素构成的族，叫做副族。

● 主族元素在族的序数（习惯用罗马数字表示）后面标一 A 字，如ⅠA，ⅡA，…。副族元素标一 B 字，如ⅠB，ⅡB，…。稀有气体元素化学性质非常不活泼，在通常状况下难以发生化学反应，历史上把它们的化合价看做 0，因而叫做 0 族。

知识库

根据元素周期律，把电子层数目相同的各种元素，按原子序数递增的顺序从左到右排成横行，再把不同横行中最外电子层的电子数相同的元素，按电子层数递增的顺序由上而下排成纵行，这样得到的一个表，叫做元素周期表（periodic table of elements）。元素周期表是元素周期律的具体表现形式，它反映了元素之间相互联系的规律，是我们学习化学的重要工具。

（4）过渡元素　元素周期表的中部从ⅢB 族到ⅡB 族 10 个纵行，包括了第Ⅷ族和全部副族元素，共六十多种元素，称为过渡元素。这些元素都是金属元素，所以又把它们叫做过渡金属元素。

2. 周期表影响元素性质的因素

元素在周期表中的位置，反映了该元素的原子结构和一定的性质。于是，可以根据某元素在周期表中的位置，推论它的原子结构和一定的性质。

根据一些元素在周期中的位置，可以分析判断元素的金属性与非金属性的变化趋势。金属元素的原子容易失去电子，非金属元素的原子容易得到电子，所以，元素失、得电子的能力，是元素金属性、非金属性强弱的一种表现。

● 在同一周期中，各元素的原子核外电子层数虽然相同，但从左到右，核电荷数依次增多，原子半径逐渐减小，原子核对最外层电子的引力逐渐增大，失电子能力逐渐减弱，得电子能力逐渐增强，因此，金属性逐渐减弱，非金属性逐渐增强。

● 在同一主族的元素中，由于从上到下电子层数增多，原子半径增大，虽然核电荷数也逐渐增多，但原子半径的增大起主要作用，原子核对最外层电子的引力逐渐减弱，失电子能力逐渐增强，得电子能力逐渐减弱，所以元素的金属性逐渐增强，非金属性逐渐减弱。

● 以上的分析判断可以从以后的元素化合物知识的学习中得到印证。

注：副族元素化学性质的变化规律比较复杂，这里就不讨论了。

另外，还可以在周期表上对金属元素和非金属元素进行分区（表1－6）。沿着周期表中硼、硅、砷、碲、砹和铝、锗、锑、钋之间画一条虚线，虚线的左边是金属元素，右边是非金属元素。周期表的左下方是金属性最强的元素，右上方是非金属性最强的元素。最右一个纵行是稀有气体元素。由于金属性、非金属性没有严格的界线，位于分界线附近的元素不仅表现出某些金属性质，而且也表现出某些非金属性质。

表1－6　元素金属性和非金属性的递变

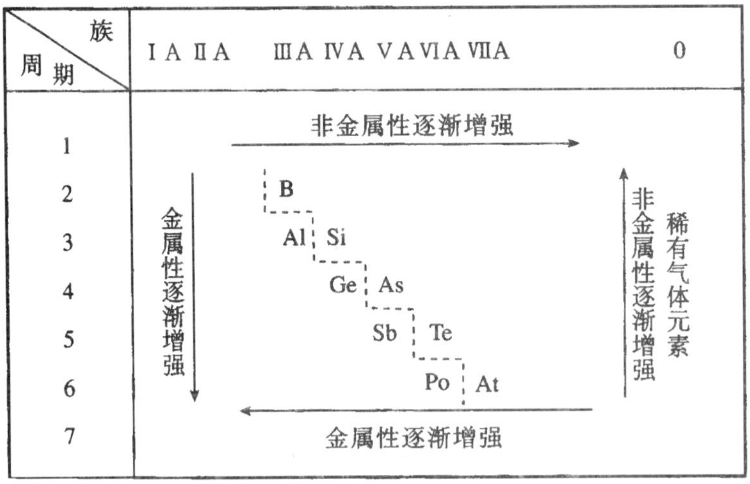

讨论

在元素周期表中，什么元素金属性最强，什么元素非金属性最强？从原子结构如何说明？

根据某些元素在周期表中的位置，可以分析判断它们的性质是否相似。如果某些元素处于同一主族中，则是由于它们的原子最外层电子数相同，在化学反应中得电子或失电子的趋势和数目基本相同，它们的化学性质也相似。例如ⅦA族元素氟、氯、溴、碘，它们的原子最外电子层都有7个电子，容易得到1个电子形成8电子稳定结构，因此性质相似，都是活泼的非金属元素。如果元素处于不同的主族，它们的化学性质就有差异，而且元素的族序数差值越大，则性质差异就越大，这从表1－6中就可以显示出来。

根据元素在周期表中的位置，还能判断它们的化合价。元素的化合价与原子的电子层结构有关，特别是与最外层电子的数目有关。所以，一般将元素原子的最外层电子叫做价电子。

- 在周期表中，主族元素的最高正化合价等于它所在族的序数（O，F除外），这是因为族序数与最外层电子（即价电子）数相同。例如，钠、钾等最外层都只有1个电子，属于ⅠA族，都是+1价。
- 非金属元素的最高正化合价，等于原子所失去或偏移的最外层的电子数；而它的负化合价，则等于原子最外层达到8个电子稳定结构所需要得到的电子数（例如氯属于ⅦA族，原子最外层电子数为7，最高正化合价是+7，而负化合价是－1）。
- 非金属元素的最高正化合价和它的负化合价的绝对值的和等于8。

注：副族元素和第Ⅷ族元素的化合价比较复杂，这里就不讨论了。

三、元素周期律和元素周期表的历史意义

历史上，为了寻求各种元素及其化合物间的内在联系和规律性，许多人进行了各种尝试。1869 年，俄国化学家门捷列夫在前人探索的基础上发现了元素周期律，并编制了第一个元素周期表。直到 20 世纪原子结构理论有了发展之后，元素周期律和元素周期表才发展成为现在的形式。

1. 元素周期律对化学的影响

元素周期律的发现，对化学的发展有很大的影响。元素周期表是学习和研究化学的一种重要工具。元素周期表是元素周期律的具体表现形式，它反映了元素之间的内在联系，是对元素的一种很好的自然分类。我们可以利用元素的性质、它在周期表中的位置和它的原子结构三者之间的密切关系，来对化学进行学习和研究。

过去，门捷列夫曾用元素周期律来预言未知元素并获得了证实。此后，人们在元素周期律和周期表的指导下，对元素的性质进行了系统的研究，对物质结构理论的发展起了一定的推动作用。不仅如此，元素周期律和周期表为新元素的发现及预测它们的原子结构和性质提供了线索。

2. 元素周期律对工、农业生产的影响

元素周期律和周期表对于工、农业生产也具有一定的指导作用。由于在周期表中位置靠近的元素性质相似，这样，就启发了人们在周期表中一定的区域内寻找新的物质。

- 通常用来制造农药的元素，如氟、氯、硫、磷等在周期表里占有一定区域。对这个区域里的元素进行充分的研究，有助于制造出新品种的农药。
- 可以在周期表中金属与非金属的分界处找到半导体材料，如硅、锗、硒、镓等。
- 在过渡元素中寻找催化剂和耐高温、耐腐蚀的合金材料。

3. 元素周期律对自然科学的影响

元素周期律的重要意义，还在于它从自然科学方面有力地论证了事物变化中量变引起质变的规律性。

知识库

元素周期律的发现

从 18 世纪中叶到 19 世纪中叶的 100 年间，随着科学技术的发展，新的元素不断地被发现。到 1869 年，人们已经知道了 63 种元素，并积累了不少关于这些元素的物理、化学性质的资料。因此，人们产生了整理和概括这些感性材料的迫切要求。在寻找元素性质间的内在联系的同时，提出了将元素进行分类的各种学说。

1829 年，德国人德贝莱纳（Döereiner，1780—1849）根据元素性质的相似性提出了“三素组”学说。他归纳出了 5 个“三素组”：

Li Na K　　Ca Sr Ba　　P As Sb　　S Se Te　　Cl Br I

在每个“三素组”中，中间元素的相对原子质量大致等于其他两种元素相对原子质量的平均值，有些性质也介于其他两种元素之间。但是，在当时已经知道的 54 种元素中，他却只能把 15 种元素归入“三素组”，因此，不能揭示出其他大部分元素间的关系。但这却是探求元素性质和相对原子质量之间关系的一次富有启发性的尝试。

1864 年，德国人迈耶耳(Meyer,1830—1895)发表了《六元素表》。在表中，他根据相对原子质量递增的顺序把性质相似的元素每六种进行分族。但《六元素表》包括的元素并不多，还不及当时已经知道的元素的一半。

1865 年，英国人纽兰兹(Newlands,1837—1898)把当时已知的元素按相对原子质量由小到大的顺序排列，发现从任意一种元素算起，每到第八种元素就和第一种元素的性质相似，犹如八度音阶一样，他把这个规律叫做“八音律”。但是，由于他没有充分估计到当时的相对原子质量测定值可能有错误，而是机械地按相对原子质量由小到大排列；他也没有考虑到还有未被发现的元素，没有为这些元素留下空位。因此，他按“八音律”排的元素表在很多地方是混乱的，没能正确地揭示出元素间的内在联系的规律。

1869 年，门捷列夫在继承和分析了前人工作的基础上，对大量实验事实进行了订正、分析和概括，成功地对元素进行了科学分类。他总结出一条规律：元素(以及由它所形成的单质和化合物)的性质随着相对原子质量的递增而呈周期性的变化。这就是元素周期律。他还根据元素周期律编制了第一张元素周期表，把已经发现的 63 种元素全部列入表里。他预言了和硼、铝、硅相似的未知元素(门捷列夫称它们为类硼、类铝和类硅元素，即以后发现的钪、镓、锗)的性质，并为这些元素在表中留下了空位。他在周期表中也没有机械地完全按照相对原子质量数值由小到大的顺序排列，并指出了当时测定的某些元素的相对原子质量数值可能有错误。若干年后，他的预言和推测都得到了证实。门捷列夫工作的成功，引起了科学界的震动。人们为了纪念他的功绩，就把元素周期律和周期表称为门捷列夫元素周期律和门捷列夫元素周期表。但是由于时代的局限，门捷列夫揭示的元素内在联系的规律还是初步的，他未能认识到形成元素性质周期性变化的根本原因。

20 世纪以来，随着科学技术的发展，人们对于原子的结构有了更深刻的认识。人们发现，引起元素性质周期性变化的本质原因不是相对原子质量的递增，而是核电荷数(原子序数)的递增，也就是核外电子排布的周期性变化。这样才把元素周期律修正为现在的形式，同时对于元素周期表也做了许多改进，如增加了 0 族等。

第三节　化学键的基本知识

一、离子键

【实验 1－1】　取一块绿豆大小并已切去表层的金属钠，用滤纸吸净煤油，放在石棉网上，用酒精灯预热。待钠熔融成球状时，将盛氯气的集气瓶倒扣在钠的上方(如图 1－2)，然后观察现象。

钠在氯气中剧烈燃烧，生成的氯化钠小颗粒悬浮在气体中呈白烟状。

讨论

金属钠与氯气反应，生成了离子化合物氯化钠，试用已经学过的原子结构的知识，来分析氯化钠的形成过程，并将讨论的结果填入表 1－7 中。

表 1－7 氯化钠的形成

原子结构示意图	通过什么途径达到原子外层 8 电子稳定结构	用原子结构示意图表示氯化钠的形成过程
Na		
Cl		

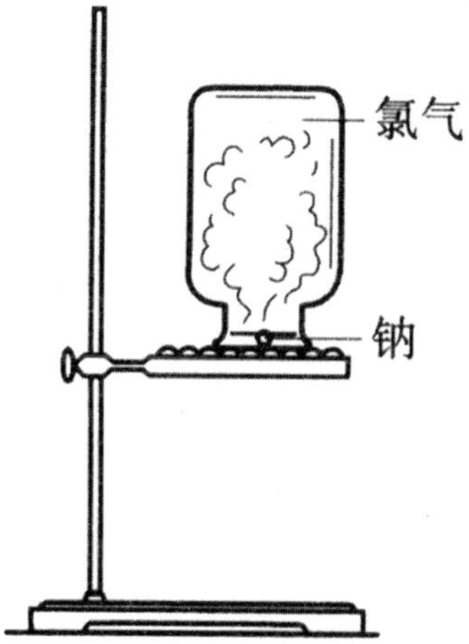

图 1－2 钠与氯气反应生成氯化钠

在钠跟氯气起反应时，钠原子的最外电子层的 1 个电子转移到氯原子的最外电子层上，从而形成了带正电荷的钠离子（Na^+）和带负电荷的氯离子（Cl^-）。这两种带有相反电荷的离子通过静电作用，形成了稳定的化合物。像氯化钠这样，使阴、阳离子结合成化合物的静电作用，叫做离子键（ionicbond）。

由于在化学反应中，一般是原子的最外层电子发生变化，所以，为了简便起见，可以在元素符号周围用小黑点（或 ×）来表示原子的最外层电子。这种式子叫做电子式。例如：

H·	:Cl:	·O·	Na·	·Mg·	·Ca·
氢原子	氯原子	氧原子	钠原子	镁原子	钙原子

离子化合物氯化钠的形成过程，也可以用电子式表示如下：

$$Na^{\times} + \cdot\ddot{\underset{\cdot\cdot}{Cl}}: \longrightarrow Na^+[\overset{\times}{\cdot}\ddot{\underset{\cdot\cdot}{Cl}}:]^-$$

活泼金属（如钾、钠、钙、镁等）与活泼的非金属（如氯、溴等）化合时，都能形成离子键。例如，溴化镁就是由离子键形成的：

$$:\ddot{\underset{\cdot\cdot}{Br}}\cdot + {}_{\times}Mg_{\times} + \cdot\ddot{\underset{\cdot\cdot}{Br}}: \longrightarrow [:\ddot{\underset{\cdot\cdot}{Br}}\overset{\times}{\cdot}]^- Mg^{2+} [\overset{\times}{\cdot}\ddot{\underset{\cdot\cdot}{Br}}:]^-$$

二、共价键

1. 共价键

在初中化学的学习中我们已经知道，Cl_2 分子与 H_2 分子反应生成 HCl 分子的过程中，电子不是从一个原子转移到另一个原子，而是形成共用电子对，为氯原子与氢原子所共用。共用电子对受到两个原子核的共同吸引，使两个原子形成化合物的分子。像这样原子之间通过共用电子对所形成的相互作用，叫做共价键(covalent bond)。

HCl 分子的形成过程可用电子式表示如下：

$$\mathrm{H}\times + \cdot\mathop{\mathrm{Cl}}\limits^{\cdot\cdot}_{\cdot\cdot}: \longrightarrow \mathrm{H}\mathop{\times}\limits^{\cdot}\mathop{\mathrm{Cl}}\limits^{\cdot\cdot}_{\cdot\cdot}:$$

2. 共价键的种类

(1)单质分子　许多单质分子，如 H_2，Cl_2 等，是通过共价键形成的，它们的形成过程也可用电子式表示如下：

$$\mathrm{H}\cdot + \cdot\mathrm{H} \longrightarrow \mathrm{H}:\mathrm{H}$$

$$:\mathop{\mathrm{Cl}}\limits^{\cdot\cdot}_{\cdot\cdot}\cdot + \cdot\mathop{\mathrm{Cl}}\limits^{\cdot\cdot}_{\cdot\cdot}: \longrightarrow :\mathop{\mathrm{Cl}}\limits^{\cdot\cdot}_{\cdot\cdot}:\mathop{\mathrm{Cl}}\limits^{\cdot\cdot}_{\cdot\cdot}:$$

(2)非金属元素　同种或不同种非金属元素化合时，它们的原子之间能形成共价键。

在化学上常用一根短线表示一对共用电子，因此，上述几种分子又可以表示为 H—Cl，H—H 和 Cl—Cl。

从有关离子键和共价键的讨论中，我们可以看到，原子结合成分子时原子之间存在着相互作用。这种相互作用不仅存在于直接相邻的原子之间，而且也存在于分子内非直接相邻的原子之间。前一种相互作用比较强烈，破坏它要消耗比较大的能量，是使原子互相联结形成分子的主要因素。这种相邻的原子之间强烈的相互作用叫做化学键(chemical bond)。

3. 用化学键的观点来概略地分析化学反应的过程

如分析 H_2 分子与 Cl_2 分子作用生成 HCl 分子的反应过程。反应的第一步是 H_2 分子和 Cl_2 分子中原子之间的化学键发生断裂(旧键断裂)，生成了 H 原子和 Cl 原子。反应的第二步是 H 原子和 Cl 原子相互结合，形成 H，Cl 之间的化学键 H—Cl(新键形成)。分析其他化学反应，可以得出过程类似的结论。因此，我们可以认为，一个化学反应的过程，本质上就是旧化学键断裂和新化学键形成的过程。

知识库

在通常情况下，氯化钠是晶体。在氯化钠晶体中，每个氯离子的周围都有 6 个钠离子，每个钠离子的周围都有 6 个氯离子，如图 1－3 所示。因此，在氯化钠晶体中不存在 NaCl 这样一个一个的分子。只有在蒸气状态时，才可能有 NaCl 分子或离子对。

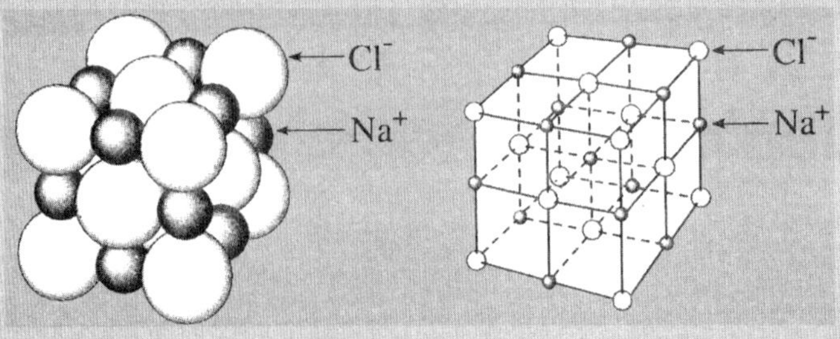

图 1－3　氯化钠晶体中 Na^+ 与 Cl^- 的排列方式示意图

知识拓展总结

主干知识梳理

一、元素、核素、同位素的比较

元素、核素、同位素的比较见表1－8。

表1－8 元素、核素、同位素的比较

	元素	核素	同位素
概念	具有相同核电荷数（质子数）的同一类原子的总称，与核外电子数无关	具有一定数目的质子和一定数目的中子的一种原子	质子数相同而中子数不同的同一元素的原子或同一元素的不同核素
范围	宏观概念，对同类原子而言，既有游离态又有化合态	微观概念，对某种元素的一种原子而言	微观概念，对某种元素的原子而言。因同位素的存在而使原子种类多于元素种类
特征	主要通过形成的单质或化合物来体现	不同的核素可能质子数相同，或中子数相同，或质量数相同，或均不相同	同位素质量数不同，化学性质相同；天然同位素所占原子个数分数一般不变；同位素构成的化合物如 H_2O，D_2O，T_2O 物理性质不同，但化学性质相同
实例	H，O	${}_1^1H$，${}_1^2H$，${}_7^{14}N$，${}_6^{14}C$，${}_{12}^{24}Mg$ 是不同的核素	${}_1^1H$，${}_1^2H$，${}_1^3H$ 为 H 的同位素

二、元素、同位素、同素异形体、同分异构体、同系物

（1）元素：指具有相同核电荷数（质子数）的同一类原子的总称，它以游离态（单质）和化合态（负价或正价态组成的化合物）存在于自然界。元素只论种类，不论个数，没有数量的含义。如不能说 H_2O 由两个氢元素与一个氧元素组成，应当说成 H_2O 由氢元素（种类）和氧元素（种类）组成，或者说成一个 H_2O 分子由两个氢原子和一个氧原子组成。到目前为止已发现112种元素，其中包括22种非金属元素，90种金属元素。决定元素种类的是核电荷数（或质子数）。

（2）同位素是核内质子数相同，但中子数不同的同种元素的不同原子的互称，即两同（同质子数、同一元素）两不同（中子数不同、原子不同），如${}_8^{16}O$，${}_8^{17}O$，${}_8^{18}O$ 等。同位素又分天然同位素与放射性同位素两种。同位素既有种类的含义，又有数量的含义。同位素构成的化合物是不同的化合物。如 H_2O，D_2O，T_2O 的物理性质不同，化学性质几乎相同。

同位素的特征：①同位素的化学性质几乎完全相同，但由于它们的中子数不同，造成了各核素质量有所不同，某些物理性质等有所不同。②在天然存在的某种元素里，不论是游离态还是化合态，各种核素含量一般是不变的。

（3）同素异形体：同一种元素形成的不同性质（结构不同）的单质。如 O_2 与 O_3、红磷与白磷等。注意：H_2 与 D_2，T_2 之间不能说成是同位素关系或同素异形体关系；H_2O 与 H_2O_2，Na_2O 与 Na_2O_2 也不能说成是同素异形体关系。

（4）同分异构体：具有相同分子式（或组成相同、相对分子质量也相同）和不同结构的化合物互为同分异构体。如正丁烷与异丁烷等。

（5）同系物：结构相似，在分子组成上相差一个或若干个 CH_2 原子团的物质互称为同系物。同系物一定具有同一个通式，化学性质相似，其物理性质随着相对分子质量的改变而呈现规律性变化。

三、电子云

(1)核外电子的特点:①质量很小,带负电荷;②运动的空间范围小(直径约为 10^{-10} m);③高速运动。

(2)电子云的概念:原子核外电子绕核高速运动是没有确定的轨道的,就好像一团“带负电荷的云雾”笼罩在原子核周围,这“带负电荷的云雾”称之为电子云。电子云密集(单位体积内小黑点多)的地方,电子出现的机会多;反之,电子云稀疏(单位体积内小黑点少)的地方,电子出现的机会少。

(3)电子层的表示方法:见表 1-9。

表 1-9 电子层的表示方法

电子层数(n)	1	2	3	4	5	6	7
符号	K	L	M	N	O	P	Q
最多容纳电子数($2n^2$)	2	8	18	32	$<2n^2$		
能量大小	K<L<M<N<O<P<Q						

四、原子核外电子分层排布的一般规律

在含有多个电子的原子里,电子依能量的不同分层排布,其主要规律如下:

(1)核外电子总是尽先排布在能量较低的电子层,然后由里向外,依次排布在能量逐步升高的电子层(能量最低原理)。

(2)原子核外各电子层最多容纳 $2n^2$ 个电子。

(3)原子最外层电子数目不能超过 8 个(K 层为最外层时不能超过 2 个)。

(4)次外层电子数目不能超过 18 个(K 层为次外层时不能超过 2 个),倒数第三层电子数目不能超过 32 个。

五、元素周期表中元素性质递变规律小结

元素周期表中元素性质递变规律,见表 1-10。

表 1-10 元素周期表中元素性质递变规律

内容	同周期(自左至右)	同主族(自上至下)
电子层数	相同	逐一增加
最外层电子数	逐一增加(除第一周期外均为 1~7)	相同
原子半径	逐渐减小	逐渐增大
得电子能力	逐渐增强	逐渐减弱
失电子能力	逐渐减弱	逐渐增强
氧化性	逐渐增强	逐渐减弱
还原性	逐渐减弱	逐渐增强
金属性	逐渐减弱	逐渐增强
非金属性	逐渐增强	逐渐减弱
最高价氧化物对应水化物的酸碱性	碱性逐渐减弱,酸性逐渐增强	碱性逐渐增强,酸性逐渐减弱

续表

内容	同周期(自左至右)	同主族(自上至下)
非金属形成气态氢化物的难易程度	由难到易	由易到难
气态氢化物稳定性	逐渐增强	逐渐减弱
化合价	最高正价由 +1 ~ +7 价,最低负价由 -4 ~ -1 价	最高正价等于族序数,负价的绝对值等于 8 - 族序数
离子半径	阳离子半径、阴离子半径均逐渐减小	阴、阳离子半径逐渐增大

六、离子键与共价键比较

离子键与共价键比较见表 1 - 11。

表 1 - 11 离子键与共价键比较

键型		概念	特点	形成条件	存在
离子键		阴、阳离子间通过静电作用所形成的化学键	阴、阳离子间的相互作用	活泼金属和活泼非金属通过得失电子形成离子键	离子化合物
共价键	非极性键	原子间通过共用电子对而形成的化学键	共用电子对不发生偏移	相同非金属元素原子的电子配对成键	非金属单质、某些化合物
	极性键		共用电子对偏向一方原子	不同非金属元素原子的电子配对成键	共价化合物、某些离子化合物

七、各种化学键进一步探究

1. 与离子键强弱有关的因素

影响离子键强弱的因素是,离子半径大小及所带电荷的多少。一般来说,阴、阳离子所带电荷数越高,离子半径越小,阴、阳离子间作用力越强,离子键就越强。离子键的强弱影响该离子化合物的熔沸点、溶解性等。如在 NaCl 与 KCl 中,前者离子键强于后者,所以熔点 NaCl > KCl。

2. 极性共价键的强弱是由哪些因素决定的

在共价化合物中,由于不同元素的原子吸引电子的能力不同,其共用电子对就必然或多或少地偏向于对它吸引力较大的那个原子,所以形成的键就有不同程度的极性。两种原子对电子对吸引能力的差别越大,它们之间的键的极性就越强,其中吸引电子对能力较大的原子一端显负电性,吸引电子对能力较小的一端显正电性。如在卤化氢分子中键的极性强弱的程度是 HF > HCl > HBr > HI,其原因就是吸引电子对的能力 F > Cl > Br > I。

3. 化学键与物质类别关系规律

(1)只含有非极性共价键的物质:同种非金属元素构成的单质,如 I_2,N_2,P_4,金刚石,晶体硅等。

(2)只含有极性共价键的物质:一般由不同非金属元素构成的共价化合物,如 HCl,NH_3,SiO_2,CS_2 等。

(3)既含有极性键又含有非极性键的物质：如 H_2O_2，C_2H_2，CH_3CH_3，C_6H_6（苯）等。

(4)只含有离子键的物质：活泼非金属元素与活泼金属元素形成的化合物，如 Na_2S，$CsCl$，K_2O，NaH 等。

(5)既含有离子键又含有非极性键的物质：如 Na_2O_2，CaC_2 等。

(6)由离子键、共价键、配位键构成的物质：如 NH_4Cl 等。

八、电子式的书写

(1)阴离子和复杂阳离子（如 NH_4^+、CH_3^+）要加括号，并注明所带电荷数，如 $[:\ddot{\underset{..}{O}}:H]^-$，

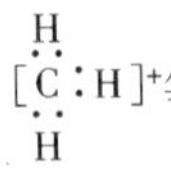

等。

(2)要注意化学键中原子直接相邻的事实，如 $MgBr_2$ 的电子式为 $[:\ddot{\underset{..}{Br}}:]^- Mg^{2+} [:\ddot{\underset{..}{Br}}:]^-$，不能写成 $Mg^{2+}[:\ddot{\underset{..}{Br}}:]_2^-$。

(3)要注意书写单质、化合物的电子式与单质、化合物形成过程电子式的差别，如 CO_2 的电子式为 $\ddot{O}::C::\ddot{O}$，CO_2 形成过程的电子式为：$\ddot{O}:+:C:+:\ddot{O}:\longrightarrow \ddot{O}::C::\ddot{O}$。

(4)要熟练掌握一些重要物质电子式的书写。

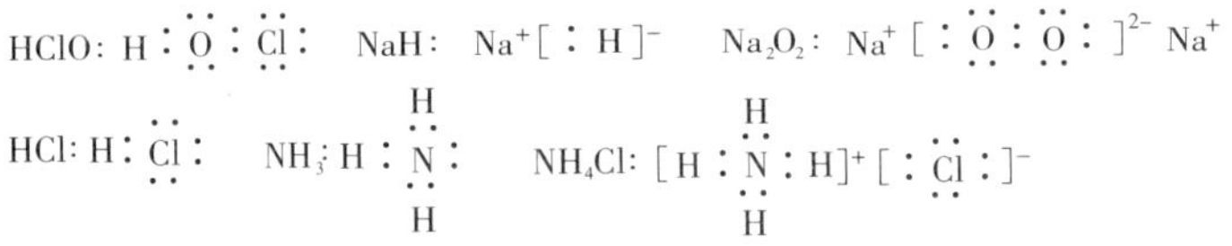

九、几种键参数和分子性质关系

共价键的物理量与应用如下：

(1)键能：是指 1.01×10^5 Pa 和 25 ℃下将 1 mol 理想气体分子 AB 拆开为中性气态原子 A 和 B 时所需要的能量（单位为 $kJ\cdot mol^{-1}$），键能越大，共价键越牢固，含有该键的分子越稳定。

(2)键长：在分子中两个成键原子的核间平均距离叫键长，原子间所形成的键，键长越短，键就越强、分子就越牢固。

(3)键角：在分子中键与键之间的夹角叫键角。键角可反映分子的空间构型，可进一步帮助我们判断分子的极性。

十、化学键与分子间作用力比较

化学键与分子间作用力比较，见表 1－12。

表 1－12 化学键与分子间作用力比较

	化学键	分子间作用力
概念	相邻两个或多个原子间强烈的相互作用	物质的分子间存在的微弱的相互作用
范围	分子内或某些晶体内	分子间
能量	键能一般为 120～800 $kJ\cdot mol^{-1}$	约几个至数十个 $kJ\cdot mol^{-1}$
性质影响	主要影响分子的化学性质	主要影响物质的物理物质

经典规律总结

一、粒子半径大小的比较

(1)同周期元素原子半径随原子序数递增而逐渐减小。如第三周期各元素原子半径大小排列为 Na > Mg > Al > Si > P > S > Cl(零族元素除外)。

(2)同主族元素原子半径随原子序数递增而逐渐增大。如第ⅠA 族各元素原子半径大小排列为 Li < Na < K < Rb < Cs。

(3)同周期阴、阳离子半径随原子序数递增均逐渐减小。如第三周期中 $Na^+ > Mg^{2+} > Al^{3+}$,$P^{3-} > S^{2-} > Cl^-$。

(4)同主族的阳离子半径与阴离子半径均随原子序数递增而增大。如第ⅠA 族中 $Li^+ < Na^+ < K^+ < Rb^+ < Cs^+$;第ⅦA 族中 $F^- < Cl^- < Br^- < I^-$。

(5)同种元素的原子以及形成的阴、阳离子半径大小为电子数越多,半径越大。如 $Fe^{3+} < Fe^{2+} < Fe$;$Cl < Cl^-$。

(6)电子层结构相同的离子(包括阴、阳离子)半径随核电荷数增加而减小。如 Ne 型结构的离子半径大小排列为${}_8O^{2-} > {}_9F^- > {}_{11}Na^+ > {}_{12}Mg^{2+} > {}_{13}Al^{3+}$(上一周期元素形成的阴离子与下一周期元素形成的阳离子有此情况)。

(7)核电荷数不同、电子层结构也不同的阴、阳离子半径相对大小可借助元素周期表判断。如 Li^+,K^+,S^{2-},Cl^-,Se^{2-},Ca^{2+}6 种离子半径大小排列为 $Se^{2-} > S^{2-} > Cl^- > K^+ > Ca^{2+} > Li^+$。

二、归纳有关主族元素的知识

(1)族序数等于周期数的元素:H,Be,Al;

(2)族序数等于周期数 2 倍的元素:C,S;

(3)族序数等于周期数 3 倍的元素:O;

(4)最活泼非金属或阴离子还原性最弱的元素:F;

(5)最易着火的非金属单质的元素:P;

(6)最轻的单质的元素:H,最轻的金属单质的元素:Li;

(7)常温下呈液态的非金属元素:Br,金属元素:Hg;

(8)元素的气态氢化物和它的最高价氧化物对应水化物起化合反应的元素:N;

(9)单质在常温下能与水反应放出气体的短周期元素:Li,Na,F。

三、简单微粒的结构特点

1. 离子的电子层排布

主族元素阳离子跟上一周期稀有气体元素的电子层排布相同,如 Na^+,Mg^{2+},Al^{3+}与 Ne 相同。

阴离子跟同一周期稀有气体元素的电子层排布相同,如 O^{2-},F^-与 Ne 相同。

2. 等电子微粒(注意主要元素在周期表中的相对位置)

(1)10 电子微粒: CH_4,N^{3-},NH_2^-,NH_3,NH_4^+,O^{2-},OH^-,H_2O,H_3O^+,F^-,HF,Ne,Na^+,Mg^{2+},Al^{3+}等。

(2)18 电子微粒:SiH_4,P^{3-},PH_3,PH_4^+,S^{2-},HS^-,H_2S,Cl^-,HCl,Ar,K^+,Ca^{2+},F_2,H_2O_2,C_2H_6,CH_3OH 等。

(3)核外电子总数及质子总数均相同的阳离子有 Na^+,NH_4^+,H_3O^+ 等;阴离子有 F^-,OH^-,NH_2^-,HS^-,Cl^- 等。

3. 元素原子结构的特殊性

(1)原子核中无中子的原子:^1_1H。

(2)最外层有 1 个电子的元素:H,Li,Na,Cs 等;最外层有 2 个电子的元素:Be,Mg,He 等。

(3)最外层电子数等于次外层电子数的元素:Be,Ar。

(4)最外层电子数是次外层电子数 2 倍的元素:C;最外层电子数是次外层电子数 3 倍的元素:O;最外层电子数是次外层电子数 4 倍的元素:Ne。

(5)最外层电子数是内层电子总数一半的元素:Li,P。

(6)电子层数与最外层电子数相等的元素:H,Be,Al。

(7)电子总数为最外层电子数 2 倍的元素:Be。

(8)次外层电子数是最外层电子数 2 倍的元素:Si。

掌握上述结构特点及规律就可以迅速找到解题突破口来推断元素及其原子序数等。

四,元素的金属性和非金属性判断

1. 金属性及其判定

(1)金属性和金属活动性的区别。金属性——金属气态原子失去电子能力的性质,金属活动性——在水溶液中,金属原子失去电子能力的性质,二者顺序基本上一致,极少数例外,如 Sn,Pb。

(2)金属性强弱的比较。

①根据原子结构:原子半径(电子层数)越大,最外层电子数越少,金属性越强,反之则越弱。

②根据元素在周期表中的位置:同周期中,从左到右,随原子序数增加,金属性减弱;同主族中,由上到下,随原子序数增加,金属性增强。金属性最强的元素为 Cs。

③根据实验:a. 跟水或酸反应置换氢的难易,越易者金属性越强。b. 最高价氧化物对应水化物碱性强弱,碱性越强者金属性越强。c. 根据金属活动性顺序表(极少数例外)。d. 原电池反应中正负极,做负极的金属活泼。e. 与盐溶液的置换反应。

2. 非金属性及其判定

(1)元素的非金属性和非金属单质的活泼性的区别。

①非金属性:指非金属原子得电子的能力。

②非金属单质的活泼性:指单质分子与其他物质反应的难易。二者不一定一致,如非金属性 $N > P$,而单质活泼性 $N_2 < P_4$。

(2)非金属性强弱的比较。

①根据原子结构:原子半径(电子层数)越小,最外层电子数越多,非金属性越强,反之则越弱。

②根据元素在周期表中的位置:同周期中,从左至右,随原子序数增加,非金属性增强,同主族中,由上到下,随原子序数增加,非金属性减弱。非金属性最强的元素为 F。

③根据实验:a. 与氢气化合的难易及氢化物的稳定性,越易、越稳定者非金属性越强。b.

最高价氧化物对应的水化物酸性强弱，越强者非金属性越强。c. 与盐溶液之间的置换反应。d. 与同种金属反应的难易，如：

$$2Cu + S \xlongequal{\triangle} Cu_2S \quad Cu + Cl_2 \xlongequal{点燃} CuCl_2$$

五、元素化合价的变化规律

(1)元素的化合价随着原子序数的递增，正价从 +1 到 +7 价，负价从 -4 到 -1 价，呈现出周期性变化规律。

(2)最外层电子数 = 主族序数 = 最高正化合价。

(3)|最低负化合价| + 最高正化合价 = 8。

(4)金属元素无负价，O 与 F(一般)无正价，其他非金属元素既有正价也有负价，稀有气体元素化合价一般为 0。

(5)有些非金属元素有多种化合价，如 C 元素有 +2, +4, -4 价(也可形成 -3, -2, -1 价化合物)；S 元素有 +4, +6, -2 价；Cl 元素有 -1, +1, +3, +5, +7 价；N 元素有 -3, +1, +2, +3, +4, +5 价。

(6)一般最外层电子数(或原子序数)为偶数者，其主要化合价也为偶数；最外层电子数(或原子序数)为奇数者，其主要化合价也为奇数。

六、离子键与共价键的探究

离子键与共价键的探究，见表 1-13。

表 1-13 离子键与共价键的探究

	离子键	共价键
概念	阴、阳离子间通过静电作用所形成的化学键	原子间通过共用电子对(电子云重叠)所形成的化学键
成键微粒	离子	原子
相互作用的实质	阴、阳离子间的电性作用	共用电子(电子云重叠)对两原子核产生的电性作用
形成条件	活性金属(如 K, Na, Ca 等)跟活泼非金属(如 Cl, Br, O 等)化合时形成离子键	非金属元素形成的单质或化合物中存在共价键(同种或不同种非金属元素间)
实例	$CaCl_2$, Na_2O_2, NaOH, NaH	Cl_2, CCl_4, H_2O, HF, HNO_3
用电子式表示形成过程	NaH: $Na_{\times} + \cdot H \longrightarrow Na^+[\overset{\times}{\cdot}H]^-$ $MgCl_2$: $\underbrace{\overset{\times}{\underset{\times}{Mg}} + 2\,\cdot\ddot{\underset{\cdot\cdot}{Cl}}:}_{\text{(原子电子式)}} \longrightarrow \underbrace{[:\ddot{\underset{\cdot\cdot}{Cl}}\overset{\times}{\cdot}]^- Mg^{2+} [\overset{\times}{\cdot}\ddot{\underset{\cdot\cdot}{Cl}}:]^-}_{\text{(化合物电子式)}}$	N_2: $:\dot{N}\cdot + \cdot\dot{N}: \longrightarrow :N\vdots\vdots N:$ CO_2: $\overset{\times}{\underset{\times}{C}} + 2\,\cdot\ddot{\underset{\cdot\cdot}{O}}\cdot \longrightarrow \ddot{\underset{\cdot\cdot}{O}}\vdots\times C\times\vdots\ddot{\underset{\cdot\cdot}{O}}$
结构表示	NaH: $Na^+[\overset{\times}{\cdot}H]^-$ 带方括号，带电荷	结构式：H—Cl 电子式：$H\overset{\times}{\cdot}\ddot{\underset{\cdot\cdot}{Cl}}:$
存在	离子化合物(如强碱及其对应的碱性氧化物和大多盐)	共价化合物、某些离子化合物、大多数非金属单质

七、非极性键与极性键的比较

非极性键与极性键的比较，见表1－14。

表1－14　非极性键与极性键的比较

共价键	非极性键	原子间通过共用电子对而形成的化学键	共用电子对不发生偏移	相同非金属元素原子的电子配对成键	非金属单质、某些化合物
	极性键		共用电子对偏向一方原子	不同非金属元素原子的电子配对成键	共价化合物、某些离子化合物

八、非极性分子和极性分子的探究

分子的极性由共价键的极性、分子的空间构型两方面共同决定。

(1)以极性键结合而形成的异核双原子分子都是极性分子，如HCl。

(2)以非极性键结合而形成的同核双原子分子都是非极性分子，如Cl_2；还有某些同核多原子分子也是非极性分子，如P_4。

(3)以极性键结合而形成的多原子分子，既有极性分子，又有非极性分子，分子的空间构型对称的是非极性分子，如AB_2型的直线型分子CO_2；AB_3型的平面正三角型分子BF_3；AB_4型的正四面体结构分子CH_4等。分子的空间构型不对称或中心原子具有孤对电子或配位原子不完全相同的多原子分子为极性分子，如V型的H_2O；三角锥型的NH_3；不规则四面体分子CH_3Cl等。

(4)判断AB_n型分子极性有一经验规律：若中心原子A的化合价的绝对值等于该元素所在的主族序数，则为非极性分子；若不等，则为极性分子。如BF_3，CO_2，SO_3等为非极性分子；NH_3，H_2O，SO_2等为极性分子。

九、分子间作用力的实质

(1)将分子聚集在一起的作用力叫分子间作用力，又称范德瓦耳斯力。

(2)分子间作用力的实质是电性引力，其主要特征有如下几个方面：①广泛存在于分子之间；②只有分子间充分接近时才有分子间的相互作用力，如固体和液体物质中；③分子间作用力远远小于化学键；④由分子构成的物质，其熔点、沸点、溶解度等物理性质主要由分子间作用力大小决定。

(3)影响分子间作用力大小的因素。组成与结构相似的物质，相对分子质量越大分子间作用力越大，如$I_2 > Br_2 > Cl_2 > F_2$；$HI > HBr > HCl$；$Ar > Ne > He$。

解题一点通

1. 利用电子层结构特点解题

例题1　X，Y，Z和R分别代表四种元素，如果$_aX^{m+}$，$_bY^{n+}$，$_cZ^{n-}$，$_dR^{m-}$四种离子的电子层结构相同(a,b,c,d为元素的原子序数)，下列关系正确的是　(　　)

A. $a-c=m-n$　　B. $a-b=n-m$

C. $c-d=m+n$　　D. $b-d=n+m$

解析 根据题意知道X,Y,Z,R四种元素核内质子数分别为a,b,c,d。两种阳离子的核外电子数为${}_aX^{m+}$:$a-m$,${}_bY^{n+}$:$b-n$;两种阴离子的核外电子数为${}_cZ^{n-}$:$c+n$,${}_dR^{m-}$:$d+m$。

四种离子电子层结构相同,故四种离子的核外电子数相等,即$a-m=b-n=c+n=d+m$。

由上式可解得:

$a-m=b-n \quad a-b=m-n$

$a-m=c+n \quad a-c=m+n$

$c+n=d+m \quad c-d=m-n$

$b-n=d+m \quad b-d=n+m$

答案 D

例题2 已知元素X、Y的最外层分别有n个和$m-5$个电子,次外层有$n+2$和m个电子,据此推断元素X和Y,其名称为X ________,Y ________。

解析 X最外层有n个电子,其次外层有$(n+2)$个电子,因为$n<8$,所以n只能为6,$n+2=8$,X为硫;同理Y最外层有$m-5$个电子,次外层有m个电子,因为$m>5$,所以m只能为8,即Y为铝。

答案 硫 铝

2. 利用原子结构和性质解题

例题3 下表是元素周期表的一部分。

族 周期	ⅠA	ⅡA	ⅢA	ⅤA	ⅥA	ⅦA
1	①					
2	②	③	④		⑤	⑥
3		⑦	⑧		⑨	⑩

(1)表中元素⑩的氢化物的化学式为________,此氢化物的还原性比元素⑨的氢化物的还原性(填"强"或"弱")________。

(2)俗称为"矾"的一类化合物通常含有共同的元素是________。

(3)已知某些不同族元素的性质也有一定的相似性,如元素③与元素⑧的氢氧化物有相似的性质。写出元素③的氢氧化物与NaOH溶液反应的化学方程式:________________。又如表中与元素⑦的性质相似的不同族元素是________(填元素符号)。

解析 本题以短周期元素为例,考查学生对元素周期律的理解和迁移应用能力。

(1)⑩的氢化物是HCl。非金属性Cl>S。因为在氢化物中,非金属表现负价,其还原性与非金属性相反,故还原性$H_2S>HCl$。

(2)如胆矾$CuSO_4 \cdot 5H_2O$、明矾$KAl(SO_4)_2 \cdot 12H_2O$等,矾是硫酸盐结晶水合物。

(3)③是铍,⑧是铝,由氢氧化铝与NaOH的反应类比写出$Be(OH)_2+2NaOH = Na_2BeO_2+2H_2O$。

答案 (1)HCl 弱 (2)S、H、O (3)$Be(OH)_2+2NaOH = Na_2BeO_2+2H_2O$ Li

3. 利用元素周期表结构和性质解题

例题4 A,B,C是元素周期表中相邻的三种元素,其中A,B同周期,B,C同主族。此三种元素原子最外层电子数之和为17,质子数总和为31。则A,B,C分别是________(填元素符号)。

解析 本题常规思路是先进行大致的估计：三种元素质子数总和为31，则它们是短周期元素，在元素周期表中的位置可能有四种情况：

	C
A	B

①

C	
B	A

②

B	A
C	

③

A	B
	C

④

设B的质子数为x，则①～④排列方式有下列关系式：

①$x+(x-1)+(x-8)=31$，解得x为非整数（不合理）；

②$x+(x+1)+(x-8)=31$，解得x为非整数（不合理）；

③$x+(x+1)+(x+8)=31$，解得x为非整数（不合理）；

④$x+(x-1)+(x+8)=31$，解得$x=8$（合理）。

由此推知，A，B，C的元素符号分别是N，O，S。

运用经验公式，快速推断：

若${}_aA$，${}_bB$，${}_cC$为相邻的三种元素，A，B同周期，B，C同主族，$a+b+c=n$，则有

$$b=\frac{n\pm8}{3}\begin{cases}\text{若余1时，}a=b+1,c=b\pm8\\ \text{若无余数，则无解}\\ \text{若缺1时，}a=b-1,c=b\pm8\end{cases}$$

将题$n=31$代入，(1)$b=\frac{31+8}{3}=13$，无余数，无解；(2)$b=\frac{31-8}{3}$，若等于8，缺1，$a=b-1=8-1=7$(N)，$c=8+8=16$(S)，故A，B，C分别为N，O，S。

答案 N，O，S

例题5 有A，B，C，D四种元素，其中A元素是1826年一位法国青年科学家发现的。他在研究海水制盐时，往剩余的副产物苦卤中通入氯气后发现溶液颜色变深，经进一步提取，可得一种红棕色液体，有刺鼻的臭味。B，C，D的原子电子层排布均不超过3个电子层。D原子核内的质子数正好等于C原子核内质子数的2倍，而它们最外电子层上的电子数恰好相等。D原子的最外电子层上电子数则是B原子核外电子数的6倍。

四种元素分别为A ________，B ________，C ________，D ________。由上述元素组成的单质和两种氧化物可发生氧化还原反应，生成两种酸，其反应方程式是________________________。

解析 A元素单质可通过氯气置换制得，且是一种红棕色液体，A只能是溴元素，因为所有单质中只有溴、汞是液体。C和D最外电子层上的电子数恰好相等，所以是同主族元素，D原子质子数是C原子质子数的2倍，只有O，S符合，所以C为氧元素，D为硫元素。D原子最外层电子数是B原子电子总数的6倍，B只能是氢原子。单质可把氧化物氧化成酸，说明氧化物是低价氧化物，常见的是SO_2，那么单质是Br_2，如果是O_2，只能生成一种酸H_2SO_4。

答案 Br　H　O　S　$Br_2+SO_2+2H_2O=\!=\!=2HBr+H_2SO_4$

4.利用电子式基础知识解题

例题6 氮化钠（Na_3N）是科学家制备的一种重要的化合物，它与水作用可产生NH_3。请回答下列问题。

(1)Na_3N的电子式是________，该化合物是由________键形成的。

(2)Na_3N与盐酸反应生成________种盐，其电子式是________。

(3)Na_3N与水的反应属于________反应。

(4)比较 Na_3N 中两种微粒的半径：

$r(Na^+)$________$r(N^{3-})$。(填“>”“=”或“<”)

解析 氮原子最外层有5个电子，从3个钠原子中得到3个电子形成带3个负电荷的阴离子，带一个单位正电荷的钠离子在电子式中分布在其周围。Na^+ 与 N^{3-} 均有2个电子层，离子半径是 $r(N^{3-})>r(Na^+)$。Na_3N 与水反应生成 NH_3 和 NaOH，反应类型属于复分解反应。其在与盐酸反应中生成 NH_4Cl 和 NaCl。

答案 (1) $\overset{Na^+}{Na^+[:\ddot{\underset{..}{N}}:]^{3-}Na^+}$ 离子 (2)2 $[H:\underset{H}{\overset{H}{\ddot{N}}}:H]^+[:\ddot{\underset{..}{Cl}}:]^-$、$Na^+[:\ddot{\underset{..}{Cl}}:]^-$

(3)复分解 (4)<

例题7 据报道，美国科学家卡尔·克里斯特于1998年11月合成了一种含“N_5”的物质，由于其极强的爆炸性，又称为“盐粒炸弹”。迄今为止，人们对它的结构尚不清楚，只知道“N_5”实际上是带正电荷的分子碎片，其结构是对称的，5个N排列成V型。如果5个N结合后都达到8电子结构，且含有2个 N≡N 键，则“N_5”分子碎片带__________电荷，写出它的电子式：________________________。

解析 由于5个N结合，都达到8电子结构，且含有两个 N≡N 键，故 N≡N 只能在链端，其结构为：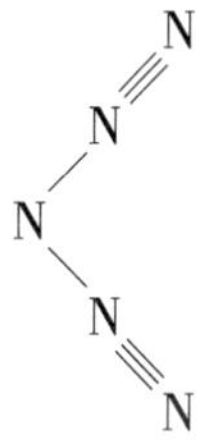

两个N—N键为配位键(电子对由靠近三键的N提供，故中间的N原子需失去一个电子达到稳定结构)。

答案 一个单位正 $[:N\vdots\vdots N:\ddot{\underset{..}{N}}:N\vdots\vdots N:]^+$

5. 利用化学键概念来解题

例题8 只有在化合物中才能存在的化学键是 ( )

A. 离子键 B. 共价键 C. 非极性键 D. 极性键

解析 离子键和极性键一定存在于化合物中；共价键和非极性键可能存在于化合物中(如 C_2H_4，H_2O_2 等)，也可能存在于单质中(如 O_2，P_4 等)。

答案 AD

例题9 关于化学键的下列叙述中，正确的是 ( )

A. 离子化合物可能含共价键 B. 共价化合物可能含离子键

C. 离子化合物中只含离子键 D. 共价化合物中不含离子键

解析 离子化合物中的阴、阳离子可以是原子团，如 NaOH，Na_2CO_3，NH_4Cl 等，而原子团中都存在共价键，因而可以说离子化合物中可能含有共价键，但只要含有离子键就不会是共价化合物，所以共价化合物中绝没有离子键。

答案 AD

第二章 电解质溶液

本章概述

日常的生产和生活都离不开水,不管是在生产过程中还是在生命活动中,大量的化学反应都是在水溶液里进行的。所以,了解物质在水溶液中的一些特点和规律是非常有必要的。水溶液可分为电解质溶液和非电解质溶液。本章主要学习电解质溶液的一些相关基础知识。

教学目标

1. 掌握强电解质和弱电解质的概念及其解离平衡。
2. 熟悉并掌握水的解离和溶液的酸碱性。
3. 理解并掌握盐类的水解。

第一节 电解质的解离

一、强电解质和弱电解质

如图 2－1 所示,将适量浓度均为 0.5 mol/L 的盐酸、醋酸、氨水以及氢氧化钠和氯化钠溶液,分别倒入 5 个烧杯中,连接电源,注意观察灯泡的明亮程度。思考一下,为什么会出现这样的现象呢?

通过实验可知,与醋酸、氨水连接的灯泡比其他 3 个灯泡暗。可见,在相同条件(如相同浓度等)下,不同种类的酸、碱和盐溶液的导电性不一定相同。我们知道,电解质溶液之所以可以导电,是因为溶液中存在着自由移动的离子,溶液导电性的强弱是由单位体积内这些离子的数目决定的:数目越多,导电性越强;数目越少,导电性越弱。

在稀溶液中,NaCl,NaOH 和 HCl 全部解离生成相应的离子,而 $NH_3 \cdot H_2O$,CH_3COOH 只有部分解离成离子,还有部分以分子形式存在。所以,即使它们的浓度相同,导电能力也是不同的。

分别取适量浓度为 1 mol/L 的盐酸、醋酸,测定这两种酸的 pH,观察它们分别与镁条发生反应的现象,将测定结果和实验现象填入表 2－1 中。

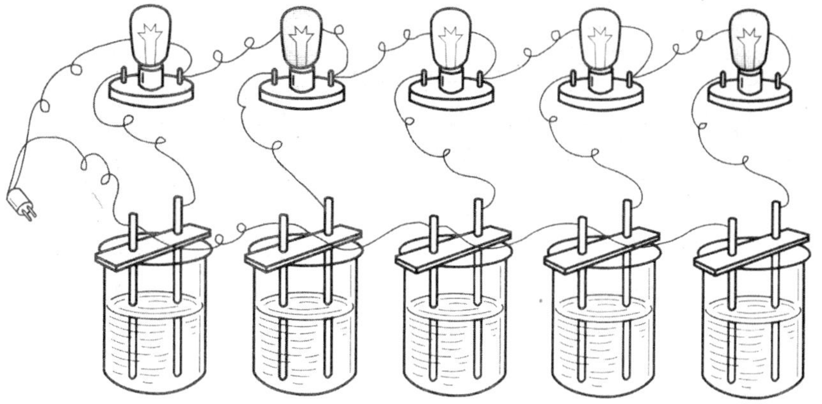

图 2-1 比较电解质溶液的导电能力

表 2-1 与镁条反应记录表

	1 mol/L 盐酸	1 mol/L 醋酸
溶液的 pH 值		
与镁条反应的现象		

实验表明，盐酸和醋酸的 pH 值及它们与活泼金属反应的剧烈程度都有差别，说明两种溶液中的 H^+ 浓度不同。

● 相同浓度的盐酸和醋酸中，H^+ 的浓度却不相同，说明 HCl 和 CH_3COOH 的解离程度不同。

● HCl 在稀水溶液中全部解离生成 H^+ 和 Cl^-，如图 2-2 所示；CH_3COOH 在水溶液中只有部分解离生成 CH_3COO^- 和 H^+，如图 2-3 所示。

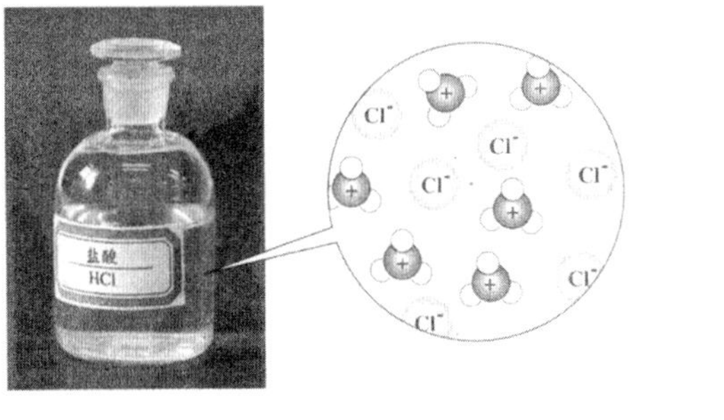

图 2-2 HCl 在水中解离示意图

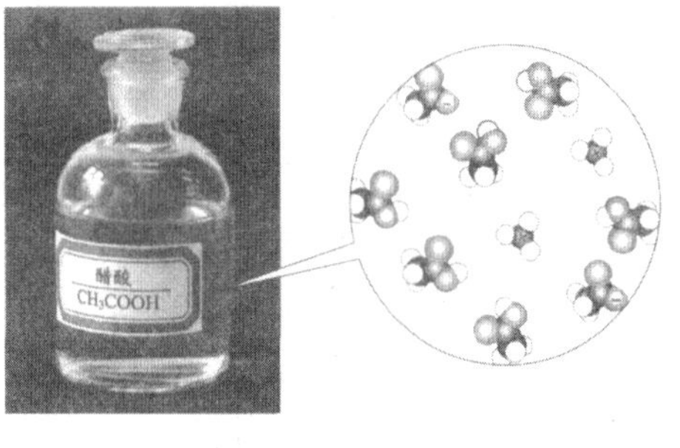

图 2-3 CH_3COOH 在水中解离示意图

所以，与醋酸相比，盐酸的酸性更强、pH 值更小，与镁的反应更剧烈。

在溶液中，酸、碱和盐等电解质在水分子的作用下全部或部分地解离为带正电荷的阳离子和带负电荷的阴离子。根据电解质在水溶液中解离程度的大小，可以将它们分为强电解质和弱电解质。

1. 强电解质

在水溶液中能够全部解离的电解质称为强电解质。几乎所有的盐都属于强电解质，重要的酸和碱中，盐酸、硫酸、氢氧化钠等都属于强电解质。盐酸、氢氧化钠和氯化钠的解离可以表示为：

$$HCl = H^+ + Cl^-$$

$$NaOH = Na^+ + OH^-$$

$$NaCl = Na^+ + Cl^-$$

2. 弱电解质

在水溶液中只有部分解离的电解质称为弱电解质。在弱电解质溶液中既存在离子，同时也存在分子，且弱电解质的解离过程是可逆的。醋酸（CH_3COOH）、碳酸（H_2CO_3）、偏硅酸（H_2SiO_3）、氢硫酸（H_2S）、氨水（$NH_3 \cdot H_2O$）等属于弱电解质。

二、弱电解质的解离

1. 弱电解质的解离

弱电解质的解离是可逆的，因此弱电解质溶液中存在着两种相反的趋势，即分子可以解离产生离子，离子又可以结合成分子。例如，$NH_3 \cdot H_2O$ 和 CH_3COOH 的解离可以表示为

$$NH_3 \cdot H_2O \rightleftharpoons NH_4^+ + OH^-$$

$$CH_3COOH \rightleftharpoons CH_3COO^- + H^+$$

在 CH_3COOH 溶液中，当 CH_3COOH 解离成 CH_3COO^- 和 H^+ 的速率，与 CH_3COO^- 和 H^+ 结合成 CH_3COOH 的速率相等时，溶液中 CH_3COOH，CH_3COO^- 和 H^+ 的浓度不再改变，体系处于平衡状态，如图 2－4 所示。

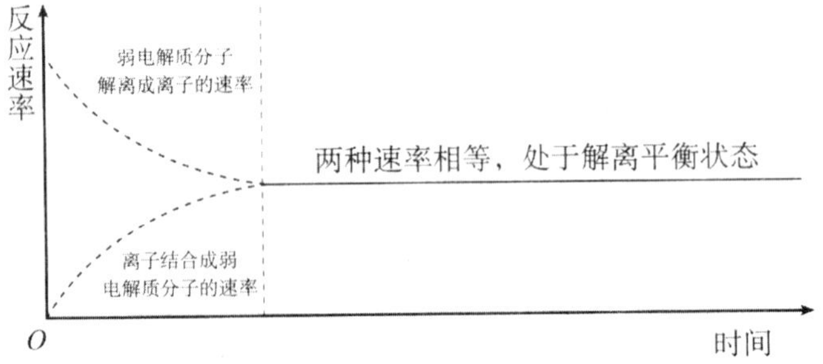

图 2－4　弱电解质解离过程中离子生成和结合成分子的速率随时间的变化

2. 弱电解质的解离平衡

在一定条件下，弱电解质解离成离子的速率与离子结合成分子的速率相等时的状态，称为弱电解质的解离平衡。

在小烧杯中加入适量 1 mol/L 氨水，滴一滴酚酞溶液，摇匀后分别倒入 2 支试管中。在其中一支加入少量氯化铵固体，振荡，观察 2 支试管中溶液颜色的变化。

与其他化学平衡一样，当受到外界条件的影响时，解离平衡会发生移动，并符合勒夏特列原理。

第二节　水的解离以及溶液的酸碱性

无色酚酞溶液在碱性溶液中呈现什么颜色？紫色石蕊溶液在酸性溶液中呈现什么颜色？

在化学实验中，常用酸碱指示剂检验溶液的酸碱性，用 pH 试纸测定溶液的酸碱度。溶液的酸碱性与 pH 的关系是怎样的呢?

一、水的解离

1. 水是一种弱电解质

精确的导电性实验表明，纯水大部分以 H_2O 分子形式存在，但其中也存在着极少量的 H_3O^+（水合氢离子）和 OH^-。这说明水是一种极弱的电解质，能发生微弱的解离，如图 2－5 所示

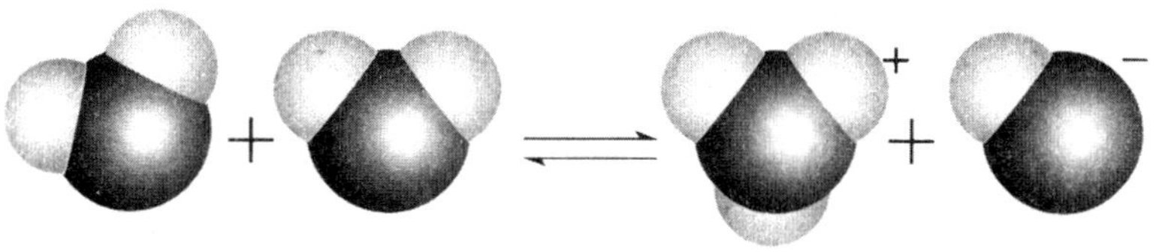

图 2－5　水分子解离过程示意图

上述解离方程式可简写为：

$$H_2O \rightleftharpoons H^+ + OH^-$$

2. 水的解离平衡

当达到平衡时，解离出的 H^+ 和 OH^- 的浓度之积是一个常数，记作 K_w。K_w 称为水的离子积常数，简称水的离子积。K_w 可由实验测得，也可通过理论计算求得。不同温度时，水的离子积常数不同。25℃时，水中的 H^+ 和 OH^- 浓度都是 1×10^{-7} mol/L，所以 25℃时 K_w 为 1×10^{-14}。

二、溶液的酸碱性和 pH 的应用

1. 溶液的酸碱性

水的离子积不仅适用于纯水，也适用于稀的电解质溶液。常温下，稀溶液中 $c(H^+)\cdot c(OH^-)=1.00\times10^{-14}$，因此，知道了 $c(H^+)$ 和 $c(OH^-)$ 中的任一个量，就可以计算出另一个量并进行相应的比较。

在常温下，溶液的酸碱性与溶液中 $c(H^+)$ 和 $c(OH^-)$ 的关系列于表 2－2。

表 2－2　溶液的酸碱性与溶液中 $c(H^+)$ 和 $c(OH^-)$ 的关系

酸性溶液	$c(H^+)>c(OH^-)$，$c(H^+)>1.0\times10^{-7}$mol/L
中性溶液	$c(H^+)=c(OH^-)=1.0\times10^{-7}$mol/L
碱性溶液	$c(H^+)<c(OH^-)$，$c(H^+)<1.0\times10^{-7}$mol/L

可见，用 $c(H^+)$ 和 $c(OH^-)$ 可以表示溶液酸碱性的强弱。

许多化学反应都是在 H^+ 浓度较小的溶液中进行的，这时如用 H^+ 浓度的负对数（以符号 pH 代表）来表示溶液的酸碱性比较方便：$pH=-\lg c(H^+)$。例如：

$c(H^+)=1.0\times10^{-7}$mol/L 的中性溶液，$pH=-\lg 10^{-7}=7$

$c(H^+)=1.0\times10^{-5}$mol/L 的酸性溶液，$pH=-\lg 10^{-5}=5$

$c(H^+)=1.0\times10^{-9}$mol/L 的碱性溶液，$pH=-\lg 10^{-9}=9$

因此，中性溶液 pH = 7，酸性溶液 pH < 7，碱性溶液 pH > 7。

对 $c(H^+)$ 和 $c(OH^-)$ 小于 1 mol/L 的较稀溶液，用 pH 表示其酸碱度；对 $c(H^+)$ 和 $c(OH^-)$ 大于 1 mol/L 的溶解，则直接用 $c(H^+)$ 和 $c(OH)$ 表示。

小锦囊

溶液的 pH 可以用 pH 试纸测定，也可以用 pH 计（也叫酸度计）来测定。

酸碱指示剂是一些有机弱酸或有机弱碱，它们在溶液中存在解离平衡，其分子与解离出的离子呈不同的颜色。pH 改变时，由于分子、离子含量的变化，会引起指示剂颜色的变化，从而起到指示溶液酸碱性的作用。例如，石蕊是一种有机弱酸，也是一种色素。如果以 HIn 表示石蕊分子，它在水溶液中的解离平衡和颜色变化是

$$\underset{\text{红色(酸色)}}{HIn} \rightleftharpoons H^+ + \underset{\text{蓝色(碱色)}}{In^-}$$

在酸性溶液中，由于 $c(H^+)$ 增大，根据平衡移动原理可知，平衡将向逆反应方向移动，使 $c(HIn)$ 增大，因此主要呈现红色（酸色）；在碱性溶液中，由于 $c(OH^-)$ 增大，OH^- 与 HIn 解离的 H^+ 结合成更难解离的 H_2O，使石蕊的解离平衡向正反应方向移动，于是 $c(In^-)$ 增大，因此主要呈现蓝色（碱色）。当 $c(H^+)$ 和 $c(In^-)$ 大致相等时，则呈现紫色。

指示剂的颜色变化是在一定 pH 范围内发生的，我们把指示剂发生颜色变化的 pH 值范围叫做指示剂的变色范围。由实验测得的各种指示剂的变色范围见表 2-3。

表 2-3　几种常用指示剂的变色范围

指示剂	变色范围/pH	酸色	碱色
甲基橙	3.1～4.4	红色（pH < 3.1）	黄色（pH > 4.4）
石蕊	5.0～8.0	红色（pH < 5.0）	蓝色（pH > 8.0）
酚酞	8.2～10.0	无色（pH < 8.2）	红色（pH > 10.0）

2. pH 试纸的应用

pH 试纸是将试纸用多种酸碱指示剂的混合溶液浸透，经晾干制成的。它对具有一定 pH 的溶液能显示确定的颜色，经与标准色卡比色，可迅速判断溶液的 pH。常用的 pH 试纸有广泛 pH 试纸和精密 pH 试纸。广泛 pH 试纸测试的 pH 值范围是 1～14（最常用）或 0～10，可以识别约为 1 的 pH 值变化；精密 pH 试纸测试的 pH 值范围较窄，可以判别 0.2 或 0.3 的 pH 值变化。此外，还有用于酸性、中性或碱性溶液的专用 pH 试纸。

试一试

一些植物花瓣或果实中含有的色素在酸性溶液或碱性溶液中会呈现出不同的颜色，用它们的汁液可以制成指示剂。请按照下面的要求试一试。

①制取紫甘蓝浸出液。

• 取 1/2 茶杯已切碎的紫甘蓝叶放入一玻璃容器中，向其中加入 1/2 茶杯的热水。用汤勺搅拌、捣烂紫甘蓝叶，直到溶液出现明显的紫色。

•在另一洁净玻璃容器口罩上一层纱布，通过纱布过滤上述混合物，得到紫甘蓝的浸出液。

②将上述浸出液分别滴入白醋、食用碱溶液中，观察并记录颜色的变化。

③也可用月季花、牵牛花、胡萝卜等代替紫甘蓝重复进行上面的实验。

④你认为哪一种自制指示剂效果最好？请与同学们进行交流。

三、pH 的广泛应用

1. pH 在工农业和科学实验中的应用

工农业生产和科学实验中常常涉及溶液的酸碱性，人们的生活和健康也与溶液的酸碱性有关。因此，测试和调控溶液的 pH 值，对工农业生产、科学研究以及日常生活和医疗保健都具有重要意义，如图 2-6 所示。

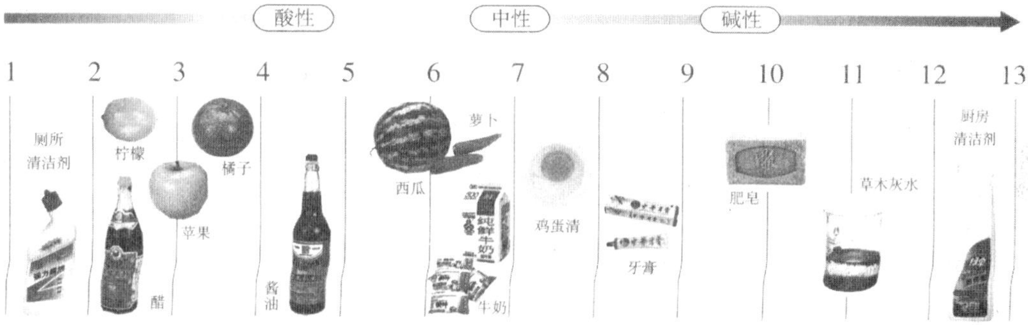

图 2-6　身边一些物质的 pH

人体各种体液都要保持在一定的 pH 范围内，以保证正常的生理活动。例如，正常人体血液的 pH 值总是维持在 7.35～7.45。当体内的酸碱平衡失调时，血液的 pH 是诊断疾病的一个重要参数，利用药物调控 pH 是辅助治疗的重要手段之一。

2. pH 在生活中的应用

生活中，人们洗发时使用的护发素，其主要功能也是调节 pH，使头发处于适宜的酸碱性环境。

3. pH 在环保领域的应用

在环保领域，酸性或碱性废水的处理常常利用中和反应，如酸性废水可通过投加碱性废渣或通过碱性滤料层过滤使之中和；碱性废水可通过投加酸性废水或利用烟道气中和。在中和处理的过程中可用 pH 自动测定仪进行监测。

4. pH 在种植业的应用

在种植业生产中，因土壤的 pH 影响到植物对不同形态养分的吸收和养分的有效性，所以各种作物都有适宜生长的 pH 范围，见表 2-4。

表 2-4　一些重要作物最适宜生长的土壤的 pH 值范围

作物	pH 值范围	作物	pH 值范围
玉米	6～7	苹果	5～6.5
小麦	6.3～7.5	薄荷	7～8
水稻	6～7	生菜	6～7

续表

作物	pH 值范围	作物	pH 值范围
大豆	6~7	香蕉	5.5~7
马铃薯	4.8~5.5	玫瑰	6~7
棉花	6~8	水仙花	6~6.5
油菜	6~7	草莓	5~7.5
洋葱	6~7	烟草	5~6

由鲜花引出的发现

一束普通的鲜花，一次偶然的机会，一种酸碱指示剂被发现了。

英国科学家波义耳(R. Boyle)在一次实验中不慎将盐酸溅落在紫罗兰花瓣上，他惊奇地发现紫色的花瓣变红了。盐酸能使紫罗兰花瓣变红，其他酸能使它变红吗？碱溶液能使它变色吗？别的花是否有类似的变化？经过一系列的思考与实验，波义耳发现许多种植物花瓣的浸出液都有遇到酸、碱改变颜色的性质。其中，变色效果最明显的要数地衣类植物——石蕊的紫色浸出液，它遇酸变红，遇碱变蓝，在中性溶液中不变色。这就是最早使用而且沿用至今的酸碱指示剂——石蕊溶液。

酸碱指示剂是偶然被人们发现的。对那些善于观察、勤于思考、勇于探索的人，却能实现认识上由偶然向必然的飞跃，从而有所发现，有所创造。

第三节　盐类的水解

制作面点用的纯碱(Na_2CO_3)溶液显碱性，所以也称它为“碱”。从化学组成上说它属于盐类，由此看来，并不是所有盐的溶液都呈中性。

一、盐溶液的酸碱性

- 选择合适的方法测试表 2-5 所列盐溶液的酸碱性并填表（填“酸性”“碱性”或“中性”）。
- 按照形成盐的酸、碱的强弱，将表中所列的盐分类并填表（填“强酸强碱盐”“强酸弱碱盐”或“强碱弱酸盐”）。
- 根据测试结果和分类情况，总结盐溶液的酸碱性与盐的类型之间的关系。

表 2-5　盐溶液酸碱性测定

盐	$NaCl$	Na_2SO_4	NH_4Cl	$NaHCO_3$	Na_2CO_3	CH_3COONa
溶液的酸碱性						
盐的类型						

通过实验可以知道，一些盐的溶液呈中性（如强酸强碱形成的盐），另一些盐的溶液并不呈中性，而是呈酸性（如强酸弱碱形成的盐）或碱性（如强碱弱酸形成的盐）。正是因为碳酸钠溶液呈碱性，可用它中和面团发酵时产生的酸，也可用来清除油污。由强、弱不同的酸、碱所形成的盐，其水溶液有的呈中性，有的呈碱性，还有的呈酸性。

二、盐类的水解

1. 溶液呈酸碱性的差异

溶液呈酸碱性取决于溶液中 $c(H^+)$ 和 $c(OH^-)$ 的相对大小。那么，是什么原因造成不同盐溶液中 $c(H^+)$ 和 $c(OH^-)$ 的差异呢？我们以 NH_4Cl 溶液为例做一些分析。

纯水中存在着下列解离平衡：

$$H_2O \rightleftharpoons H^+ + OH^-$$

加入固体 NH_4Cl 后，强电解质 NH_4Cl 会全部解离成 NH_4^+ 和 Cl^-，其中，水解离出的 OH^- 又可与 NH_4^+ 作用生成弱电解质 $NH_3 \cdot H_2O$，使 H_2O 的解离平衡向生成 H^+ 和 OH^- 的方向移动，当达到新的平衡时，溶液中 $c(H^+)$ 和 $c(OH^-)$ 相对大小发生了变化，由原来的 $c(H^+) = c(OH^-)$，变成了 $c(H^+) > c(OH^-)$，因此 NH_4Cl 溶液呈酸性。

$$H_2O \rightleftharpoons H^+ + OH^-$$

$$+$$

$$NH_4^+ \rightleftharpoons NH_3 \cdot H_2O$$

上述过程可以表示为

$$NH_4Cl + H_2O \rightleftharpoons NH_3 \cdot H_2O + HCl$$

或

$$NH_4^+ + H_2O \rightleftharpoons NH_3 \cdot H_2O + H^+$$

同样的道理，在强碱弱酸盐 CH_3COONa 溶液中，共存的粒子有 CH_3COO^-，H^+，OH^-，Na^+，CH_3COOH 和 H_2O。这 6 种粒子并存的解离平衡关系有

$$H_2O \rightleftharpoons OH^- + H^+$$

$$+$$

$$CH_3COO^- \rightleftharpoons CH_3COOH$$

上述过程可以表示为

$$CH_3COONa + H_2O \rightleftharpoons CH_3COOH + NaOH$$

或

$$CH_3COO^- + H_2O \rightleftharpoons CH_3COOH + OH^-$$

因此溶液中 $c(OH^-) > c(H^+)$，因而 CH_3COONa 溶液呈碱性。

2. 盐类水解

强酸弱碱盐（如 NH_4Cl）溶于水时，它解离产生的阳离子（如 NH_4^+）可与水解离产生的 OH^- 结合生成弱碱（如 $NH_3 \cdot H_2O$），使得溶液中 $c(H^+) > c(OH^-)$，因而这类盐溶液呈现酸性；强碱弱酸盐（如 CH_3COONa）溶于水时，它们解离产生的阴离子（如 CH_3COO^-）可与水解离产生的 H^+ 生成弱酸（如 CH_3COOH），使得溶液中 $c(OH^-) > c(H^+)$，因而这类盐溶液呈现碱性。

这种在溶液中盐解离出来的离子与水所解离出来的 OH^- 或 H^+ 结合生成弱电解质的反应，叫做盐类的水解。

小锦囊

强酸强碱盐溶于水,电离出的阴、阳离子都不能与水解离出的 H^+ 或 OH^- 生成弱电解质,溶液中 $c(H^+)=c(OH^-)$,呈中性,也就是说强酸强碱盐不发生水解。

盐类水解在生产和生活中常被人们利用。例如,有些盐(碱金属与部分碱土金属除外)在水解时,可生成难溶于水的氢氧化物,当生成的氢氧化物呈胶体状态且无毒时,可用做净水剂,例如铝盐、铁盐。

盐类水解的程度取决于盐本身的组成和性质。与化学平衡和解离平衡一样,盐类水解也受浓度、温度等外界因素的影响。例如,水解反应是中和反应的逆反应,中和反应是放热反应,因而水解反应是吸热反应,升高温度,可以增大水解进行的程度。在生产和生活中,常根据需要通过改变溶液温度或溶液中相关物质的浓度来调节盐的水解程度。例如,用 $TiCl_4$ 制备 TiO_2 的反应可表示如下:

$$TiCl_4+(x+2)H_2O(\text{过量})\rightleftharpoons TiO_2\cdot xH_2O\downarrow+4HCl$$

制备时加入大量的水,同时加热,可促进水解趋于完全,所得 $TiO_2\cdot xH_2O$ 经焙烧得 TiO_2。

知识拓展总结

主干知识梳理

一、水的电离

1. 水的电离

水是一种极弱的电解质,可以发生微弱的电离:$H_2O+H_2O\rightleftharpoons H_3O^++OH^-$。实验测得,25 ℃时,1 L 纯水中只有 1×10^{-7} mol 的水分子发生电离,故 25 ℃时,纯水中 $c(H^+)=c(OH^-)=10^{-7}\ mol\cdot L^{-1}$。

2. 水的离子积常数

25 ℃时,$K_W=c(H^+)\cdot c(OH^-)=1\times10^{-14}$。

K_W 叫做水的离子积常数,简称水的离子积。

3. 影响 K_W 大小的因素

(1)水的电离是吸热过程,故温度升高,H_2O 的 K_W 增大。25 ℃时,$K_W=10^{-14}$,100 ℃时,$K_W=10^{-12}$。

(2)水的离子积是水电离平衡时的性质,不仅适用于纯水,也适用于其他水溶液。不论是纯水还是稀溶液,只要温度不变,K_W 就不变。

二、溶液的酸碱性与 pH

1. K_W 与电解质溶液的关系

由电离平衡 $H_2O\rightleftharpoons H^++OH^-$ 及其移动规律,$K_W=c(H^+)\cdot c(OH^-)$ 中 K_W 的大小只与温度有关,而与 $c(H^+)$ 和 $c(OH^-)$ 变化无关的事实可知,在碱性或酸性的稀溶液里同样存在 $K_W=c(H^+)\cdot c(OH^-)$,且在 25 ℃时 $K_W=1\times10^{-14}$。

2. 溶液的酸碱性与 $c(H^+)$、$c(OH^-)$ 的关系

$c(H^+)=c(OH^-)$ 的溶液为中性溶液；

$c(H^+)>c(OH^-)$ 的溶液为酸性溶液；

$c(H^+)<c(OH^-)$ 的溶液为碱性溶液。

3. 溶液的酸碱性与 pH 的关系

（1）溶液 pH 的定义：$pH=-\lg c(H^+)$。

（2）pH 与溶液酸碱性的关系：

pH 是溶液中 $c(H^+)$ 的变式表示，溶液中存在 $K_W=c(H^+)\cdot c(OH^-)$。因此，pH 值与溶液的酸碱性密切相关。

溶液在 25 ℃时，pH 值与酸碱性的关系，可用图 2－7 表示。

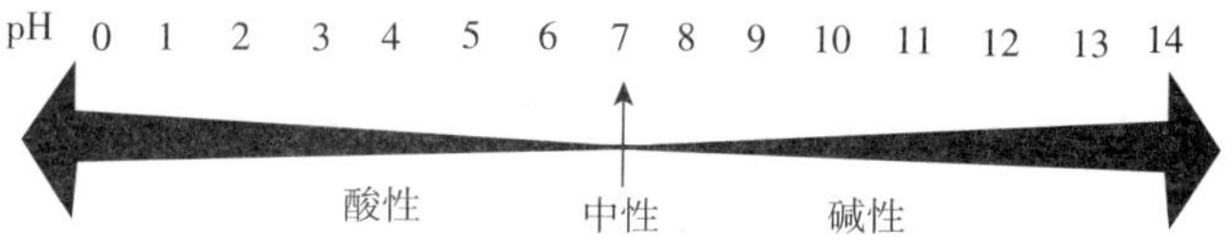

图 2－7 pH 值与酸碱性

4. 溶液酸碱性的表示方法

（1）pH 法：$1\times10^{-14}\ mol\cdot L^{-1}\leqslant c(H^+)\leqslant 1\ mol\cdot L^{-1}$ 时，一般用此法。

（2）$c(H^+)$ 或 $c(OH^-)$ 法：$c(H^+)>1\ mol\cdot L^{-1}$，即 $c(OH^-)<1\times10^{-14}\ mol\cdot L^{-1}$ 时，用 $c(H^+)$ 法；$c(OH^-)>1\ mol\cdot L^{-1}$，即 $c(H^+)<1\times10^{-14}\ mol\cdot L^{-1}$ 时，用 $c(OH^-)$ 法。

5. pH 的测量

溶液的 pH 值可以用 pH 试纸测量，也可以用一种叫 pH 计（也叫酸度计）的仪器来测量。

（1）pH 试纸的使用方法：取一片 pH 试纸，放在洁净的表面或玻璃片上，用玻璃棒蘸取待测液点在试纸中部，然后与标准比色卡对照读数。

（2）pH 试纸的种类：常用的 pH 试纸有广泛 pH 试纸和精密 pH 试纸。此外还有用于酸性、中性或碱性溶液的专用 pH 试纸。

（3）pH 试纸的 pH 值范围：广泛 pH 试纸测量的 pH 值范围是 1～14（最常用）或 0～10，可以识别的 pH 差值约为 1；精密 pH 试纸测量的 pH 值范围较窄，可以判别 0.2 或0.3的 pH 差值。

三、电解质在水溶液中的存在形态

1. 强、弱电解质的概念

强电解质：在水溶液中能够全部电离的电解质称为强电解质。

弱电解质：在水溶液中只有部分电离的电解质称为弱电解质。

2. 强、弱电解质与结构的关系

电解质的强弱与构成化合物分子或晶体的基本微粒之间的化学键密切相关。

（1）离子化合物与电解质强弱的关系：凡是离子化合物都是强电解质。

（2）具有极性键的共价化合物与电解质强弱的关系：关于具有极性键的共价化合物与电解质强弱关系的问题，包括以下三种情况：

①部分具有极性键的共价化合物为非电解质，如 SO_2，CH_3CH_2OH 和蔗糖等。

②部分具有极性键的共价化合物是弱电解质，常见的有 HF，HClO，H_2S，HNO_2，HCN，H_2CO_3，CH_3COOH，H_2SiO_3 等弱酸；H_2SO_3 和 H_3PO_4 两种中强酸；$NH_3 \cdot H_2O$，$Cu(OH)_2$，$Fe(OH)_3$，$Fe(OH)_2$ 等弱碱；$Al(OH)_3$，$Zn(OH)_2$等两性氢氧化物；水；$(CH_3COO)_2Pb$，$HgCl_2$ 等少数盐。

③部分具有极性键的共价化合物是强电解质，其中常见的有 HCl，HBr，HI，H_2SO_4，HNO_3，$HClO_4$ 等强酸。

3. 电解质电离方程式的书写

强电解质完全电离，用"══"。例如：

$NaCl = Na^+ + Cl^-$　$H_2SO_4 = 2H^+ + SO_4^{2-}$

弱电解质部分电离，用"⇌"。例如：$CH_3COOH \rightleftharpoons CH_3COO^- + H^+$

4. 电解质在水溶液中的存在形态

强电解质在稀的水溶液中全部以离子的形态存在，而弱电解质在水溶液中电离的趋势很小，主要以分子形态存在。例如，醋酸溶液中，达到电离平衡时 H^+ 和 CH_3COO^- 很少，大部分醋酸仍以 CH_3COOH 分子的形态存在。

电解质溶于水后形成的离子或分子并不是单独存在的，而是与水分子相互吸引、相互结合，以"水合离子"或"水合分子"的形态存在的。这种溶质分子或离子与溶剂相互吸引的作用叫做溶剂化作用。

四、弱电解质的电离平衡

1. 电离平衡

在一定条件(如温度、浓度)下，当电解质分子电离成离子的速率和离子重新结合生成分子的速率相等时，电离过程就达到了平衡状态，这叫做电离平衡。电离平衡的建立可用图2－8表示。

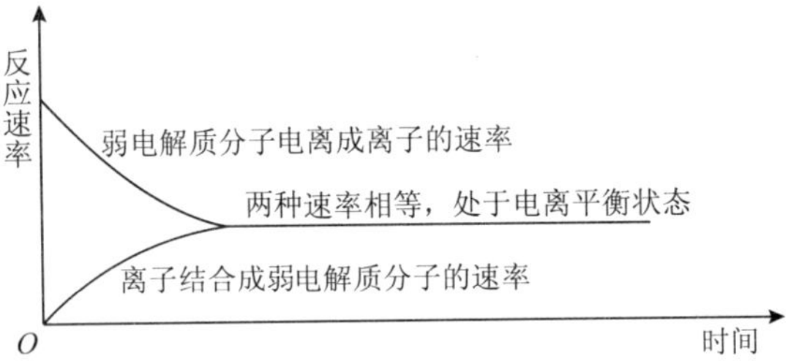

图2－8　电离平衡的建立

2. 电离平衡常数

(1)定义。在一定条件下达到电离平衡时，弱电解质电离形成的各种离子的浓度幂的乘积与溶液中未电离的分子的浓度之比是一个常数，这个常数称为电离平衡常数，简称电离常数。

(2)影响电离平衡常数的因素——温度。电离平衡常数符合化学平衡常数的一般规律，它受温度影响，与溶液的浓度无关。

温度一定时，弱电解质具有确定的电离平衡常数。

(3)表达式。弱酸在水中的电离常数通常用 K_a 表示，例如：

$$CH_3COOH \rightleftharpoons CH_3COO^- + H^+ \qquad K_a = \frac{c(H^+) \cdot c(CH_3COO^-)}{c(CH_3COOH)}$$

弱碱在水中的电离常数通常用 K_b 表示，例如：

$$NH_3 \cdot H_2O \rightleftharpoons NH_4^+ + OH^- \quad K_b = \frac{c(NH_4^+) \cdot c(OH^-)}{c(NH_3 \cdot H_2O)}$$

3. 影响电离平衡的因素

(1)内因。电解质本身的性质决定了弱电解质在水中达到电离平衡时电离程度的大小。

(2)外因。

①温度：电离是吸热过程，升高温度，促进电离，电离平衡右移，电离程度增大。

②浓度：增大弱电解质的浓度，电离平衡右移，但电离度减小；加水稀释，电离平衡右移，电离度增大。

③同离子效应：加入含有弱电解质组成离子的强电解质，使电离平衡左移，电离度减小。

五、沉淀溶解平衡

1. 定义：

一定条件下，难溶电解质的沉淀生成速率与沉淀溶解速率相同时，固体的量和溶液中离子浓度保持定值的状态。

2. 沉淀溶解平衡常数——溶度积(K_{sp})

(1)定义。在一定条件下，难溶性物质的饱和溶液中，存在沉淀溶解平衡，其平衡常数叫做溶度积常数或溶度积。

说明：对于阴阳离子个数比不同的电解质，不能通过直接比较 K_{sp} 的数值大小来确定其溶解能力的大小，需转化为溶解度来比较。

(2)表达式。以 PbI_2 的沉淀溶解平衡为例(25 ℃)：

$$PbI_2(s) \rightleftharpoons Pb^{2+}(aq) + 2I^-(aq) \quad K_{sp} = c(Pb^{2+}) \cdot c^2(I^-) = 8.49 \times 10^{-9}$$

(3)意义。溶度积(K_{sp})反映了物质在水中的溶解能力。对于阴阳离子个数比相同的电解质，K_{sp} 的数值越大，电解质在水中的溶解能力越大。

(4)溶度积规则。通常比较溶度积与溶液中有关离子浓度幂的乘积——浓度商(Q_c)的相对大小，可以判断难溶电解质在给定条件下沉淀能否生成或溶解。

$Q_c > K_{sp}$，溶液过饱和，有沉淀析出，直至溶液饱和，达到新的平衡。

$Q_c = K_{sp}$，溶液饱和，沉淀与溶解处于平衡状态。

$Q_c < K_{sp}$，溶液未饱和，无沉淀析出，若加入过量难溶电解质，难溶电解质溶解直至溶液饱和。

3. 影响沉淀溶解平衡的因素

(1)内因。难溶电解质本身的性质。

(2)外因：

①浓度：加水稀释，沉淀溶解平衡向溶解的方向移动，但 K_{sp} 不变。

②温度：多数难溶电解质溶于水是吸热的，所以升高温度，沉淀溶解平衡向溶解的方向移动，同时 K_{sp} 变大。

③同离子效应：向沉淀溶解平衡体系中加入相同的离子，使平衡向生成沉淀的方向移动，但 K_{sp} 不变。

④其他：向沉淀溶解平衡体系中加入可与体系中某些离子反应生成更难溶物质或气体的离子，使平衡向溶解的方向移动，但 K_{sp} 不变。

六、盐类的水解

1. 盐类水解的定义

在溶液中盐电离出来的离子跟水所电离出来的 H^+ 或 OH^- 结合生成弱电解质的反应，叫做盐类的水解。

2. 盐类水解的实质

盐类的水解是盐跟水之间的化学反应，水解反应的实质是生成弱酸或弱碱，使水的电离平衡被破坏而建立起新的平衡。

由盐类水解反应的实质可知，水解生成的弱电解质越弱，或者说组成盐的弱碱阳离子对应的碱越弱，或组成盐的弱酸根离子对应的酸越弱，盐的水解就越容易，盐溶液中水的电离平衡移动的程度也就越大。

3. 盐类水解的特征

盐类水解反应属可逆反应，它的逆反应是酸碱中和反应，盐的水解是吸热过程。一般情况下，盐的水解程度是较弱的。

4. 盐类水解平衡的影响因素

(1)内因：盐本身性质(越弱越水解)。

(2)外因：

①浓度(越稀越水解)：加大盐的浓度，水解平衡右移，但水解程度下降；加水，水解平衡右移，水解程度加大。

②温度(升温促进水解)：酸 + 碱$\rightleftharpoons$盐 + 水；$\Delta H = Q$(中和放热、水解吸热)。

③酸碱度对水解程度的影响："显酸性加碱，显碱性加酸"，促进盐类的水解。

5. 盐类水解的应用

(1)判断溶液的酸碱性：如判断 $CuCl_2$、NaAc 等溶液的酸碱性时要考虑盐类的水解。

(2)保存易水解的盐溶液：如 Na_2CO_3 溶液不能盛放在带玻璃塞子的玻璃瓶中，NH_4F 溶液不能盛放在玻璃瓶中。

(3)分析有关盐的化学反应：如分析 $Mg + NH_4Cl$、$Mg + FeCl_3$ 的反应要考虑盐类的水解。

(4)解释日常生产、生活中的化学现象：

①明矾净水；

②$FeCl_3$ 溶液的制备；

③草木灰和铵态氮肥不能混用；

④泡沫灭火器的反应原理；

⑤纯碱除油污的原理。

(5)对于有弱酸或弱碱参加的酸碱中和反应，反应达到终点溶液不一定是中性，要考虑盐类的水解。

(6)判断离子共存：

①先看能否发生复分解反应：沉淀、气体、弱电解质、彻底双水解；

②再看能否发生氧化还原反应：强氧化性离子和强还原性离子、介质条件。

6. 水解反应的表示

(1)单水解反应：

①用化学方程式表示：盐 + 水$\rightleftharpoons$酸 + 碱

②用离子方程式表示：盐的离子＋水$\rightleftharpoons$弱酸（或弱碱）$+OH^-$（或H^+）

（2）双水解反应：弱酸的酸根离子与弱碱的金属阳离子（或NH_4^+）在水溶液中相遇之后是否发生双水解反应的问题，有一定的复杂性。这其中的奥妙不强求中学生探究，只要求了解以下几种常见的、典型的双水解反应的实例即可，它们是Al^{3+}与HCO_3^-，CO_3^{2-}，HS^-，S^{2-}，$[Al(OH)_4]^-$的反应，NH_4^+与CO_3^{2-}，SiO_3^{2-}的反应，Fe^{3+}与HCO_3^-，CO_3^{2-}的反应等。这些离子之间发生双水解反应的原理与Al^{3+}与HCO_3^-之间的双水解反应相似，双水解反应通常用离子方程式来表示。写离子方程式时，一般要根据水解特征、水解生成的酸和碱的特点确定反应物和生成物，用离子的电荷守恒和质量守恒相结合的方法进行配平。例如：

$2Al^{3+}+3CO_3^{2-}+3H_2O = 2Al(OH)_3\downarrow+3CO_2\uparrow$

$Al^{3+}+3HCO_3^- = Al(OH)_3\downarrow+3CO_2\uparrow$

$CO_3^{2-}+2NH_4^+ = CO_2\uparrow+2NH_3\uparrow+H_2O$（在浓溶液中反应）

$Al^{3+}+3[Al(OH)_4]^- = 4Al(OH)_3\downarrow$

$CH_3COO^-+NH_4^++H_2O \rightleftharpoons CH_3COOH+NH_3\cdot H_2O$（可逆反应）

$2Al^{3+}+3S^{2-}+6H_2O = 2Al(OH)_3\downarrow+3H_2S\uparrow$（$Al_2S_3$遇水分解）

经典规律总结

一、影响水电离平衡的因素

1. 酸、碱

在纯水中加入酸或碱，均使水的电离平衡左移，此时若温度不变，则K_W不变，水的电离程度变小；$c(H^+)$发生改变，pH也随之改变；若向水中加入酸，则$c(H^+)$增大，$c(OH^-)$变小，pH变小。

2. 温度

若升温，由于水电离吸热，将促进水的电离，故平衡右移，$c(H^+)$，$c(OH^-)$同时增大，pH变小，但由于$c(H^+)$与$c(OH^-)$始终保持相等，故水仍显中性。

3. 易水解的盐

在纯水中加入能水解的盐，不管水解后溶液显什么性均促进水的电离，使水的电离程度增大，但只要温度不变，K_W就不变。

4. 其他因素

如向水中加入活泼金属，由于与水电离出的H^+直接作用，因而促进了水的电离平衡向电离的方向移动。

二、pH值的相关计算

1. 单一溶液pH值的计算

（1）强酸溶液，如H_nA。设$c(H_nA)$为$c\ mol\cdot L^{-1}$，则$c(H^+)=nc\ mol\cdot L^{-1}$，$pH=-\lg c(H^+)=-\lg nc$。

（2）强碱溶液，如$B(OH)_n$。设$c[B(OH)_n]$为$c\ mol\cdot L^{-1}$，则$c(H^+)=\dfrac{10^{-14}}{nc}\ mol\cdot L^{-1}$，$pH=-\lg c(H^+)=14+\lg nc$。

（3）一元弱酸溶液。设c(酸)为$c\ mol\cdot L^{-1}$，弱酸电离度为α，则$c(H^+)=c\alpha\ mol\cdot L^{-1}$，

$pH = -\lg c(H^+) = -\lg c\alpha$。

(4)一元弱碱溶液。设c(碱)为c mol·L^{-1},弱碱电离度为α,则$c(OH^-) = c\alpha$ mol·L^{-1},$c(H^+) = \dfrac{10^{-14}}{c\alpha}$ mol·L^{-1},$pH = -\lg c(H^+) = 14 + \lg c\alpha$。

2.两强酸溶液混合

由$c(H^+)_{混} = \dfrac{c_1(H^+)V_1 + c_2(H^+)V_2}{V_1 + V_2}$先求出混合后的$c(H^+)_{混}$,再根据公式$pH = -\lg c(H^+)$求pH值。

若两强酸溶液的pH之差≥2,且以等体积混合,可采用速算方法:混合后溶液的pH等于混合前溶液pH较小值加0.3,如pH=3和pH=5的两种盐酸等体积混合后,盐酸的pH=3.3。

3.两强碱溶液混合

由$c(OH^-)_{混} = \dfrac{c_1(OH^-)V_1 + c_2(OH^-)V_2}{V_1 + V_2}$先求出混合后的$c(OH^-)_{混}$,再通过$K_W$求出$c(H^+)_{混}$,最后求pH值。

若两强碱溶液的pH之差≥2,且以等体积混合,可采用速算方法:混合后溶液的pH值等于混合前溶液pH较大值减0.3,如pH=9和pH=11的两种烧碱溶液等体积混合后,烧碱溶液的pH=10.7。

4.强酸溶液与强碱溶液混合

这里的混合实为中和,要发生反应$H^+ + OH^- = H_2O$,中和后溶液的pH有以下三种情况:

(1)若恰好中和,pH=7。

(2)若剩余酸,先求中和后剩余的$c(H^+)$,再求pH值。

(3)若剩余碱,先求中和后剩余的$c(OH^-)$,再通过K_W求出$c(H^+)$,最后求pH值。

5.强酸、强碱溶液pH之和的规律

将强酸、强碱溶液以某种体积比混合,若混合后溶液呈中性,则$V_{碱}:V_{酸}$、$c(OH^-):c(H^+)$、$pH_{酸} + pH_{碱}$有如下规律(25 ℃):

因为是强酸与强碱混合,且混合后溶液呈中性,则必然有$c(H^+)_{酸} \cdot V_{酸} = c(OH^-)_{碱} \cdot V_{碱}$,故有$\dfrac{c(H^+)_{酸}}{c(OH^-)_{碱}} = \dfrac{V_{碱}}{V_{酸}}$,将$c(OH^-) \cdot c(H^+)_{碱} = 10^{-14}$代入上式得:$c(H^+)_{酸} \cdot c(H^+)_{碱} = \dfrac{10^{-14} \cdot V_{碱}}{V_{酸}}$,两边取负对数得:$pH_{酸} + pH_{碱} = 14 - \lg \dfrac{V_{碱}}{V_{酸}}$。

三、弱电解质在水溶液中电离的特点

1.可逆

弱电解质溶于水后,在水分子的作用下,弱电解质分子电离出离子,而离子又可以重新结合成分子。因此,弱电解质的电离过程是可逆的。

2.能量变化

弱电解质分子电离成离子的过程是吸热过程,离子之间相互结合成弱电解质分子的过程是放热过程。

3.平衡

借用可逆反应当中化学反应速率的变化规律进行想象,完全有理由认为,弱电解质溶于水之后,其可逆的电离过程也与可逆的化学反应一样,相反的两种趋向(分子变为离子的趋向和离子重新结合成分子的趋向)最终也将达到速率相等,即达到平衡状态。

四、电解质与非电解质、强电解质与弱电解质的判断规律

电解质的判断规律见表 2-6。

表 2-6 电解质的判断规律

		电解质		非电解质
		强电解质	弱电解质	
类别依据	电离特点	完全电离、不可逆、不存在电离平衡	部分电离、可逆、存在电离平衡	熔融态和水溶液中均不能电离
	物质种类	强酸、强碱、多数盐、部分碱性氧化物	弱酸、弱碱、水、个别盐	多数有机物、非金属氧化物
溶液中溶质	粒子种类	水合离子,无溶质分子	水合离子和溶质分子共存	溶质分子
结构特点		以离子键结合的离子化合物或以极性键结合的共价化合物	以极性键结合的共价化合物	以极性键结合的共价化合物

五、溶液中的三个守恒规律

(1)物料守恒:指一个平衡体系中,某一组分的总浓度一定等于它所水解成的多种离子(或物质)的平衡浓度之和。

例如 $c\ mol \cdot L^{-1}$ 的 Na_2CO_3 溶液,可以根据溶液中存在的平衡关系:

$$Na_2CO_3 \xlongequal{} 2Na^+ + CO_3^{2-}$$

$$CO_3^{2-} + H_2O \rightleftharpoons HCO_3^- + OH^-$$

$$HCO_3^- + H_2O \rightleftharpoons H_2CO_3 + OH^-$$

列出与 Na^+ 和 CO_3^{2-} 有关的两个方程:

$$c(Na^+) = 2c\ mol \cdot L^{-1}$$

$$c(CO_3^{2-}) + c(HCO_3^-) + c(H_2CO_3) = c\ mol \cdot L^{-1}$$

(2)电荷守恒:指在电解质的水溶液中,阳离子所带的总电荷数与阴离子所带的总电荷数必须相等。因为溶液总是呈电中性的。

例如,上述 Na_2CO_3 溶液中的电荷守恒关系如下:

$$c(Na^+) + c(H^+) = c(OH^-) + c(HCO_3^-) + 2c(CO_3^{2-})$$

由于 $c(Na^+) = 2c\ mol \cdot L^{-1}$,上式又可写成:

$$2c\ mol \cdot L^{-1} + c(H^+) = c(OH^-) + c(HCO_3^-) + 2c(CO_3^{2-})$$

一般来说,对于强电解质 M_mX_n 的水溶液:

$$M_mX_n \xlongequal{} mM^{n+} + nX^{m-}$$

$$H_2O \rightleftharpoons H^+ + OH^-$$

其电荷守恒关系为 $c(H^+) + nc(M^{n+}) = c(OH^-) + mc(X^{m-})$。

(3)质子守恒:指溶液中酸碱反应的结果,得质子后的产物得到质子的物质的量应该与失质子后的产物失去质子的物质的量相等。

例如，上述 Na_2CO_3 溶液中的质子守恒关系为 $c(H^+)+c(HCO_3^-)+2c(H_2CO_3)=c(OH^-)$，因为 $H_2O \rightleftharpoons H^+ + OH^-$。

六、比较溶液中离子浓度大小的规律

(1)多元弱酸溶液，根据多步电离分析。如在 H_3PO_4 的溶液中，$c(H^+)>c(H_2PO_4^-)>c(HPO_4^{2-})>c(PO_4^{3-})$。

(2)多元弱酸的正盐溶液，根据弱酸根的分步水解分析。如 Na_2CO_3 溶液中，$c(Na^+)>c(CO_3^{2-})>c(OH^-)>c(HCO_3^-)$。

(3)不同溶液中同一离子浓度的比较，要看溶液中其他离子对其的影响。如在相同的物质的量浓度的下列溶液中：①NH_4Cl；②CH_3COONH_4；③NH_4HSO_4。$c(NH_4^+)$由大到小的顺序是③>①>②。

(4)混合溶液中各离子浓度的比较，要进行综合分析，如电离因素、水解因素等。如在0.1 $mol \cdot L^{-1}$的 NH_4Cl 和0.1 $mol \cdot L^{-1}$的氨水(等体积)的混合溶液中，各离子浓度的大小顺序为 $c(NH_4^+)>c(Cl^-)>c(OH^-)>c(H^+)$。在该溶液中，$NH_3 \cdot H_2O$ 的电离与 NH_4^+ 的水解互相抑制，$NH_3 \cdot H_2O$ 的电离程度大于 NH_4^+ 的水解程度，溶液呈碱性，$c(OH^-)>c(H^+)$，同时 $c(NH_4^+)>c(Cl^-)$。

解题一点通

1. 利用水的电离和 K_W 知识解题

例题1 在某温度时，水的离子积为 1×10^{-12}，若该温度下，某溶液中 H^+ 浓度为 1×10^{-7} $mol \cdot L^{-1}$，则该溶液 ( )

A. 呈碱性　　B. 呈酸性

C. 呈中性　　D. $c(OH^-)=100c(H^+)$

解析 化学上定义 $K_W=c(H^+)\cdot c(OH^-)$，K_W 称为水的离子积常数，简称水的离子积。在一定温度下，K_W 为常数。溶液的酸碱性与 $c(H^+)$和 $c(OH^-)$的相对大小有关。若 $c(H^+)=c(OH^-)$，溶液呈中性；若 $c(H^+)>c(OH^-)$，溶液呈酸性；若$c(H^+)<c(OH^-)$，溶液呈碱性。此题中 $c(H^+)=1\times10^{-7} mol \cdot L^{-1}$，则 $c(OH^-)=\dfrac{1.0\times10^{-12}}{1.0\times10^{-7}} mol \cdot L^{-1}=1.0\times10^{-5} mol \cdot L^{-1}$，可见 $c(H^+)<c(OH^-)$，因此选项A、D正确。

答案 AD

例题2 常温下，有下列四种溶液：①pH=0的盐酸；②0.1 $mol \cdot L^{-1}$的盐酸；③0.01 $mol \cdot L^{-1}$的 NaOH 溶液；④pH=11的 NaOH 溶液。其由水电离生成的 H^+ 的物质的量浓度之比为 ( )

A. 1∶10∶100∶1 000　　B. 0∶1∶12∶11

C. 14∶13∶12∶11　　D. 14∶13∶3∶1

解析 在盐酸中，由水电离产生的 $c_水(H^+)$等于溶液中的$c(OH^-)$：①$c_水(H^+)=c(OH^-)=1\times10^{-14} mol \cdot L^{-1}$；②$c_水(H^+)=c(OH^-)=1\times10^{-13} mol \cdot L^{-1}$。在 NaOH 溶液中，由水电离产生的 $c_水(H^+)$等于溶液中的 $c(H^+)$：③$c_水(H^+)=1\times10^{-12} mol \cdot L^{-1}$；④$c_水(H^+)=1\times10^{-11} mol \cdot L^{-1}$。

因此，四种溶液中水电离出的 H^+ 的浓度之比为 $10^{-14}:10^{-13}:10^{-12}:10^{-11}$=1∶10∶100∶1 000。

答案 A

2. 利用溶液的酸碱性知识解题

例题3 在25 ℃的下列溶液中,碱性最强的是 ( )

A. pH = 11 的溶液　　B. $c(OH^-) = 0.12\ mol \cdot L^{-1}$的溶液

C. 1 L 中含有 4 g NaOH 的溶液　　D. $c(H^+) = 1 \times 10^{-10}\ mol \cdot L^{-1}$的溶液

解析 常温下,可以根据 pH 或 $c(H^+)$比较溶液的酸碱性,也可以根据 $c(OH^-)$的大小来比较。在此为了计算方便,可以求出 A,C,D 三个选项中溶液的$c(OH^-)$,依次为 $1 \times 10^{-3}\ mol \cdot L^{-1}$,$0.1\ mol \cdot L^{-1}$,$1 \times 10^{-4}\ mol \cdot L^{-1}$,然后再与 B 相比,就会发现 B 中溶液的 $c(OH^-)$最大,碱性最强。

答案 B

3. 利用溶液导电性知识解题

例题4 同一温度下,强电解质溶液 a、弱电解质溶液 b、金属导体 c 三者的导电能力相同,升高温度后,它们导电能力的强弱顺序是 ( )

A. b > a > c　　B. a = b = c　　C. c > a > b　　D. b > c > a

解析 金属导体随温度升高导电能力减弱;强电解质溶液中不存在电离平衡,升高温度,溶液中的离子浓度不变,导电能力不随温度的升高而改变;弱电解质溶液中存在着电离平衡,升高温度,弱电解质的电离程度增大,溶液中的离子浓度增大,随温度的升高,弱电解质的导电能力增强。

答案 A

4. 利用电离平衡的特点解题

例题5 有 20 ℃时 H_2S 饱和溶液 1 L,其浓度为$0.1\ mol \cdot L^{-1}$,其电离方程式为 $H_2S \rightleftharpoons H^+ + HS^-$,$HS^- \rightleftharpoons H^+ + S^{2-}$,若要使该溶液的 pH 增大,同时使$c(S^{2-})$减小,可采取的措施是 ( )

A. 加入适量的水　　B. 加入适量的 NaOH 固体

C. 通入适量的 SO_2　　D. 加入适量的 $CuSO_4$ 固体

解析 要使 pH 增大,必须使 $c(H^+)$减小,同时还必须使 $c(S^{2-})$减小。A 选项加水稀释后,各种微粒的浓度都要减小,故符合题意;B 选项加 NaOH 时,中和了体系中的 H^+,平衡右移,使 $c(S^{2-})$增大,不符合题意;C 选项通入适量的 SO_2,可发生反应:$2H_2S + SO_2 = 3S\downarrow + 2H_2O$,这就使得溶液中 $c(S^{2-})$降低,溶液也由酸性变为中性,即 $c(H^+)$降低,pH 增大,符合题意;D 选项由于 Cu^{2+} 结合 S^{2-} 生成 CuS 沉淀,使 $c(S^{2-})$降低,但随着电离平衡右移,$c(H^+)$增大,pH 减小,不符合题意。

答案 AC

例题6 欲使醋酸溶液中 CH_3COO^- 浓度增大,且不放出气体,可向醋酸中加入少量固体 ( )

A. NaOH　　B. $NaHCO_3$　　C. CH_3COOK　　D. Mg

解析 A 项加入 NaOH 会减少 H^+ 的物质的量,使平衡向右移动;C 项加入 CH_3COOK 会增加 CH_3COO^- 的物质的量,故 A、C 均可以。B 项加入 $NaHCO_3$ 会降低 H^+ 的物质的量浓度,使平衡右移,但产生了 CO_2;D 项加入 Mg 会降低 H^+ 的物质的量浓度,使平衡右移,但产生了 H_2,故 B 和 D 错误。

答案 AC

5. 利用影响电离平衡的因素解题

例题7 当往平衡体系 $H_2S \rightleftharpoons H^+ + HS^-$,$HS^- \rightleftharpoons H^+ + S^{2-}$ 中滴入一定量的浓盐酸时,$c(S^{2-})$

将　（　　）

A. 增大　　B. 减小　　C. 不变　　D. 可能增大也可能减小

解析 加入含有弱电解质组成离子的强电解质,会使弱电解质的电离平衡向生成弱电解质分子的方向移动,即平衡左移,从而使得 $c(S^{2-})$ 减小。

答案 B

6. 利用溶度积常数解题

例题8 已知 $K_{sp}(PbCrO_4) = 2.8 \times 10^{-13}$,$K_{sp}(CaCrO_4) = 7.1 \times 10^{-4}$,向 Pb^{2+}、Ca^{2+} 的混合溶液(Pb^{2+}、Ca^{2+} 的浓度均为 0.10 mol · L^{-1})中滴加 K_2CrO_4 溶液,则出现沉淀的次序为________。

解析 对于阴、阳离子的个数比相同即同一类型的难溶电解质,K_{sp} 的数值越大,难溶电解质在水中的溶解能力越强,即溶解度越大。溶液中存在两种可以与同一沉淀剂生成沉淀的离子时,若生成的沉淀属于同一类型,则 K_{sp} 小的一定先生成。

答案 $PbCrO_4$、$CaCrO_4$

7. 利用强弱电解质的比较解题

例题9 在一定温度下,取 pH 均为 12 的 NaOH 溶液和氨水各 10 mL,分别用蒸馏水把两种溶液都稀释至1 L,关于稀释后溶液的 pH 的说法正确的是　（　　）

A. NaOH 溶液的 pH 大于氨水的 pH　　B. NaOH 溶液的 pH 小于氨水的 pH

C. 两种溶液的 pH 相等　　D. 无法判别两种溶液 pH 的相对大小

解析 开始 NaOH 溶液和氨水的 pH 均为 12,即 $c(OH^-)$ 均为 10^{-2} mol · L^{-1},由于 NaOH 是强碱,加水稀释至原来的 100 倍后,pH 变为 10;而氨水是弱碱,溶液中存在着大量 $NH_3 \cdot H_2O$ 分子,加水稀释后,平衡会向着电离方向移动,OH^- 总数超过 NaOH 溶液中的 OH^- 总数,稀释至原来的 100 倍后,$c(OH^-)$ 大于 10^{-4} mol · L^{-1},即 pH > 10。

答案 B

8. 利用盐类水解本质解题

例题10 下列关于盐类水解的叙述中,正确的是　（　　）

A. 盐类的水解过程是中和反应的逆过程,是吸热过程

B. 易水解的盐溶于水后,都抑制了水的电离

C. 易水解的盐溶液中,水电离出的 H^+ 和 OH^- 的浓度永远相等

D. 易水解的盐溶液肯定不是中性的

解析 盐类的水解过程是中和反应的逆过程,中和反应都是放热反应,所以盐类的水解过程是吸热过程;易水解的盐溶于水后,弱离子会结合水电离出的 H^+ 或 OH^-,都是促进而不是抑制水的电离;易水解的盐溶液中,水电离出的 H^+ 或 OH^- 要与弱酸根离子或弱碱阳离子结合,两者浓度不一定相等;易水解的盐溶液也可能是中性的,若弱酸弱碱盐溶液中,阴、阳离子的水解程度相同,溶液中的 $c(H^+)$ 和 $c(OH^-)$ 相等,呈中性。

答案 A

第三章 物质的量

本章概述

在初中化学和前面的两章中，我们了解物质之间所发生的化学反应，是由肉眼不能看到的原子、离子或分子之间按一定的数目关系进行的，因此也是以可计量的物质之间按一定的质量关系进行的。在实验室里做化学实验时所取用的药品，都是可以用称量器具称量的。在化工生产中，物质的用量就更大了，常以吨计。因此，在原子、离子、分子与可计量的物质之间一定存在着某种联系。科学上采用“物质的量（amount of substance）”这个物理量把一定数目的原子、分子或离子等微观粒子与可计量的物质联系起来。

教学目标

1. 掌握物质的量相关概念。
2. 理解并理解气体的摩尔体积。
3. 熟悉并掌握物质的量浓度的概念及相关计算。

第一节 物质的量的基本概念

一、摩尔

1. 摩尔

物质的量表示含有一定数目粒子的集体，符号为 n。如果在一定量的粒子集体中所含有的粒子数与 0.012 kg ^{12}C 中所含有的碳原子数相同，我们就说它为 1 摩尔。摩尔简称摩，符号为 mol。科学实验表明，在 0.012 kg ^{12}C 中所含有的碳原子数约为 6.02×10^{23}。

例如，1 mol O 中约含有 6.02×10^{23} 个 O；

1 mol H^+ 中约含有 6.02×10^{23} 个 H^+；

1 mol H_2O 中约含有 6.02×10^{23} 个 H_2O。

小锦囊

在日常生活、生产和科学研究中，人们常常根据需要使用不同的计量单位。例如，用千米、米、厘米、毫米等来计量长度；用年、月、日、时、分、秒等来计量时间；用千克、克、毫克等来计量质量。1971 年，在第 14 届国际计量大会上决定用摩尔（mole）作为计量原子、分子或离子等微观粒子数目的“物质的量”的单位。

2. 阿伏伽德罗常数

1 mol 任何粒子的粒子数叫做阿伏伽德罗常数。阿伏伽德罗常数的符号为 N_A，通常使用 $6.02\times10^{23}mol^{-1}$ 这个近似值，即 $N_A=6.02\times10\ 23mol^{-1}$。

物质的量、阿伏伽德罗常数与粒子数（符号为 N）之间存在着下述关系：

$$n=\frac{N}{N_A}$$

从这个式子可以看出，物质的量是粒子数与阿伏伽德罗常数之比，即某一粒子集体的物质的量就是这个粒子集体中的粒子数与阿伏伽德罗常数之比。例如，3.01×10^{23} 个 N_2 的物质的量为 0.5 mol。

国际单位制的 7 个基本单位见表 3－1。

表 3－1 国际单位制（SI）的 7 个基本单位

物理量	单位名称	单位符号
长度	米	m
质量	千克	kg
时间	秒	s
电流	安[培]	A
热力学温度	开[尔文]	K
物质的量	摩[尔]	mol
发光强度	坎[德拉]	cd

上述粒子既可以是分子、原子、离子、电子，也可以是它们的特定组合。我们在使用物质的量时，应该用化学式指明粒子的种类，如 0.1 mol H_2，2 mol Na^+ 等。

二、摩尔质量

1 mol 不同粒子的数目虽然相同，但由于不同粒子的质量不同，因此，1 mol 不同粒子的质量也不同。

由于 1 mol ^{12}C 的质量是 0.012 kg，即 6.02×10^{23} 个 ^{12}C 的质量是 0.012 kg，因此，利用1 mol 任何粒子集体中都含有相同数目的粒子这个关系，可以推知 1 mol 任何粒子的质量。例如，1 个 ^{12}C 与 1 个 H 的质量比约为 12：1，而 1 mol ^{12}C 的质量是 12 g，因此，1 mol H 的质量就是 1 g。

同样地，可以推知，1 mol O 的质量为 16 g，1 mol Na 的质量为 23 g，1 mol O_2 的质量为 32 g，1 mol NaCl 的质量为 58.5 g 等。

对于离子来说，由于电子的质量很小，当原子得到或失去电子变成离子时，电子的质量可略去不计。因此，1 mol Na^+ 的质量为 23 g，1 mol Cl^- 的质量为 35.5 g，1 mol SO_4^{2-} 的质量为 96 g。

通过上述分析可知，1 mol 任何粒子或物质的质量以克为单位时，在数值上都与该粒子的相对原子质量或相对分子质量相等。我们将单位物质的量的物质所具有的质量叫做摩尔质量（molar mass）。也就是说，物质的摩尔质量是该物质的质量与该物质的物质的量之比。摩尔质量的符号为 M，常用的单位为 g/mol（或 $g\cdot mol^{-1}$）。

例如，Na 的摩尔质量为 23 g/mol；

SO_4^{2-} 的摩尔质量为 96 g/mol;

NaCl 的摩尔质量为 58.5 g/mol。

同种物质的物质的量(n)、质量(m)和摩尔质量(M)之间存在着下述关系:

$$M = \frac{m}{n}$$

当知道了上述关系式中的任意两个量时,就可以求出另一个量。

【例 3-1】 24.5 g H_2SO_4 的物质的量是多少?

【分析】 可以通过 H_2SO_4 的相对分子质量得知 H_2SO_4 的摩尔质量,然后利用关系式

$$n = \frac{m}{M}$$

计算出 24.5 g H_2SO_4 的物质的量。

【解】 H_2SO_4 的相对分子质量为 98,摩尔质量为 98 g·mol^{-1},则

$$n(H_2SO_4) = \frac{m(H_2SO_4)}{M(H_2SO_4)} = \frac{24.5\ \text{g}}{98\ \text{g}\cdot\text{mol}^{-1}} = 0.25\ \text{mol}$$

答:24.5 g H_2SO_4 的物质的量为 0.25 mol。

【例 3-2】 71 g Na_2SO_4 中含有 Na^+ 和 SO_4^{2-} 的物质的量各是多少?

【分析】 Na_2SO_4 的解离方程式为

$$Na_2SO_4 = 2Na^+ + SO_4^{2-}$$

从 Na_2SO_4 的解离方程式中可以看出,1 mol Na_2SO_4 可以解离出 2 mol Na^+ 和 1 mol SO_4^{2-}。

可以利用

$$n = \frac{m}{M}$$

的关系,首先计算出 71 g Na_2SO_4 的物质的量,然后再计算出 Na^+ 和 SO_4^{2-} 的物质的量。

【解】 Na_2SO_4 的相对分子质量为 142,摩尔质量为 142 g·mol^{-1},则

$$n(Na_2SO_4) = \frac{m(Na_2SO_4)}{M(Na_2SO_4)} = \frac{71\text{g}}{142\ \text{g}\cdot\text{mol}^{-1}} = 0.5\ \text{mol}$$

则 Na^+ 的物质的量为 1 mol,SO_4^{2-} 的物质的量为 0.5 mol。

答:71 g Na_2SO_4 中含有 Na^+ 的物质的量为 1 mol,SO_4^{2-} 的物质的量为 0.5 mol。

第二节 气体摩尔体积的基本知识

一、气体摩尔体积

1. 气体摩尔体积(molar volume of gas)

生活经验告诉我们，气体比固体和液体更容易被压缩。这说明气体分子之间的距离要比固体和液体中的粒子之间的距离大得多(见图 3-1)。在气体中，分子之间的距离要比分子本身的体积大很多倍，分子可以在较大的空间内运动。在通常状况下，相同质量的气态物质的体积要比它在固态或液态时的体积大 1 000 倍左右。

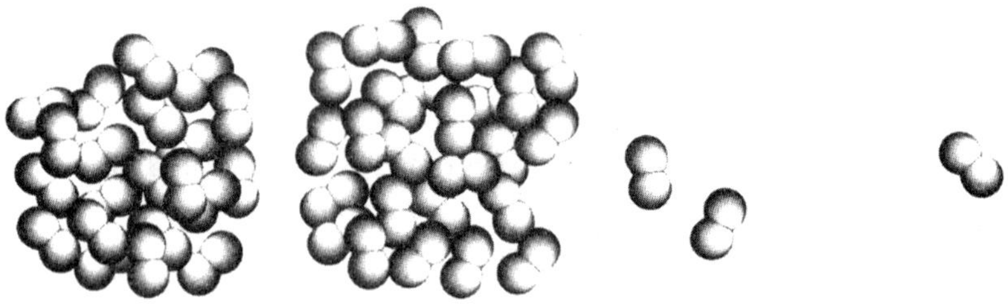

固体 液体 气体

图 3-1 固体、液体、气体分子之间距离比较示意图

通常情况下，气体分子的直径约为 0.4 nm，而分子之间的距离则约为 4 nm，即分子之间的距离约是分子直径的 10 倍。因此，当分子数目相同时，气体体积的大小主要决定于气体分子之间的距离，而不是分子本身体积的大小。

气体的体积与温度、压强等外界条件的关系非常密切。一定质量的气体，当温度升高时，气体分子之间的距离增大，当温度降低时，气体分子之间的距离缩小；当压强增大时，气体分子之间的距离减小，当压强减小时，气体分子之间的距离增大。所以，要比较一定质量气体的体积，就必须要在相同的温度和压强下进行才有意义。

通常将温度为 0 ℃、压强为 101 kPa 时的状况称为标准状况。

在标准状况时，氢气、氧气、二氧化碳的密度分别为 0.089 9 g/L，1.429 g/L，1.977 g/L。1 mol 这三种气体在标准状况时的体积各为多少？

在标准状况时，1 mol H_2 的质量为 2.016 g，密度为 0.089 9 g/L，体积约为

$$V(H_2)=\frac{m(H_2)}{\rho(H_2)}=\frac{2.016\ g}{0.089\ 9\ g\cdot L^{-1}}=22.4\ L$$

通过同样的方法，还可以计算出：

1 mol O_2 的体积约为 22.4 L；

1 mol CO_2 的体积约为 22.3 L。

通过计算可以得出，在标准状况下，1 mol H_2，O_2，CO_2 的体积大致是相同的，都约为 22.4 L。不仅仅这三种气体在标准状况时的体积都约为 22.4 L，大量的科学实验表明，其他气体也是如此。由此可以得出一个结论：在标准状况下，1 mol 任何气体所占的体积都约为 22.4 L。

单位物质的量气体所占的体积叫做气体摩尔体积(molar volume of gas)，气体摩尔体积的符号为 V_m，即

$$V_m=\frac{V}{n}$$

气体摩尔体积的常用单位有 L/mol 和 m^3/mol。

知识库

在物理课中，我们学过物质的体积、密度、质量之间的关系。通过本章第一节知识的学习，又可以根据物质的相对原子质量或相对分子质量，知道 1 mol 物质的质量，如果此时再知道物质的密度，就可以计算出 1 mol 物质的体积。

例如，在 20 ℃时，1 mol Fe 的质量为 56 g，密度为 7.8 g/cm^3，则体积为

$$V(\mathrm{Fe}) = \frac{m(\mathrm{Fe})}{\rho(\mathrm{Fe})} = \frac{56\mathrm{g}}{7.8\ \mathrm{g \cdot cm^{-3}}} = 7.2\ \mathrm{cm^3}$$

通过同样的方法可以计算出：

1 mol Al 的体积为 10 cm^3；

1 mol Pb 的体积为 18.3 cm^3；

1 mol H_2O 的体积为 18 cm^3；

1 mol H_2SO_4 的体积为 53.6 cm^3。

通过计算可以看出，对于固态物质或液态物质来说，1 mol 不同物质的体积是不相同的。这是为什么呢？

物质体积的大小取决于构成这种物质的粒子数目、粒子的大小和粒子之间的距离这三个因素。由于在 1 mol 任何物质中的粒子数目都是相同的，都约是 6.02×10^{23} 个。因此，在粒子数目相同的情况下，物质体积的大小就主要取决于构成物质的粒子的大小和粒子之间的距离。当粒子之间的距离很小时，物质的体积就主要决定于构成物质的粒子的大小；而当粒子之间的距离比较大时，物质的体积就主要决定于粒子之间的距离。

在 1 mol 不同的固态物质或液态物质中，虽然含有相同的粒子数，但粒子的大小是不相同的。同时，在固态物质或液态物质中粒子之间的距离又是非常小的，这就使得固态物质或液态物质的体积主要决定于粒子的大小了。所以，1 mol 不同的固态物质或液态物质的体积是不相同的。

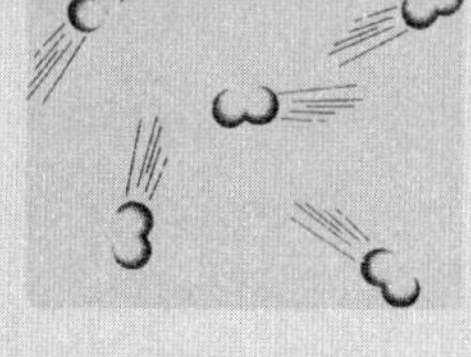

图 3-2 气体分子的运动和分子间距离的示意图

2. 特定条件下的气体摩尔体积

在标准状况下，气体的摩尔体积约为 22.4 L/mol，因此，可以认为 22.4 L/mol 是在特定条件下的气体摩尔体积。

因为不同气体在一定的温度和压强下，分子之间的距离可以看做是相等的。因此，在一定的温度和压强下气体体积的大小只随分子数目的多少而发生变化。由于 1 mol 任何气体的体

积在标准状况下都约为 22.4 L，因此，在标准状况下，22.4 L 任何气体中都含有约 6.02×10^{23} 个分子。也就是在相同的温度和压强下，相同体积的任何气体都含有相同数目的分子，这个结论已被大量的实验所证实。图 3－3 所示为标准状况时的气体摩尔体积示意图。

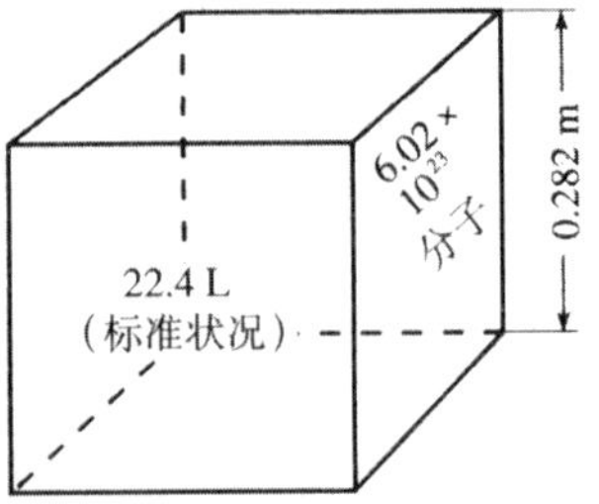

图 3－3　标准状况时的气体摩尔体积示意图

小锦囊

1 mol H_2O(l) 的体积为 18 mL。当将水加热到 100 ℃时，液态水汽化为水蒸气。在 101 kPa 和 100℃时，1 mol H_2O(g) 的体积约为 3.06×10^4 mL。由此可以得出这样一个结论：在 101 kPa 和 100℃时，1 mol H_2O(g) 的体积比通常状况时 1 mol H_2O(l) 的体积增大了约 1 700 倍。

二、关于气体摩尔体积的计算

在标准状况下，气体的物质的量与气体摩尔体积的关系为

$$n=\frac{V}{V_m}=\frac{V}{22.4\ \text{L}\cdot\text{mol}^{-1}}$$

通过这一关系，可以计算标准状况下气体的体积。

【例 3－3】　在标准状况下，2.2 g CO_2 的体积是多少？

【分析】　在标准状况下，1 mol 任何气体的体积都约为 22.4 L。因此，只要知道 2.2 g CO_2 的物质的量，就可以通过标准状况下的气体摩尔体积计算出 2.2 g CO_2 在标准状况时的体积。

【解】

$$\begin{aligned}n(CO_2)&=\frac{m(CO_2)}{M(CO_2)}\\&=\frac{2.2\ \text{g}}{44\ \text{g}\cdot\text{mol}^{-1}}\\&=0.050\ \text{mol}\end{aligned}$$

0.050 mol CO_2 在标准状况下的体积为

$$\begin{aligned}V(CO_2)&=n(CO_2)\cdot V_m\\&=0.050\ \text{mol}\times22.4\ \text{L/mol}\\&=1.12\ \text{L}\end{aligned}$$

答：在标准状况下，2.2 g CO_2 的体积为 1.12 L。

【例 3－4】　在标准状况下，测得 1.92 g 某气体的体积为 672 mL。计算此气体的相对分子质量。

【分析】　物质的相对分子质量与该物质的摩尔质量在数值上是相等的，因此，要求某物

质的相对分子质量，首先就要计算出该物质的摩尔质量。

按照题目中所给的条件，可以首先根据在标准状况下气体的体积和质量，计算出气体的密度：

$$\rho = \frac{m}{V}$$

然后利用标准状况下气体摩尔体积与密度的关系，计算出该气体的摩尔质量：

$$M = \rho \cdot 22.4\ \text{L/mol}$$

【解】 在标准状况下，该气体的密度为

$$\rho = \frac{m}{V} = \frac{1.92\ \text{g}}{0.672\ \text{L}} = 2.86\ \text{g/L}$$

该气体的摩尔质量为

$$M = \rho \cdot 22.4\ \text{L/mol} = 2.86\ \text{g/L} \times 22.4\ \text{L/mol} = 64.1\ \text{g/mol}$$

答：此气体的相对分子质量为64.1。

第三节 物质的量浓度

一、物质的量浓度

1. 物质的量浓度

以单位体积溶液里所含溶质B的物质的量来表示溶液组成的物理量，叫做溶质B的物质的量浓度(amount of substance concentration of B)。物质的量浓度的符号为c_B，常用的单位为mol/L或mol/m^3。

2. 物质的量、溶液体积与物质的量浓度的关系

在一定物质的量浓度的溶液中，溶质B的物质的量(n_B)、溶液的体积(V)和溶质的物质的量浓度(c_B)之间的关系可以用下面的式子表示：

$$c_B = \frac{n_B}{V}$$

按照物质的量浓度的定义，如果在1 L溶液中含有1 mol的溶质，这种溶液中溶质的物质的量浓度就是1 mol/L。例如，NaOH的摩尔质量为40 g/mol，在1 L溶液中含有20 g NaOH，溶液中NaOH的物质的量浓度就是0.5 mol/L；在1 L溶液中含有40 g NaOH，溶液中NaOH的物质的量浓度就是1 mol/L；在1 L溶液中含有80 g NaOH，溶液中NaOH的物质的量浓度就是2 mol/L。

知识库

在生产和科学实验中经常要使用溶液，为了表明溶液中溶质和溶剂之间的量的关系，需要使用表示溶液组成的物理量。溶液中溶质的质量分数(w)就是这样一种物理量，它是以溶质的质量和溶液的质量之比来表示溶液中溶质与溶液的质量关系的。但是，在许多场合取用溶液时，一般不是去称量它的质量，而是要量取它的体积。同时，物质在发生化学反应时，反应物的物质的量之间存在着一定的关系，而且化学反应中各物质之间的物质的量的关系要比它们之间的质量关系简单得多。所以，知道一定体积的溶液中含有溶质的物质的量，对于生产和科学实验都是非常重要的，同时对于有溶液参加的化学反应中各物质之间的量的计算也是非常便利的。

二、一定物质的量浓度溶液的配制

用固体药品配制一定物质的量浓度的溶液，主要是使用天平和一种容积精确的仪器——容量瓶。容量瓶有各种不同规格，常用的有 100 mL，250 mL，500 mL 和 1 000 mL 等几种，如图 3 -4 所示。

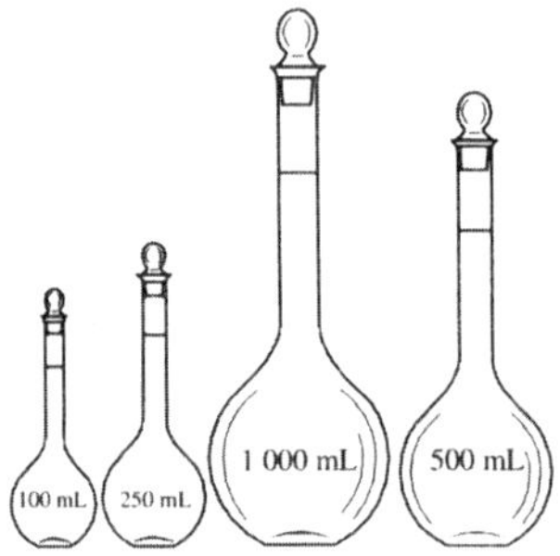

图 3 -4　几种常用规格的容量瓶

在用固体药品配制溶液时：

- 需要根据所配制的溶液的物质的量浓度和体积，计算出所需溶质的质量。
- 根据所要配制的溶液的体积，选用合适的容量瓶。

【实验 3 -1】　配制 500 mL 0.1 mol/L Na_2CO_3 溶液。

根据计算得知，配制 500 mL 0.1 mol/L Na_2CO_3 溶液，需要无水 Na_2CO_3 固体的质量为 5.3 g。

用天平称量 5.3 g 无水 Na_2CO_3 固体。

将无水 Na_2CO_3 固体放入烧杯中，用适量的蒸馏水溶解后，冷却至室温。

将烧杯中的溶液沿玻璃棒小心地注入 500 mL 的容量瓶中(注意：不要让溶液洒在容量瓶外，也不要让溶液在刻度线上面沿瓶壁流下)，如图 3 -5 所示。用蒸馏水洗涤烧杯内壁 2 ~ 3 次，并将每次洗涤后的溶液都注入容量瓶中。轻轻振荡容量瓶，使溶液充分混合。

然后，缓缓地将蒸馏水注入容量瓶内，直到容量瓶中的液面接近容量瓶刻度 1 cm ~ 2 cm 处时，改用胶头滴管滴加蒸馏水至溶液的凹液面正好与刻度线相切。这时，将容量瓶用瓶塞盖好，反复上下颠倒，摇匀。

这样，配制出的溶液就是 500 mL 0.1 mol/L Na_2CO_3 溶液。整个配制过程如图 3 -6 所示。

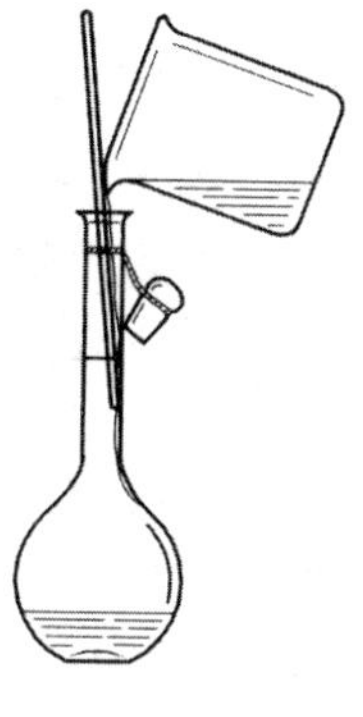

图 3－5　向容量瓶中转移溶液

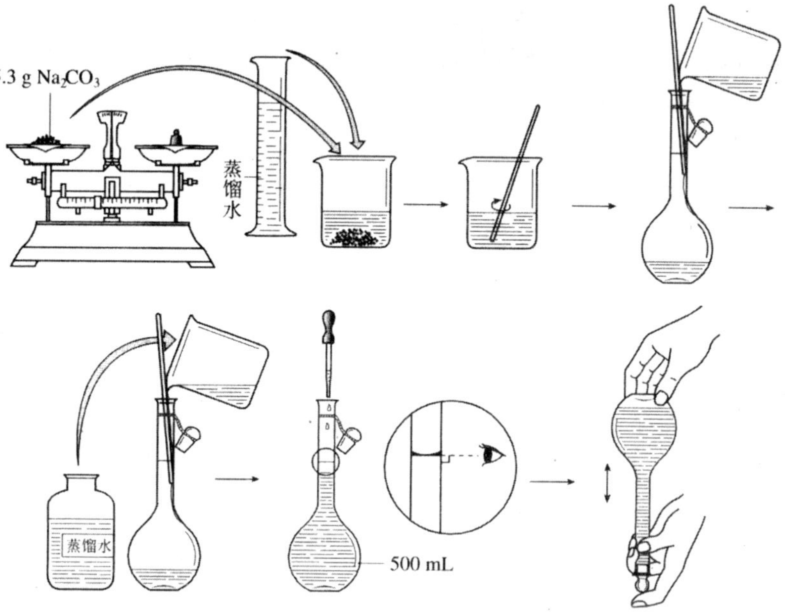

图 3－6　配制 500 mL 0.1 mol/L Na_2CO_3 溶液过程示意图

在实验室中配制溶液所用的溶质，不仅仅是固体物质，还常常用浓溶液来配制所需的稀溶液。

初中时，我们学习稀释溶质质量分数一定的溶液时指出，不论将浓溶液如何稀释，溶液中溶质的量总是不变的。对于稀释一定物质的量浓度的溶液来说，也是一样的。

在稀释浓溶液时，溶液的体积发生了变化，但溶液中溶质的物质的量不变，即在浓溶液稀释前后，溶液中溶质的物质的量相等。

讨论

为什么在浓溶液稀释前后，溶液中溶质的物质的量相等？

在用浓溶液配制稀溶液时，常用下面的式子计算有关的量：

$$c(\text{浓溶液}) \cdot V(\text{浓溶液}) = c(\text{稀溶液}) \cdot V(\text{稀溶液})$$

三、关于物质的量浓度的计算

1. 关于物质的量浓度概念的计算

这类计算主要包括已知溶质的质量和溶液的体积，计算溶液中溶质的物质的量浓度；配制一定物质的量浓度溶液时所需溶质的质量和溶液体积的计算等。

进行这类化学计算时，我们经常要用到下式：

$$c_B = \frac{n_B}{V}$$

【例3－5】 将23.4 g NaCl溶于水中，配成250 mL溶液。计算所得溶液中溶质的物质的量浓度。

【分析】 物质的量浓度就是单位体积溶液里所含溶质的物质的量。因此，本题可以根据物质的量浓度的概念以及溶质的质量、物质的量和摩尔质量的关系进行计算。

【解】 23.4 g NaCl的物质的量为

$$n(\mathrm{NaCl}) = \frac{m(\mathrm{NaCl})}{M(\mathrm{NaCl})} = \frac{23.4\ \mathrm{g}}{58.5\ \mathrm{g \cdot mol^{-1}}} = 0.4\ \mathrm{mol}$$

所得溶液中NaCl的物质的量浓度为

$$c(\mathrm{NaCl}) = \frac{n(\mathrm{NaCl})}{V[\mathrm{NaCl(aq)}]} = \frac{0.4\mathrm{mol}}{0.25\ \mathrm{L}} = 1.6\ \mathrm{mol/L}$$

答：将23.4 g NaCl溶于水中，配成的250 mL溶液中NaCl的物质的量浓度为1.6 mol/L。

2. 溶液中溶质的质量分数与溶质的物质的量浓度的换算

- 溶质的质量分数和物质的量浓度都可以用来表示溶液的组成，二者之间可以通过一定的关系进行换算。
- 将溶液中溶质的质量分数换算成物质的量浓度时，首先要计算出1 L溶液中所含溶质的质量，并换算成相应的物质的量，有时还需要将溶液的质量换算成溶液的体积，最后再计算出溶质的物质的量浓度。
- 将溶质的物质的量浓度换算成溶质的质量分数时，首先要将溶质的物质的量换算成溶质的质量，有时还需要将溶液的体积换算为质量，进而计算出溶液中溶质的质量分数。

【例3－6】 某市售浓硫酸中溶质的质量分数为98%，密度为1.84 g/cm^3。计算该市售浓硫酸中H_2SO_4的物质的量浓度。

【分析】 根据题意可以计算出1 000 mL浓硫酸中H_2SO_4的质量，然后将质量换算成物质的量。

【解】 1 000 mL浓硫酸中H_2SO_4的质量为

$$m(\mathrm{H_2SO_4}) = \rho[\mathrm{H_2SO_4(aq)}] \cdot V[\mathrm{H_2SO_4(aq)}] \cdot w(\mathrm{H_2SO_4}) = 1.84\ \mathrm{g/cm^3} \times 1\ 000\ \mathrm{cm^3} \times 98\%$$

$$=1\ 803\ g$$

1 803 g H_2SO_4 的物质的量为

$$n(H_2SO_4)=\frac{m(H_2SO_4)}{M(H_2SO_4)}=\frac{1\ 803\ g}{98\ g\cdot mol^{-1}}=18.4\ mol$$

因为 1 000 mL 浓硫酸中含 18.4 mol H_2SO_4，所以，市售浓硫酸中 H_2SO_4 的物质的量浓度为 18.4 mol/L。

答：该市售浓硫酸中 H_2SO_4 的物质的量浓度为 18.4 mol/L。

【例 3－7】 已知 75 mL 2 mol/L NaOH 溶液的质量为 80 g。计算溶液中溶质的质量分数。

【分析】 根据题意可以先计算出溶液中溶质的物质的量，然后将物质的量换算成质量，最后计算出溶液中溶质的质量分数。

【解】 75 mL 2 mol/L NaOH 溶液中 NaOH 的物质的量为

$$n(NaOH)=c(NaOH)\cdot V[NaOH(aq)]=2\ mol/L\times 0.075\ L=0.15\ mol$$

0.15 mol NaOH 的质量为

$$m(NaOH)=n(NaOH)\cdot M(NaOH)=0.15\ mol/L\times 40\ g/mol=6\ g$$

75 mL 2 mol/L NaOH 溶液中溶质的质量分数为

$$w(NaOH)=\frac{m(NaOH)}{m[NaOH(aq)]}\times 100\%=\frac{6\ g}{80\ g}\times 100\%=7.5\%$$

答：溶液中 NaOH 的质量分数为 7.5%。

3. 一定物质的量浓度溶液的稀释

【例 3－8】 配制 250 mL 1 mol/L HCl 溶液，需要 12 mol/L HCl 溶液的体积是多少？

【分析】 在用水稀释浓溶液时，溶液的体积发生了变化，但溶液中溶质的物质的量不变。即在浓溶液稀释前后，溶液中溶质的物质的量是相等的。

【解】 设配制 250 mL(V_1) 1 mol/L(c_1) HCl 溶液，需要12 mol/L(c_2) HCl 溶液的体积为 V_2。

$$V_2=\frac{c_1\cdot V_1}{c_2}=\frac{1\ mol\cdot L^{-1}\times 0.25\ L}{12\ mol\cdot L^{-1}}=0.021\ L=21\ mL$$

答：配制 250 mL 1 mol/L HCl 溶液，需要 12 mol/L HCl 溶液 21 mL。

四、物质的量应用于化学方程式的计算

物质是由原子、分子或离子等粒子组成的，物质之间的化学反应也是这些粒子按一定的数目关系进行的。化学方程式可以明确地表示出化学反应中这些粒子数之间的数目关系。这些粒子之间的数目关系，也就是化学计量数的关系。例如

	$2H_2$	+	O_2	$\xlongequal{点燃}$	$2H_2O$
化学计量数之比	2	:	1	:	2
扩大 6.02×10^{23} 倍	$2\times6.02\times10^{23}$	:	$1\times6.02\times10^{23}$	:	$2\times6.02\times10^{23}$
物质的量之比	2 mol	:	1 mol	:	2 mol

从这个例子中可以得知，化学方程式中各物质的化学计量数之比，等于化学反应中各物质的粒子数之比，因而也等于各物质的物质的量之比。因此，将物质的量（n）、摩尔质量（M）、摩尔体积（V_m）、物质的量浓度（c）等概念应用于化学方程式进行计算时，对于定量的研究化学反应中各物质之间的量的关系，会更加方便。

【例 3－9】 完全中和 0.10 mol NaOH 需要 H_2SO_4 的物质的量是多少？所需 H_2SO_4 的质量是多少？

【解】 $2NaOH + H_2SO_4 = Na_2SO_4 + 2H_2O$

$\quad\quad 2 \quad\quad 1$

0.10 mol $n(H_2SO_4)$

$$\frac{V(NaOH)}{V(H_2SO_4)} = \frac{n(NaOH)}{n(H_2SO_4)}$$

$$n(H_2SO_4) = \frac{1\times0.10\ mol}{2} = 0.05\ mol$$

H_2SO_4 的相对分子质量是 98，H_2SO_4 的摩尔质量是 98 g/mol，H_2SO_4 的质量：

$$m = M\cdot n = 0.05\ mol\times98\ g/mol = 4.9\ g$$

答：完全中和 0.10 mol NaOH 需要 0.05 mol H_2SO_4，所需 H_2SO_4 的质量为 4.9 g。

【例 3－10】 400 mL 某浓度的 NaOH 溶液恰好与 5.8 L Cl_2（标准状况）完全反应，计算：

（1）生成的 NaClO 的物质的量。

（2）该溶液中 NaOH 的物质的量浓度。

【解】 $2NaOH + Cl_2 = NaCl + NaClO + H_2O$

2 mol　22.4 L　　1 mol

$c(NaOH)\times0.40$ L　5.8 L　　$n(NaClO)$

（1）
$$n(NaClO) = \frac{5.8\ L\times1\ mol}{22.4\ L} = 0.26\ mol$$

（2）
$$c(NaOH) = \frac{5.8\ L\times1\ mol}{0.4L\times22.4\ L}$$

$=1.3\ mol/L$

答:(1)生成的 NaClO 的物质的量为 0.26 mol。

(2)该溶液中 NaOH 的物质的量浓度为 1.3 mol/L。

知识拓展总结

主干知识梳理

一、基本概念

1. 摩尔、摩尔质量

物质的量是国际规定的七个基本物理量之一,用来表示含有一定数目粒子的集体,符号是 n,单位是 mol。

摩尔是计量原子、分子或离子等微观粒子的物质的量的单位。

阿伏加德罗常数是指 1mol 任何粒子的粒子数,符号是 N_A,常用 $6.02\times10^{23}\ mol^{-1}$ 这个近似值。

2. 摩尔质量

1 mol 任何粒子或物质的质量以克为单位时,在数值上都与其相对原子质量或相对分子质量相等。

摩尔质量是指单位物质的量的物质所具有的质量,符号是 M,常用单位是 $g\cdot mol^{-1}$。

3. 使用摩尔这个概念时,应注意的事项

(1)摩尔是物质的量的单位,每摩尔物质含有阿伏加德罗常数个微粒,摩尔简称摩,符号为 mol。

(2)摩尔的量度对象是构成物质的基本微粒,这里的"微粒"是指"基本单元",这个基本单元可以是分子、原子、离子、质子、中子、电子等单一微粒,也可以是这些微粒的特定组合,如 1 mol $CaCl_2$ 可以说含 1 mol Ca^{2+},2 mol Cl^- 或 3 mol 阴、阳离子或含 54 mol e^- 等。

(3)摩尔概念只适用于微观,不适用于宏观。

(4)使用摩尔表示物质的量时,应该用化学式指明粒子的种类,而不使用该粒子的中文名称,例如不能说"1 mol 氧",因为不知是指 1 mol 氧原子,还是指 1 mol 氧分子,其含义不明确。

二、气体摩尔体积

1. 决定物质体积大小的因素

物质体积的大小取决于构成这种物质的粒子数目、粒子大小和粒子之间的距离这三个因素。

2. 气体摩尔体积

当分子数目相同时,气体体积的大小主要决定于气体分子间的距离。要比较一定质量的气体体积,必须在相同的温度和压强下进行。

气体摩尔体积:单位物质的量的气体所占的体积,符号是 V_m,单位是 $L\cdot mol^{-1}$ 或 $m^3\cdot mol^{-1}$。

标准状况下气体的摩尔体积:标准状况下,即温度为 0 ℃,压强为 101 kPa 时,1 mol 任何气体所占的体积都约是 22.4 L。

三、物质的量浓度及配制

1. 物质的量浓度

定义：以单位体积溶液里所含溶质的物质的量来表示溶液组成的物理量。符号 c，常用单位是 $mol \cdot L^{-1}$。数学关系式表示为 $c_{(B)} = \frac{n_{(B)}}{V}$。

2. 一定物质的量浓度溶液的配制

(1) 所用仪器：托盘天平、量筒、烧杯、玻璃棒、容量瓶、胶头滴管。

容量瓶的特征：

瓶口配有磨口玻璃塞或塑料塞，容量瓶上标有温度、刻线和容积，在所指温度下，液体的凹液面与瓶颈部的刻线相切时，溶液的体积恰好与瓶上标注的体积相等。

(2) 实验步骤

①计算：固体溶质的质量或浓溶液的体积。

②准确称量：固体溶质用托盘天平称取一定质量，液体溶质用量筒量取一定体积。

③溶解并恢复至室温。

④转移并洗涤。

⑤定容并摇匀。

⑥将配制的溶液装入指定试剂瓶中，并贴上标签。

3. 关于物质的量浓度的计算

(1) 物质的量浓度概念的计算。

(2) 溶质的质量分数与物质的量浓度的换算。

(3) 一定物质的量浓度溶液的稀释。

计算时所遵循的原则是稀释前后，溶质的物质的量相等。

4. 在物质的量浓度溶液中所含溶质微粒的数目

(1) 溶质是难电离的物质时，溶质在溶液中以分子的形式存在，若溶液中含有 1 mol 的溶质，则溶液里溶质的分子数为 6.02×10^{23} 个。例如溶液中含 1 mol C_2H_5OH（酒精），则酒精的分子数为 6.02×10^{23} 个。

(2) 取出任意体积的物质的量浓度为 c $mol \cdot L^{-1}$ 的溶液，其浓度不变，仍然为 c $mol \cdot L^{-1}$。对于 V 体积的 A_mB_n 型易电离的物质，取出任意体积其物质的量浓度为 c $mol \cdot L^{-1}$ 的溶液，A_mB_n 的浓度仍然为 c $mol \cdot L^{-1}$，由电离方程式 $A_mB_n = mA^{n+} + nB^{m-}$ 知，A^{n+} 的物质的量浓度为 mc $mol \cdot L^{-1}$，B^{m-} 的物质的量浓度为 nc $mol \cdot L^{-1}$。

(3) 溶质是强酸、强碱或可溶性盐时，溶液中的溶质是以阴离子和阳离子形式存在。例如 1 L 1 $mol \cdot L^{-1}$ 的 $Ca(NO_3)_2$ 溶液中含有 6.02×10^{23} 个 Ca^{2+} 和 $2 \times 6.02 \times 10^{23}$ 个 NO_3^-。

经典规律总结

1. 质量守恒定律 { 宏观体现：反应前后总质量不变——化学计算的依据
微观体现：原子种类及个数不变——化学方程式配平的依据

2. 阿伏加德罗定律及推论

根据气体状态方程 $\frac{pV}{T} = \frac{m}{M}R = nR$，可以得到以下定律及推论：

（1）同温同压下，相同体积的任何气体都含有相同数目的分子（阿伏加德罗定律）；

（2）同温同压下的不同气体，其体积之比等于物质的量之比，等于所含微粒数之比：

$$\frac{V_1}{V_2}=\frac{n_1}{n_2}=\frac{N_1}{N_2}$$

（3）同温同压下的不同气体，其密度之比等于摩尔质量之比，等于相对密度：

$$\frac{\rho_1}{\rho_2}=\frac{M_1}{M_2}=D_{12}$$

（4）同温同压下同质量的不同气体，其体积之比等于摩尔质量之比的反比：

$$\frac{V_1}{V_2}=\frac{M_2}{M_1}$$

（5）同温同压下同质量的不同气体，其密度之比等于物质的量之比的反比：

$$\frac{\rho_1}{\rho_2}=\frac{n_2}{n_1}$$

（6）同温同压下的同种气体（或相同摩尔质量的不同气体），其体积之比等于质量之比，等于物质的量之比：

$$\frac{V_1}{V_2}=\frac{m_1}{m_2}=\frac{n_1}{n_2}$$

（7）同温同体积的不同气体，其压强之比等于物质的量之比，等于微粒数之比：

$$\frac{p_1}{p_2}=\frac{n_1}{n_2}=\frac{N_1}{N_2}$$

（8）同温同压同体积的不同气体，其质量之比等于摩尔质量之比，等于密度之比：

$$\frac{m_1}{m_2}=\frac{M_1}{M_2}=\frac{\rho_1}{\rho_2}$$

3. 求算混合气体平均相对分子质量的几种方法

（1）标准密度法：$M=22.4\rho$（密度：$g\cdot L^{-1}$）。

（2）相对密度法：$D=\frac{\rho_1}{\rho_2}=\frac{M_1}{M_2}$，有 $M_1=DM_2$。

（3）摩尔质量定义法：$\overline{M}=m_{(总)}/n_{(总)}$。

（4）物质的量或体积含量法：$\overline{M}=M_a\cdot a\%+M_b\cdot b\%+\cdots$。

4. 平均值规律及应用

（1）依据：若 $X_A>X_B$，则 $X_A>\overline{X}>X_B$，$\overline{X}$ 代表平均相对原子质量、平均相对分子质量、平均浓度、平均含量、平均生成量、平均消耗量等。

（2）应用：已知 $\overline{X}$，可以确定 X_A、X_B 的范围或已知 X_A、X_B，可以确定 $\overline{X}$ 的范围。

解题的关键是要通过平均值确定范围，很多考题的平均值需要根据条件先确定下来再作出判断。

例题1 依照阿伏加德罗定律，下列叙述中正确的是（　　）

A. 同温、同压下，两种气体的体积之比等于摩尔质量之比

B. 同温、同压下，两种气体的物质的量之比等于密度之比

C. 同温、同压下，两种气体的摩尔质量之比等于密度之比

D. 同温、同体积下，两种气体的物质的量之比等于压强之比

解析 本题各项的说法是否正确可根据阿伏加德罗定律的推论作出判断，也可根据公式 $pV=nRT$ 推导作出判断。

答案 CD

例题2 向体积为 1 L 的干燥容器中充入 HCl 气体后，测得容器中的气体对氧气的相对密度为 1.082。将此气体倒扣在水中，进入容器中的液体的体积是 （ ）

A. 0.25 L　　B. 0.5 L　　C. 0.75 L　　D. 1 L

解析 $\overline{M}_r = D \cdot M_r(O_2) = 1.082 \times 32 = 34.6 < M_r(HCl) = 36.5$，故该混合气体中必混有空气。HCl 易溶于水，空气不溶于水，故进入容器中的液体的体积等于 HCl 气体的体积。设 HCl 气体的体积为 x，则空气的体积为 $(1\ L - x)$。

根据气体平均摩尔质量计算公式：

$36.5\ g \cdot mol^{-1} \cdot x/1\ L + 29\ g \cdot mol^{-1} \cdot (1\ L - x)/1\ L = 34.6\ g \cdot mol^{-1}$

解得　$x = 0.75$ L。

答案 C

物质的量浓度、溶解度、质量分数的相互换算。

(1)溶质的质量分数与物质的量浓度：

$$\text{溶质的物质的量浓度} = \frac{m_{质}/M}{m_{液}/1\ 000\rho} = \frac{1\ 000\rho m_{质}}{M \cdot m_{液}}$$

(2)溶解度(S)与饱和溶液的物质的量浓度：

$$\text{物质的量浓度} = \frac{S/M}{(100+S)/1\ 000\rho} = \frac{1\ 000\rho S}{M(100+S)}$$

(3)气体溶质的体积(V,标准状况)与物质的量浓度[V(L)气体溶于 1 L 水中，溶液密度为 ρ]：

$$\text{物质的量浓度} = \frac{1\ 000\rho V}{V \cdot M + 22\ 400}$$

(4)相同溶质、不同浓度的溶液混合后的物质的量浓度：令两种溶液的溶质的质量分数分别为 w_A、w_B，溶液的质量分别为 m_A，m_B，混合后溶液的密度为 ρ。

$$\text{物质的量浓度} = \frac{(m_A \cdot w_A + m_B \cdot w_B)/M}{(m_A + m_B)/1\ 000\rho}$$

例题3 将溶质的质量分数为 $a\%$，物质的量浓度为 $c_1\ mol \cdot L^{-1}$ 的 H_2SO_4 溶液蒸发掉一定量的水，使其溶质的质量分数为 $2a\%$，此时物质的量浓度为 $c_2\ mol \cdot L^{-1}$。则 c_1 和 c_2 的关系是 （ ）

A. $c_2 = 2c_1$　　B. $c_2 < 2c_1$

C. $c_2 > 2c_1$　　D. $c_1 = 2c_2$

解析 设 $a\%$ 的 H_2SO_4 密度为 d_1，$2a\%$ 的 H_2SO_4 密度为 d_2，则 $d_1 < d_2$。$c_1 = \frac{1\ 000 d_1 a\%}{M}$，$c_2 = \frac{1\ 000 d_2 \times 2a\%}{M}$，$d_1 < d_2$，$c_2 > 2c_1$。

答案 C

5. 配制误差分析

根据 $c = \frac{n}{V} = \frac{m}{MV}$ 判断：

(1)若称量固体溶质时,操作无误,但所用砝码生锈,则 m 偏大,结果偏高。

(2)若没有洗涤烧杯内壁,则使 n 减小,结果偏低。

(3)若容量瓶中有少量蒸馏水或定容后反复摇匀发现液面低于刻线,对结果无影响。

(4)俯视、仰视对结果的影响(见图 3-7)。

①仰视刻线:由于操作时以刻线为基准加水,故加水量增多,导致溶液体积偏大,c 偏小。

②俯视刻线:加水量减少,溶液体积变小,故 c 偏大。

例题4 在量取一定体积的液体时,如果从斜下方观察量筒的刻度线和液体的凹液面最低处保持水平,这时量出的液体体积跟要量取的体积相比 ( )

A. 相等 B. 偏小 C. 偏大 D. 无法判断

解析 由于操作时以刻度线为基准加液,如果从斜下方观察刻度线,如图 3-8 所示的仰视,则加液量增大,所量液体体积偏大。

答案 C

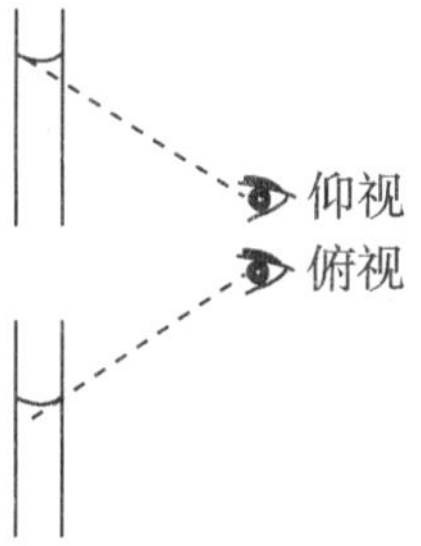

图 3-7 俯视和仰视

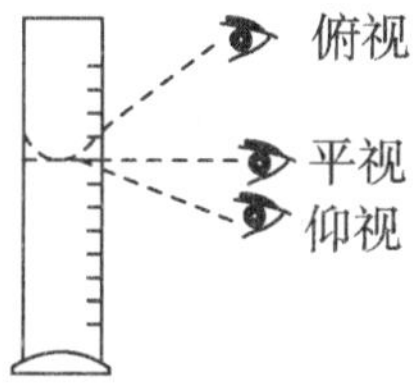

图 3-8 不同角度的视觉

解题一点通

一、利用基本概念解题

例题1 下列说法正确的是 ( )

A. 1 mol 物质中含有 6.02×10^{23} 个微粒 B. 28 g 氮的物质的量为 1 mol

C. 摩尔是 7 个基本物理量之一 D. 1 mol H_2SO_4 的质量为 98 g

E. KOH 的摩尔质量为 56 $g\cdot mol^{-1}$ F. NaOH 的摩尔质量等于它的相对分子质量

解析 1 摩尔物质应有阿伏加德罗常数个微粒,6.02×10^{23} 是 N_A 的近似值,所以 A 错。28 g 氮未指明是分子还是原子,物质的量不能确定,所以 B 错。物质的量是 7 个基本物理量之一,而非摩尔,所以 C 错。某物质的摩尔质量只有以 $g\cdot mol^{-1}$ 为单位时数值上才等于其相对分子质量,所以 F 错。

答案 DE

例题2 下列说法中正确的是 ( )

A. 1 mol O 的质量是 16 $g\cdot mol^{-1}$ B. Na^+ 的摩尔质量是 23 $g\cdot mol^{-1}$

C. CO_2 的摩尔质量是 44 $g\cdot mol^{-1}$ D. 氢的摩尔质量是 2 $g\cdot mol^{-1}$

解析 A 中"1 mol O 的质量",所使用的物理量是质量,质量的常用单位之一是 g 而不是 $g\cdot mol^{-1}$。B 中在粒子的结构上 Na^+ 比 Na 少了 1 个电子,由于与原子核的质量相比电子的质量是忽略不计的,所以 Na 与 Na^+ 相对质量相同,摩尔质量也相同。同理 Cl^- 与 Cl,SO_4^{2-} 与 SO_4,OH^- 与 OH 等,摩尔质量也分别相同。D 中"氢"所表达的微粒对象不够明确,因此

“2 g · mol^{-1}”与“氢的摩尔质量”是不相称的，应改述为“H_2 的摩尔质量是 2 g · mol^{-1}”或“H 的摩尔质量是 1 g · mol^{-1}”等。

答案 BC

例题3 下列溶液中，跟 200 mL 0.5 mol · L^{-1} Na_2SO_4 溶液所含的 Na^+ 的物质的量浓度相同的是 ( )

A. 200 mL 0.25 mol · L^{-1} NaCl 溶液　　B. 200 mL 1 mol · L^{-1} NaCl 溶液

C. 100 mL 0.5 mol · L^{-1} NaOH 溶液　　D. 100 mL 2 mol · L^{-1} NaOH 溶液

解析 见到此类题目时最容易出现的错误就是将注意力放在体积上，而实际上浓度应与体积无关。

答案 B

二、利用守恒解题

守恒思想在有关化学计算中非常重要，利用守恒(质量守恒、元素守恒、电荷守恒、得失电子数守恒)能简捷快速解出相关题目。

例题4 已知 32 g A 和 40 g B 恰好完全反应生成 *m* g C 和 9 g D，在相同条件下 30 g B 和 16 g A 反应生成 0.25 mol C，则 C 的摩尔质量为 ( )

A. 92 g · mol^{-1}　　B. 78 g · mol^{-1}

C. 112 g · mol^{-1}　　D. 126 g · mol^{-1}

解析 根据质量守恒定律可知生成的 C 为 32 + 40 − 9 = 63(g)。写出反应方程式 A + B ══ C + D，则

A + B ══ C + D

32　40　　63　9

根据方程式及题中所给数据可知 16 g A 应与 20 g B 发生反应，题中所给 B 为 30 g，B 过量，用 A 进行计算：

A ⟶ C

32　　63

16　　x

$x = 31.5$

则有 $\frac{31.5}{0.25} = \frac{M}{1}$　$M = 126$(g · mol^{-1})

答案 D

例题5 在反应 X + 2Y ══ R + 2M 中，已知 R 和 M 的摩尔质量之比为 22∶9，当 1.6 g X 与 Y 完全反应后，生成 4.4 g R，则在此反应中 Y 和 M 的质量比为 ( )

A. 16∶9　　B. 23∶9　　C. 32∶9　　D. 46∶9

解析 本题是质量守恒定律的具体应用，同时在练习中加深对摩尔质量这个概念的认识。R 和 M 的摩尔质量比即 1 mol 的 R 与 1 mol 的 M 的质量之比，结合已知反应的化学计量数，可求出 1 mol R 与 2 mol M 的质量比为 22∶18。利用这个比例，根据化学方程式可求出 M 的质量，再根据质量守恒定律可计算。

答案 A

例题6 某物质 A 在一定条件下加热分解，产物都是气体，分解方程式为 $2A \xlongequal{\triangle} B + 2C + 2D$。测得生成的混合气体对氢气的相对密度为 d，则 A 的相对分子质量为 （ ）

A. $7d$ B. $5d$ C. $2.5d$ D. $2d$

解析 根据题给的方程式知，完全分解后生成气体的平均摩尔质量 $\overline{M} = [M(B) + 2M(C) + 2M(D)]/5$。根据题意 $\overline{M} = d \cdot M(H_2) = d \cdot 2g \cdot mol^{-1}$，则$M(B) + 2M(C) + 2M(D) = 5\overline{M} = 10d\ g \cdot mol^{-1}$。

又根据质量守恒定律：

$2\ mol \cdot M(A) = 1\ mol \cdot M(B) + 2\ mol \cdot M(C) + 2\ mol \cdot M(D)$，所以 $M(A) = 5d\ g \cdot mol^{-1}$。

答案 B

例题7 为避免环境污染，硫酸工业的尾气常用 NaOH 溶液处理，其处理过程中的中间产物是$NaHSO_3$。调节尾气排放的流量，取得二氧化硫与氢氧化钠间物质的量的最佳比值，可以提高 $NaHSO_3$ 的产量。现用 $n(SO_2)$，$n(NaOH)$，$n(NaHSO_3)$ 分别表示二氧化硫、氢氧化钠、亚硫酸氢钠的物质的量，且$n(SO_2)/n(NaOH) = x$，试写出 x 在不同取值范围时，$n(NaHSO_3)$ 的值和 $n(NaHSO_3)$ 与 $n(SO_2)$，$n(NaOH)$ 间的关系。

答案 将 SO_2 通入 NaOH 溶液中可能发生以下两个反应：

$2NaOH + SO_2 \xlongequal{} Na_2SO_3 + H_2O$ ①

$NaOH + SO_2 \xlongequal{} NaHSO_3$ ②

当 $x \leqslant \frac{1}{2}$ 时，反应按①式进行，$n(NaHSO_3) = 0$

当 $x \geqslant 1$ 时，反应按②式进行，$n(NaHSO_3) = n(NaOH)$

当$\frac{1}{2} < x < 1$ 时，①②同时进行。

据 Na^+ 守恒得：$n(NaHSO_3) + 2n(Na_2SO_3) = n(NaOH)$

据 S 守恒得：$n(NaHSO_3) + n(Na_2SO_3) = n(SO_2)$

解得：$n(NaHSO_3) = (2x - 1)n(NaOH)$

三、利用相关实验解题

此类题目要求对某些实验的内容必须有较为清楚的认识。

例题8 某 $Al_2(SO_4)_3$ 溶液 V mL 中含 a g Al^{3+}，取出 $V/4$ mL 溶液稀释成 $4V$ mL 后，SO_4^{2-} 的物质的量浓度为($mol \cdot L^{-1}$) （ ）

A. $\frac{125a}{54V}$ B. $\frac{125a}{36V}$ C. $\frac{125a}{18V}$ D. $\frac{125a}{V}$

解析 稀释前 $c(Al^{3+}) = \frac{a/27\ mol}{V\ mL} \times 10^3\ mL \cdot L^{-1} = \frac{10^3 a}{27V}\ mol \cdot L^{-1}$。取$\frac{V}{4}$ mL 稀释到 $4V$ mL，体积增大到原来的 16 倍，则浓度变成原来的 1/16，则$c'(Al^{3+}) = \frac{10^3 a}{27V} \times \frac{1}{16}\ mol \cdot L^{-1}$。

$c(SO_4^{2-}) = c'(Al^{3+}) \times \frac{3}{2} = \frac{10^3 a}{27 \times 16V} \times \frac{3}{2} mol \cdot L^{-1} = \frac{125a}{36V}\ mol \cdot L^{-1}$。

答案 B

第四章 化学反应的基本知识

本章概述

在初中已经学习了一些化学反应，根据反应的特点，可将反应分为化合反应、分解反应、置换反应、复分解反应等不同类型。这一章里，将探讨氧化还原反应和离子反应的特点，此外还要探讨有关化学反应的快慢（反应速率）和化学反应进行的程度（化学平衡）等问题。

教学目标

1. 理解并掌握氧化还原反应。
2. 熟悉并掌握离子反应。
3. 熟悉并掌握化学反应速率及化学平衡。

第一节 氧化还原反应

生活和生产中的很多化学变化，如物质的燃烧、食物的变质、钢铁的锈蚀、酿酒和酿醋、金属的冶炼、电解、电镀等，都属于氧化还原反应。这些变化中有些是有利的，有些是有害的。为了趋利避害，需要了解这些变化的原因，掌握规律。本节主要探寻氧化还原反应的规律。

一、氧化还原反应

预先收集一试管氢气备用。如图 4－1 所示，将光亮的铜丝置于酒精灯上灼烧至变黑，小心移入集有氢气的试管中，观察并将现象记录到表 4－1。

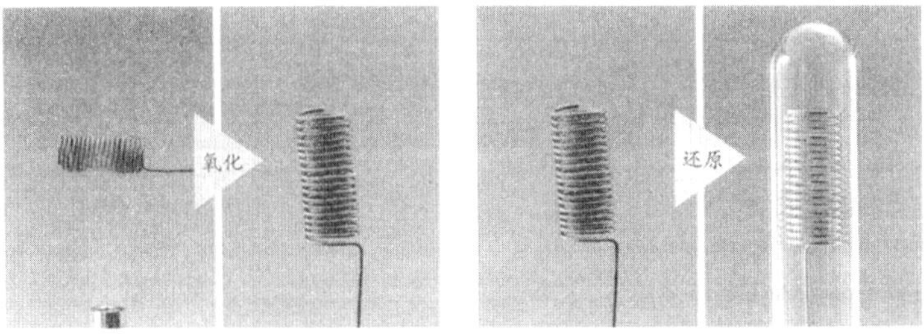

图 4－1 氧化铜的生成和还原

表 4－1 实验现象

实验步骤	化学方程式	实验现象	解释现象
灼烧光亮的铜丝	$2Cu + O_2 \xrightarrow{\triangle} 2CuO$		
趁热将变黑的铜丝置于氢气中	$CuO + H_2 \xrightarrow{\triangle} Cu + H_2O$		

利用初中学习的氧化反应和还原反应的知识，分析上述氢气还原氧化铜的反应中反应前后各物质的变化，填写表 4－2。

表 4－2 反应前后各物质的变化

	反应物	发生的反应（氧化反应或还原反应）
得氧物质		
失氧物质		

在上述反应中，氧化反应和还原反应同时发生，这类反应称为氧化还原反应。

二、标化学价

仿照下列化学方程式（1）标出化学方程式（2）和（3）中各物质所含元素的化合价，比较反应前后价态有无变化，记录于表 4－3，分析并归纳其中的共同特点。

（1）$\overset{+3}{Fe}_2\overset{-2}{O}_3 + 3\overset{+2}{C}\overset{-2}{O} \xlongequal{高温} 2\overset{0}{Fe} + 3\overset{+4}{C}\overset{-2}{O}_2$；

（2）$CuO + H_2 \xlongequal{\triangle} Cu + H_2O$；

（3）$H_2O + C \xlongequal{\triangle} H_2 + CO$。

表 4－3 反应前后价态变化

反应编号	发生价态变化的元素			所含元素化合价变化的物质发生的反应（氧化反应或还原反应）
	元素符号	反应前价态	反应后价态	
1				
2				
3				

上述反应中都有元素化合价的升、降变化，且所含元素化合价升高的物质发生的反应为氧化反应，所含元素化合价降低的物质发生的反应为还原反应。

我们再来看下面的反应：

$$\overset{0}{Fe} + \overset{+2}{Cu}SO_4 = \overset{+2}{Fe}SO_4 + \overset{0}{Cu}$$

在这一反应中，并没有氧的得失，但反应前后也有元素化合价升、降的变化。

我们把凡是有元素化合价升降的化学反应都称为氧化还原反应。

知识库

常见元素和根的主要化合价,见表4-4。

表4-4 常见元素和根的主要化合价

元素和根		化合价	元素和根		化合价
名称	符号		名称	符号	
钠	Na	+1	氯	Cl	-1
银	Ag	+1	氧	O	-2
钙	Ca	+2	碳	C	+2、+4
钡	Ba	+2	氢氧根	OH	-1
铜	Cu	+1、+2	硝酸根	NO_3	-1
铁	Fe	+2、+3	硫酸根	SO_4	-2
锌	Zn	+2	碳酸根	CO_3	-2
氢	H	+1	铵根	NH_4	+1

反应前、后有元素的化合价发生变化,这是氧化还原反应的更加普遍的特征。利用这一特征可以很方便地判断某一反应是否为氧化还原反应。

根据以上所学知识判断下列反应是否为氧化还原反应。

$C + O_2 \xlongequal{点燃} CO_2$

$2NaHCO_3 \xlongequal{\triangle} Na_2CO_3 + H_2O + CO_2\uparrow$

$2H_2O_2 \xlongequal{MnO_2} 2H_2O + O_2\uparrow$

$Zn + 2HCl = ZnCl_2 + H_2\uparrow$

$FeCl_3 + 3NaOH = Fe(OH)_3\downarrow + 3NaCl$

在氧化还原反应中,所含元素化合价升高的反应物起着还原作用,是还原剂,如“二、标化学价”中3个反应中的CO,H_2和C;所含元素化合价降低的反应物起着氧化作用,是氧化剂,如“二、标化学价”中3个反应中的Fe_2O_3,CuO和H_2O。常用做氧化剂的物质有O_2,Cl_2,浓硫酸,HNO_3,$KMnO_4$,$FeCl_3$等;常用做还原剂的物质有活泼的金属单质,如Al,Zn,Fe,以及C,H_2,CO等。

上述结果说明,氧化还原反应不只是有得氧、失氧的反应,凡是有元素化合价升降的化学反应都是氧化还原反应。

化合价表示化合物中原子之间相互化合的数目,它与原子核最外层电子有密切的关系。

例如,钠和氢气都能与氯气作用,分别生成氯化钠和氯化氢。从氢、钠、氯的原子结构示意图(如图4-2)可知,钠原子失去1个电子,氯原子得到1个电子,双方最外电子层可达到8个电子的稳定结构。因此,在钠与氯气的反应中,钠原子失去电子,成为钠离子,化合价由0价升高到+1价,被氧化;氯原子得到电子,成为氯离子,化合价由0价降低到-1价,被还原。

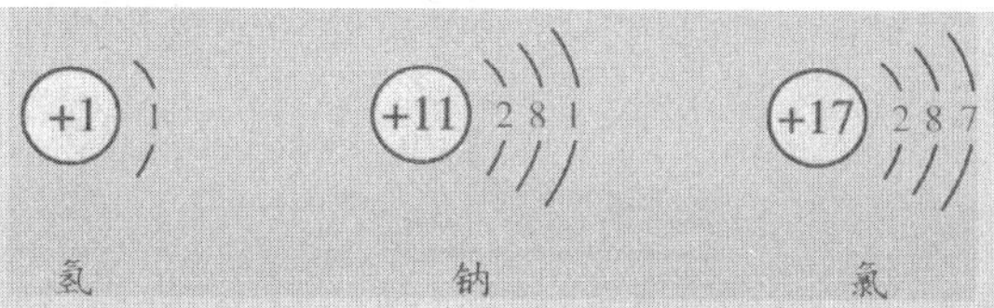

图 4-2 氢、钠、氯原子结构示意图

在氢气与氯气的反应中，氢原子与氯原子获得电子的能力相差不大，都不能完全夺得对方的电子，而是共用一对电子，使双方最外电子层都达到稳定结构（氢原子获得 1 个电子即可形成 2 个电子的稳定结构）。在氯化氢分子中，氯原子对共用电子对的吸引力稍强于氢原子，电子对偏向氯原子而偏离氢原子，因而氢元素的化合价从 0 价升高到 +1 价，被氧化；氯元素的化合价从 0 价降低到 -1 价，被还原。

化合价升高，被氧化

$$\overset{0}{H_2}+\overset{0}{Cl_2}\xlongequal{点燃}2\overset{+1}{H}\overset{-1}{Cl}$$

上述分析说明，氧化还原反应中元素化合价的升降，反映的是反应过程中元素原子核外电子转移（得失或偏移）的情况。电子转移是氧化还原反应的本质原因。

第二节 离子反应

一、酸、碱、盐的解离

图 4-3 所示是实验物质导电性的装置。先后用盛有氯化钠固体和蒸馏水的小烧杯进行实验，观察并记录现象。将氯化钠固体溶解在蒸馏水中配成溶液，再测试其导电性，观察并记录现象，列于表 4-5 中。

图 4-3 试验物质的导电性

表 4-5 氯化钠导电性

被试物质	现象	结论
氯化钠固体		
蒸馏水		
氯化钠溶液		

通过实验可知，氯化钠固体和蒸馏水都不导电，但两者混合所得到的氯化钠溶液却能够导电。这说明在氯化钠溶液中有能够自由移动的带电粒子，接通电源时这些带电粒子按一定方

向移动即形成电流。氯化钠溶液中可自由移动的带电粒子是氯化钠在水分子作用下发生解离而生成的钠离子和氯离子，如图 4－4 所示。

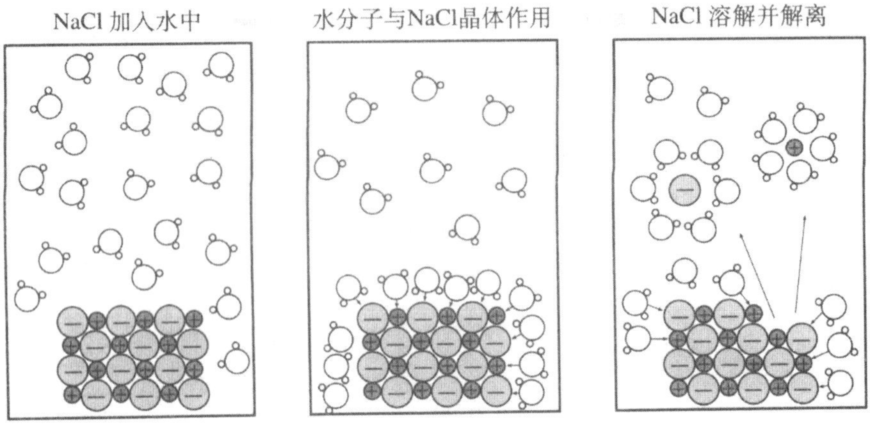

图 4－4　氯化钠在水中的溶解和解离示意图

这一过程可以用解离方程式表示如下：

$$NaCl = Na^{+} + Cl^{-}$$

像这样的解离，在其他盐、酸或碱溶液中也会发生，例如：

$$KNO_3 = K^{+} + NO_3^{-}$$

$$HCl = H^{+} + Cl^{-}$$

$$NaOH = Na^{+} + OH^{-}$$

二、离子反应

我们先依据表 4－6 表示的实验操作，进行实验。

表 4－6　实验操作

序号	实验步骤	实验现象	分析	
			混合前溶液中的粒子	混合后溶液中的粒子
1	向盛有 2 mL Na_2SO_4 溶液的试管中加入等量 KCl 溶液			
2	向盛有 2 mL Na_2SO_4 溶液的试管中加入等量 $BaCl_2$ 溶液			

1. 实验 1

当 Na_2SO_4 溶液与 KCl 溶液混合时，没有发生化学反应，只是 Na_2SO_4 解离出的 Na^{+}，SO_4^{2-} 与 KCl 解离出的 K^{+}，Cl^{-} 的混合；而在实验 2 中，当 Na_2SO_4 溶液与 $BaCl_2$ 溶液混合时，Na_2SO_4 解离出的 Na^{+} 和 $BaCl_2$ 解离出的 Cl^{-} 没有发生化学反应，而 Na_2SO_4 解离出的 SO_4^{2-} 与 $BaCl_2$ 解离出的 Ba^{2+} 发生了化学反应，生成难溶的 $BaSO_4$ 白色沉淀：

$$Na_2SO_4 + BaCl_2 = 2NaCl + BaSO_4 \downarrow$$

由于电解质溶于水后解离成离子，所以电解质在溶液里所起的反应实质上是离子之间的反应，这样的反应叫做离子反应。酸、碱、盐在水溶液中发生的复分解反应，实质上就是两种电解质在溶液中相互交换离子的反应。这类离子反应发生的条件是有沉淀、气体或水生成。只要具备这三个条件之一，这类离子反应就能发生。

2. 实验2

实验2中有难溶的 $BaSO_4$ 生成，反应的实质是

$$SO_4^{2-} + Ba^{2+} = BaSO_4\downarrow$$

这种用实际参加反应的离子的符号表示离子反应的式子叫做离子方程式。

离子方程式可以按下述步骤书写（以 Na_2SO_4 溶液与 $BaCl_2$ 溶液混合后的反应为例）：

①写出反应的化学方程式：

$$Na_2SO_4 + BaCl_2 = 2NaCl + BaSO_4\downarrow$$

②把易溶于水、易解离的物质写成离子形式，难溶的物质或难解离的物质以及气体等仍用化学式表示。上述化学方程式可改写成

$$2Na^+ + SO_4^{2-} + Ba^{2+} + 2Cl^- = 2Na^+ + 2Cl^- + BaSO_4\downarrow$$

③删去方程式两边不参加反应的离子：

$$Ba^{2+} + SO_4^{2-} = BaSO_4\downarrow$$

④检查离子方程式两边各元素的原子个数和电荷总数是否相等。如果离子方程式两边各元素的原子个数和电荷总数都相等，所写的离子方程式正确。

试一试

完成表4－7中各反应的离子方程式。这两个反应的化学方程式不同，问离子方程式相同吗？

表4－7 完成离子方程式

反应物	化学方程式	离子方程式	两种方程式的区别
$HCl + NaOH$	$HCl + NaOH = NaCl + H_2O$		
$H_2SO_4 + KOH$	$H_2SO_4 + 2KOH = K_2SO_4 + 2H_2O$		

由上述练习可知，离子方程式与一般的化学方程式不同，不仅可以表示物质间的某个反应，而且可以表示同一类型离子反应的实质。例如离子方程式：$H^+ + OH^- = H_2O$，不仅可以表示 HCl 溶液与 NaOH 溶液的反应，而且可以表示其他强酸与强碱发生的中和反应。

第三节 化学反应速率及其影响因素

物质的燃烧、钢铁的锈蚀、酒和醋的酿制等过程有快有慢，也就是说，它们的化学反应速率不一样。如何表示化学反应速率呢？化学反应速率又与哪些因素有关呢？这是了解化学反应规律的重要内容之一，也是本节要探讨的问题。

一、化学反应速率的基本概念

化学反应进行得“快”与“慢”是相对而言的，比较时通常要确定一个参照物。对化学反应进行得快慢进行定量描述或比较时，用“反应速率”来表示。

化学反应速率(符号为 v)通常用单位时间内反应物浓度的减少量或生成物浓度的增加量(均用正值)来表示:

$$v=\frac{\Delta c}{\Delta t}$$

浓度常以 mol/L 为单位,时间常以 min(分)或 s(秒)为单位,则化学反应速率的单位为 mol/(L·s)或 mol/(L·min)。

二、影响化学反应速率的主要因素

对于化学变化,有些希望其越慢越好,如食物的变质、金属的锈蚀;有些则希望其快一些,如合成氨等化工产品的生产。在化学实验和化工生产中,控制和改变化学反应速率,常常是决定实验成败或生产成本的关键因素。为此,首先要了解影响化学反应速率的因素。

根据你的学习和生活经验以及下述日常生活和化学实验中的现象,探讨影响化学反应速率的因素可能有哪些。

- 向炉膛内鼓风、用煤粉代替煤块可以使炉火更旺。
- 化学实验时,通常将两种块状或颗粒状的固体药品研细并混匀后,或者把固体试剂溶于水配成溶液后再进行实验,以加速反应的进行。
- 把食品放在冰箱里,在糕点包装内放置小包除氧剂可以延长食品保质期。
- 铁在空气中和在纯氧中燃烧,反应的剧烈程度明显不同(见图 4-5)。

图 4-5　铁在空气中(左)和纯氧中(右)燃烧

1. 温度对反应速率的影响

在两支大小相同的试管中,装入 2~3 mL 约 5% 的 H_2O_2 溶液,分别滴入 1~2 滴 1 mol/L $FeCl_3$ 溶液。待试管中均有适量气泡出现时,将其中一支试管放入盛有 5 ℃左右冷水的烧杯中;另一支试管放入盛有 40 ℃左右热水的烧杯中,观察现象并进行对比。待放入盛热水烧杯中的试管里出现大量气泡时,用带火星的火柴梗检验放出的气体并将现象及结论填入表 4-8 中。

表 4-8　温度对反应速率的影响

实验条件	现　象	结　论
热水中		
常温		
冷水中		

2. 催化剂对反应速率的影响

在三支相同的试管中各装入 2 ~ 3 mL 约 5% 的 H_2O_2 溶液，向其中一支试管中加入少量 MnO_2 粉末，向另一支试管中加入 1 ~ 2 滴 1 mol/L $FeCl_3$ 溶液。观察对比三支试管内的现象，记录于表 4 - 9 中。

表 4 - 9 催化剂对反应速率的影响

	现 象	结 论
加入 MnO_2		
加入 $FeCl_3$		
不加其他试剂		

大量实验和科学研究表明：在其他条件相同时，增大反应物浓度，反应速率增大，降低反应物浓度，反应速率减小；升高温度，反应速率增大，降低温度，反应速率减小；催化剂可以改变反应速率。

对于气体来说，在相同温度下，压强越大，一定质量气体的体积越小，单位体积内气体的分子数越多（见图 4 - 6）。对于气体反应来说，增大压强（减小容器容积）相当于增大反应物的浓度，反应速率增大；减小压强（增大容器容积）相当于减小反应物的浓度，反应速率减小。

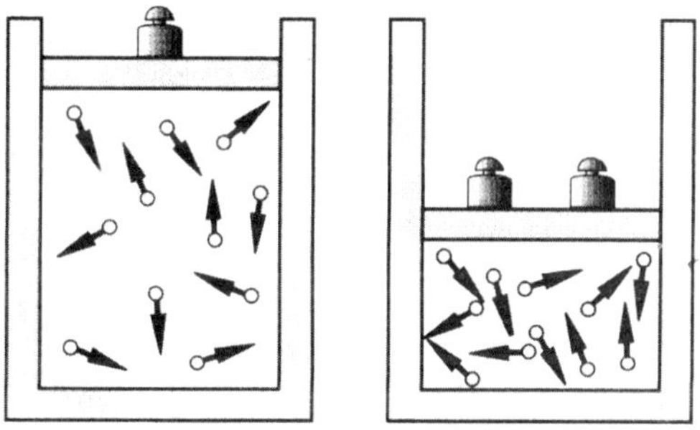

图 4 - 6 压强变大，气体浓度变大

知识库

催化剂

催化剂（又叫触媒）在化学反应中能改变其他物质的反应速率，其本身质量和化学性质在反应前后没有变化。

催化剂在化学反应中所起的作用叫催化作用。MnO_2，$FeCl_3$ 对 H_2O_2 的分解都具有加速反应的催化作用。其反应可表示为

$$2H_2O_2 \xlongequal{\text{催化剂}} 2H_2O + O_2\uparrow$$

从以上探讨可以看出，反应物浓度、温度、催化剂、固体表面积等因素都可以影响反应速率。只要我们用心观察和思考，就会发现生活里和化学实验中采取的很多措施都是用来调控化学反应速率的。

第四节 化学平衡及其应用

在化学反应的实际应用中,不仅要考虑反应的速率,还常常要考虑如何使反应物尽可能多地转化为生成物。例如,在合成氨工业中,除了要考虑使氮气和氢气尽可能快地转化为氨外,还要考虑如何使氮气和氢气尽可能多地转化为氨。这就涉及反应进行的程度问题——化学平衡。

一、可逆反应与化学平衡

1. 可逆反应

可逆反应就是在同一条件下正反应方向(反应物→生成物)和逆反应方向(生成物→反应物)能同时进行的化学反应,如 C 与 CO_2 作用生成 CO 的反应。很多化学反应都具有可逆性,只是可逆程度有所不同。在表示可逆反应时,用"$\rightleftharpoons$"代替"$=\!=\!=$",例如:

$$C + CO_2 \rightleftharpoons 2CO$$

2. 化学平衡

一个可逆反应在反应进行之初,反应物浓度最大,生成物浓度为 0。所以,正反应速率大于逆反应速率;随着反应的进行,反应物浓度逐渐减小,生成物浓度逐渐增大。因此,正反应速率逐渐减小,逆反应速率逐渐增大,当反应进行到一定程度时,正反应速率与逆反应速率相等,反应物的浓度与生成物的浓度不再改变,达到一种表面静止的状态,称为"化学平衡状态",简称化学平衡,如图 4-7 所示。

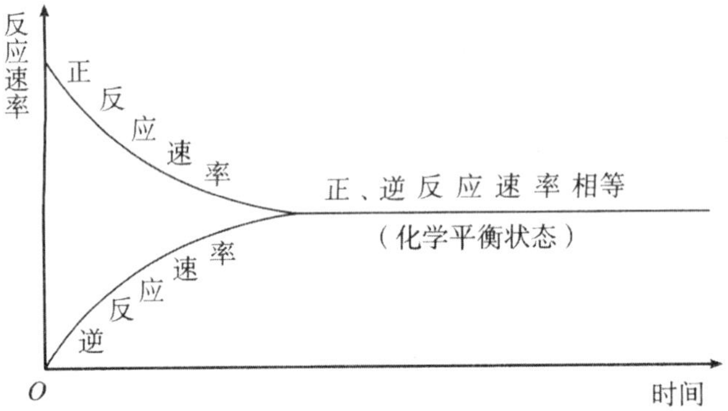

图 4-7 一定条件下的可逆反应中,正反应速率和逆反应速率随时间的变化

化学平衡状态是可逆反应在给定条件下,所能达到的一种终了状态,相当于在给定条件下,反应物转化程度达到最大值(<100%)时的情况。

二、化学平衡的移动

化学平衡是动态平衡,是可逆反应在一定条件下达到的一种暂时的、相对稳定的状态。那么,当"一定条件"改变时,这种状态是否还能保持,如果不能保持,影响化学平衡状态的因素又可能有哪些。下面用实验来说明。

1. 温度对化学平衡的影响

在以往的学习中已经知道,化学反应过程中不仅有物质的变化,还伴随有能量的变化,并通常表现为热量的变化——吸热或者放热。如前面提到的炼铁高炉里的两个反应：

$$C(\text{焦炭}) + O_2(\text{空气}) = CO_2(\text{放出热量})$$

$$C(\text{焦炭}) + CO_2 \rightleftharpoons 2CO(\text{吸收热量})$$

将研细的约 20 g $Ba(OH)_2 \cdot 8H_2O$ 晶体与约 10 g NH_4Cl 晶体一起放入烧杯中，并将烧杯放在滴有几滴水的蒸发皿（或玻璃片）上。用玻璃棒快速搅拌，闻气味，并用手触摸杯壁下部，试着拿起烧杯，可观察到烧杯与表面皿已经冻结在一起。

讨论

上述反应是一个吸热反应。在我们学习过的化学反应里有许多放热反应，你能列举出多少？

对于可逆反应，如果正反应是放热反应，则其逆反应必定是吸热反应，如

$$\underset{(\text{红棕色})}{2NO_2(g)} \underset{\text{吸热}}{\overset{\text{放热}}{\rightleftharpoons}} \underset{(\text{无色})}{N_2O_4(g)}$$

知识库

炼铁高炉尾气之谜

钢铁生产是 17 世纪从英国开始的第一次产业革命的两大产业之一。高炉炼铁的主要反应是

$$Fe_2O_3 + 3CO \xlongequal{\text{高温}} 2Fe + 3CO_2$$

其中的 CO 来自下述反应：

$$C(\text{焦炭}) + O_2(\text{空气}) = CO_2(\text{放出热量})$$

$$C(\text{焦炭}) + CO_2 \rightleftharpoons 2CO(\text{吸收热量})$$

炼制 1 t 生铁所需焦炭的实际用量，远高于按照化学方程式计算所需的量，且从高炉炉顶出来的气体中含有没有利用的 CO 气体。开始时，炼铁工程师们认为是 CO 气体与铁矿石接触不充分，于是设法增加高炉的高度。然而，高炉增高后，高炉尾气中的 CO 含量却基本不变。这成了炼铁技术中的科学悬念。直到 19 世纪下半叶，法国科学家勒夏特列经过深入的研究，才将这一谜底揭开。原来，产生上述现象的原因是 $C + CO_2 \rightleftharpoons 2CO$ 是一个不能进行到底的可逆反应，并且自下而上发生在高炉中有焦炭的地方。后来的研究说明，在高炉中 Fe_2O_3 与 CO 反应也不能全部转化为 Fe 和 CO_2。

观察盛有 NO_2 和 N_2O_4 混合气体的玻璃球的颜色，然后将两端的玻璃球分别放在冰水和热水中（见图 4－8），观察两球内气体颜色的变化，记录于表 4－10 中。

表 4－10 气体颜色变化

平衡体系	$\underset{(\text{红棕色})}{2NO_2(g)} \rightleftharpoons \underset{(\text{无色})}{N_2O_4(g)}$	
温度变化	温度升高（热水中）	温度降低（冰水中）
颜色变化		
结论		

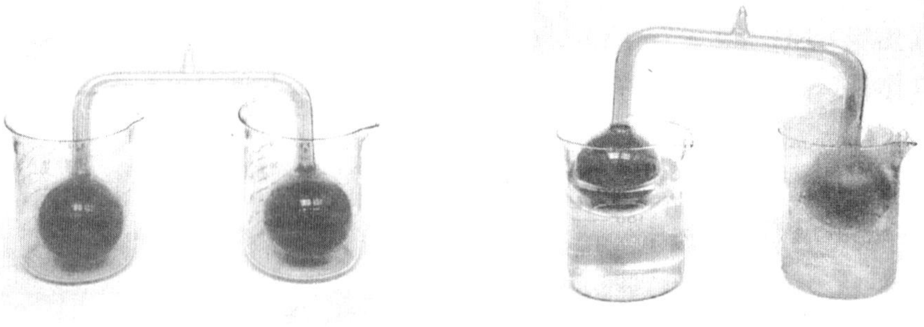

图 4－8　温度对化学平衡的影响

由于正反应是放热反应，浸泡在冰水中的玻璃球的红棕色明显变浅（NO_2 的浓度减小，N_2O_4 的浓度增大），浸泡在热水中的玻璃球中的红棕色明显加深（NO_2 的浓度增大，N_2O_4 的浓度减小）。

这说明温度变化打破了原来的平衡状态，即正反应速率与逆反应速率不再相等，反应体系中各物质的浓度随之发生变化，直到在新的条件下，反应达到新的平衡。这种旧平衡被打破而新平衡建立的过程叫化学平衡的移动。在其他条件不变的情况下，升高温度时，化学平衡向着吸热反应方向移动；降低温度时，化学平衡则向着放热反应方向移动。

2. 浓度对化学平衡的影响

向盛有 5 mL 0.005 mol/L $FeCl_3$ 溶液的试管中加入 5 mL 0.01 mol/L KSCN 溶液，溶液呈红色。在这个反应体系中存在着下述平衡：

$$Fe^{3+} + 3SCN^- \rightleftharpoons \underset{(红色)}{Fe(SCN)_3}$$

将上述溶液均分置于试管①、试管②和试管③中。取试管①和试管②进行步骤（1）和步骤（2）的实验，同时与试管③对比，观察溶液颜色的变化，并记录于表 4－11 中。

表 4－11　溶液颜色变化

平衡体系	$Fe^{3+} + 3SCN^- \rightleftharpoons Fe(SCN)_3$	
	试管①	试管②
步骤（1）	滴加饱和 $FeCl_3$ 溶液 4 滴，充分振荡	滴加 1 mol/L KSCN 溶液 4 滴，充分振荡
现象		
步骤（2）	滴加 0.01 mol/L NaOH 溶液 4 滴，充分振荡	滴加 0.01 mol/L NaOH 溶液 4 滴，充分振荡
现象		
结论		

通过实验可知，增大或减小反应物的浓度，化学平衡都会发生移动。在其他条件不变的情况下，增大反应物浓度，正反应速率加快，化学平衡向正反应方向移动；减小反应物浓度，逆反应速率加快，化学平衡向逆反应方向移动。

由于催化剂能够同等程度地增加正反应速率和逆反应速率，它对化学平衡的移动没有影响。也就是说，催化剂不能改变达到化学平衡状态的反应混合物的组成，但是使用催化剂，能改变反应到达平衡所需的时间。

平衡移动现象在所有存在着可逆过程的体系中普遍存在，法国化学家勒夏特列曾就此总结出一条经验规律：如果改变影响平衡的条件之一（如温度、压强以及参加反应的化学物质的浓度），平衡将向着能够减弱这种改变的方向移动，这就是著名的勒夏特列原理。勒夏特列原理是经过反复验证过的一条科学规律，在化学工业和环境保护技术中都有着十分重要的实际应用。

知识库

勒夏特列

亨利·勒夏特列（H. Le Chatelier）于1850年10月8日出生于法国巴黎，在家庭的熏陶下他从小就对科学感兴趣，经常到祖父的水泥厂参观。他养成了每天早起学习的良好习惯，而且多年来一直坚持着。

他的研究兴趣是多方面的。他研究过水泥的成分及不同条件下的固化；改进温度计，使之能测量高温；证明了钢淬火的科学原理；发明了氧气乙炔焰用于焊接；他也是研究合成氨的先驱。1884年，他提出了平衡移动原理。在1925年退休以后，大部分时间致力于智力与道德教育。1936年9月17日逝世，享年85岁。

知识拓展总结

主干知识梳理

一、氧化还原反应的本质及特征

（1）本质：电子转移（得失或偏移）。

（2）特征：反应前后元素化合价发生变化。

二、氧化还原反应的判断

凡是有元素化合价升降的化学反应都是氧化还原反应。元素化合价均没有改变的化学反应不是氧化还原反应。

三、氧化还原反应的表示方法

（1）双线桥法：$KClO_3+6HCl \xlongequal{} KCl+3Cl_2+3H_2O$（得 $5e^-$：KClO₃中Cl→Cl₂；失 $5e^-$：HCl中Cl→Cl₂）

（2）单线桥法：$Cu+4HNO_3(浓) \xlongequal{} Cu(NO_3)_2+2NO_2\uparrow+2H_2O$（$2e^-$：Cu→N）

四、有关概念及其相互联系

氧化还原反应的有关概念是互相对立，又互相依存的。从元素原子得失电子的观点，可将氧化还原反应有关概念的联系和区别表示如下：

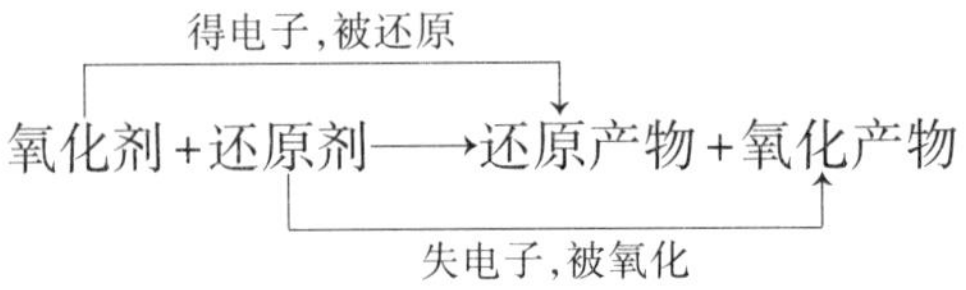

五、中学常见的氧化剂和还原剂

氧化剂:

(1)非金属性较强的单质:F_2,Cl_2,Br_2,I_2,O_2,O_3;

(2)变价元素中高价态化合物:$KClO_3$,$KMnO_4$,含 Fe^{3+} 的盐,$K_2Cr_2O_7$,浓 H_2SO_4,浓或稀 HNO_3,固体硝酸盐;

(3)能电离出 H^+ 的物质:稀 H_2SO_4,稀盐酸;

(4)其他:HClO,漂白粉,MnO_2,Na_2O_2,NO_2,H_2O_2,银氨溶液,新制 $Cu(OH)_2$。

还原剂:

(1)金属性较强的单质:K,Na,Mg,Al,Fe,Zn;

(2)某些非金属单质:H_2,C,Si 等;

(3)变价元素中某些低价态化合物:CO,H_2S 及硫化物,含 Fe^{2+} 的盐,$Fe(OH)_2$,HBr,HI 及其盐,SO_2 及亚硫酸盐。

六、氧化还原反应的配平原则和步骤

氧化还原反应是一类十分重要的化学反应,因此,氧化还原反应的配平也显得尤为重要。我们先来了解氧化还原反应的配平原则:

(1)电子守恒原则:即反应中还原剂失去电子的总数与氧化剂得到电子的总数的绝对值相等。

(2)电荷守恒原则:即若为离子反应,反应前后离子所带正负电荷总数相等。

(3)质量守恒原则:即反应前后各元素的原子数相等。

化合价升降法是最重要的也是最基本的配平方法,一般步骤如下:

(1)"一标",根据反应物和生成物的化学式,标出化合价发生变化元素的化合价。例如:

$$K\overset{+7}{Mn}O_4 + Na_2\overset{+4}{S}O_3 + H_2SO_4 —— \overset{+2}{Mn}SO_4 + K_2SO_4 + Na_2\overset{+6}{S}O_4 + H_2O$$

(2)"二等",使变价元素的化合价升降的总数相等,即求出化合价升降的最小公倍数(化合价升高可用"↑"表示,降低可用"↓"表示)。

$$\overset{+7}{Mn} \longrightarrow \overset{+2}{Mn} \downarrow 5\times2 \qquad \overset{+4}{S} \longrightarrow \overset{+6}{S} \uparrow 2\times5$$

(3)"三定",根据化合价升高与降低的最小公倍数,定出参加氧化还原反应的物质的化学计量数。

$$2KMnO_4 + 5Na_2SO_3 + H_2SO_4 —— 2MnSO_4 + K_2SO_4 + 5Na_2SO_4 + H_2O$$

(4)"四平",用观察法配平其他各物质的化学计量数,配平化学方程式。

$$2KMnO_4 + 5Na_2SO_3 + 3H_2SO_4 —— 2MnSO_4 + K_2SO_4 + 5Na_2SO_4 + 3H_2O$$

(5)"五查",检查反应前后原子总数是否相等,检查离子反应中电荷是否守恒,若相等,说明化学方程式配平正确,将短线改成生成号。

$$2KMnO_4 + 5Na_2SO_3 + 3H_2SO_4 = 2MnSO_4 + K_2SO_4 + 5Na_2SO_4 + 3H_2O$$

七、氧化还原反应的计算

计算的关键是依据电子转移守恒原则列出守恒关系式求解。

氧化剂物质的量×变价元素原子的个数×化合价的变值＝还原剂物质的量×变价元素原子的个数×化合价的变值

八、离子反应

1. 概念

凡是有离子参加或离子生成的化学反应叫离子反应。

2. 离子反应实质

反应向着某种主要离子浓度减小的方向进行。

3. 离子反应发生的条件

(1)复分解反应发生的条件：a. 生成难溶物；b. 生成难电离的物质(弱酸、弱碱、水等)；c. 生成易挥发的物质(CO_2，Cl_2，NH_3 等)。

(2)离子间氧化还原反应发生的条件：反应过程符合“以强制弱”的规律。

例如，已知氧化性 $Br_2 > Fe^{3+} > I_2$，则还原顺序为 $Br^- < Fe^{2+} < I^-$，所以反应 $2Fe^{3+} + 2I^- = 2Fe^{2+} + I_2$ 能够进行；而反应 $2Fe^{3+} + 2Br^- = 2Fe^{2+} + Br_2$ 不能进行。

4. 离子方程式

(1)概念：用实际参加反应的离子符号来表示离子反应的式子叫做离子方程式。

(2)离子方程式的写法。书写离子方程式，要按照“写、改、删、查”的四个步骤依次进行，下面以 $CuSO_4$ 溶液与 $BaCl_2$ 溶液的反应为例进行解析。

第一步，写：即写出反应的化学方程式 $CuSO_4 + BaCl_2 = CuCl_2 + BaSO_4\downarrow$。

第二步，改：即把易溶于水并且易电离的反应物、生成物改写成离子形式，难溶或难电离以及气态、单质态反应物、生成物仍用化学式表示。上述化学方程式可改写成：

$Cu^{2} + SO_4^{2-} + Ba^{2+} + 2Cl^- = Cu^{2+} + 2Cl^- + BaSO_4\downarrow$

第三步，删：删去方程式两边未参加反应的离子。

$SO_4^{2-} + 2Ba^{2+} = BaSO_4\downarrow$

第四步，查：即检查离子方程式两边各元素的原子个数和离子的电荷数(正电荷或负电荷)是否相等。

(3)离子方程式书写原则：

①将强酸、强碱和易溶于水的盐改写成离子形式，难溶物质、难电离物质、易挥发物质、单质、氧化物、非电解质等均写化学式。

②将微溶物作为反应物时，若是澄清溶液则写成离子形式，如澄清石灰水中，$Ca(OH)_2$ 可写成 Ca^{2+}，OH^-；若是悬浊液则写化学式。将微溶物作为生成物时，一般写化学式(标↓号)。

③氨水作为反应物一般写成 $NH_3 \cdot H_2O$；作为生成物，若有加热条件或浓度很大时，可写成 NH_3(标↑号)。

④固体与固体间的反应不写离子方程式，浓 H_2SO_4 与固体(如 Cu 等)的反应不写离子方程式。

⑤书写离子方程式要做到原子个数(质量)守恒、电荷守恒。

⑥多元弱酸的酸式酸根离子，在离子方程式中不能拆开写（如 HCO_3^-，HSO_3^-，$H_2PO_4^-$，HPO_4^{2-}，HS^- 等）。如 $NaHCO_3$ 和 NaOH 的反应，应写成 $HCO_3^- + OH^- = CO_3^{2-} + H_2O$，而不是 $H^+ + OH^- = H_2O$。

⑦约简化学计量数不能破坏关系量：删除未参加反应的离子是必要的，但约简化学计量数时若只约部分离子而违反实际反应中各物质的关系量就错了。如 H_2SO_4 和 $Ba(OH)_2$ 溶液反应的离子方程式若写为 $Ba^{2+} + OH^- + H^+ + SO_4^{2-} = BaSO_4\downarrow + H_2O$，就不符合实际生成 1 份 $BaSO_4$ 和 2 份 H_2O 的事实，因此是错误的。

⑧必须考虑反应物间的适量与过量、少量的问题。因为不过量的物质会完全反应，所以在离子方程式中不过量的物质电离出的离子的化学计量数与其化学式中的化学计量数成比例，而过量物质电离出的离子的化学计量数取决于不过量物质电离出的离子的化学计量数。

例如，向 $Ca(HCO_3)_2$ 溶液中滴加过量的 NaOH 溶液：

$Ca^{2+} + 2HCO_3^- + 2OH^- = CaCO_3\downarrow + CO_3^{2-} + 2H_2O$

向 $Ca(HCO_3)_2$ 溶液中滴加少量的 NaOH 溶液：

$Ca^{2+} + HCO_3^- + OH^- = CaCO_3\downarrow + H_2O$

值得注意的是，当两种反应物的阳离子相同时，无论谁过量，其离子方程式都只有一种形式。如向 $Ca(OH)_2$ 溶液中加入少量 $Ca(HCO_3)_2$ 溶液和加入过量 $Ca(HCO_3)_2$ 溶液，离子方程式都是 $Ca^{2+} + HCO_3^- + OH^- = CaCO_3\downarrow + H_2O$。

⑨氧化还原反应，要注意反应的先后次序。一般地，按氧化性、还原性的强弱顺序，强氧化剂和强还原剂优先反应。

（4）离子方程式的意义：离子方程式不仅表示一定物质间的某个反应，而且表示所有同一类型的反应。

九、离子共存

离子共存问题主要考查离子之间能否发生离子反应。离子在溶液中不能共存的原因主要有以下几个方面：

（1）相互间反应生成沉淀或微溶物的离子不能大量共存；

（2）与 H^+ 反应的离子不能在酸性溶液中大量共存；

（3）与 OH^- 反应的离子不能在碱性溶液中大量共存；

（4）能发生氧化还原反应的离子不能共存；

（5）能相互结合形成配合物的离子不能共存；

（6）能双水解的离子不能大量共存；

（7）溶液若无色，则不存在有色（溶液中）离子。

十、化学反应是怎样进行的

（1）基元反应：能够一步完成的反应称为基元反应。如氢气与氧气生成水的反应中 $H + O_2 \longrightarrow OH + O$ 就是基元反应。

（2）反应历程：化学反应的微观过程称为反应历程（又称反应机理）。基元反应的总和称为总反应。

（3）复杂反应和简单反应：由几个基元反应组成的总反应也称为复杂反应。大多数反应都是复杂反应,如氢气和氧气反应生成水。由一个基元反应一步完成的反应,又称为简单反应。如酸碱中和反应:$H^+ + OH^- = H_2O$。

十一、化学反应速率

1. 表述方法

化学反应速率用单位时间内反应物或生成物的物质的量的变化来表示。在容积不变的反应器中,通常是用单位时间内反应物浓度的减少或生成物浓度的增加来表示。

2. 数学表达式:$v = \frac{\Delta n}{\Delta t}$或 $v = \frac{\Delta c}{\Delta t}$

式中 v 表示反应速率;n 表示某反应物或生成物的物质的量,Δn 表示某物质的物质的量的变化量;c 表示某反应物或生成物的浓度,Δc 表示某物质的浓度变化量;t 表示时间,Δt 表示时间的变化量。

3. 特别说明

(1)速率表述的共同之处:①都有一个确定的起点(速率 =0);②都有一个与速率大小相匹配的时间单位;③都有能说明体系某种变化的可计量的性质(如质量、体积、压强、浓度等)。

(2)以具体某一物质 B 表示的化学反应速率为 $v(B) = \frac{\Delta c(B)}{\Delta t}$。

Δc 的单位一般用 $mol \cdot L^{-1}$表示;而 Δt 的单位一般用 s(秒)、min(分钟)、h(小时)等表示;所以 v 的单位可以是 $mol \cdot L^{-1} \cdot s^{-1}$或 $mol \cdot L^{-1} \cdot min^{-1}$或 $mol \cdot L^{-1} \cdot h^{-1}$等。

(3)Δc 取绝对值。

(4)同一个化学反应,在同一段时间内,用不同物质表示反应速率时,数值不同,但表达的意义却相同。

(5)在一定温度下,固体和纯液体物质,单位体积里的物质的量保持不变,即物质的量浓度为常数,因此它们的化学反应速率也被视为常数。此时只能用单位时间内物质的量的变化量来表示反应速率。

(6)由于在一定时间内的化学反应,有关物质的物质的量浓度是连续变化的,所以化学反应速率有平均速率和即时(或瞬时)速率之分。在中学化学里,通常说的化学反应速率一般是指平均速率。

十二、影响化学反应速率的因素

1. 浓度

当其他条件不变时,增加反应物的浓度,可以增大反应的速率。

一般来说,增加气体和液体的浓度,反应速率加快。有固体物质参加的反应与接触的固体表面积有关,故不能用固体物质的质量来表示浓度。一般情况下,将固体物质在一定温度下的浓度视为一常数,纯液体也应视浓度是不变的。

2. 压强

当其他条件不变时,增大压强,可以增大反应速率。

有气体参加的反应,当温度保持不变时,则气体的压强与浓度成正比,增大压强,与增加反应物浓度的效应相同,从而使反应速率加快。如果参加反应的物质是固体、液体或溶液时,改变压强时它的体积改变很小,因而对它的浓度改变很小,可以认为压强的改变不影响它们的反应速率。

3. 温度

当其他条件不变时,升高温度,化学反应一般都要加快。实验测定,温度每升高 10 ℃,反应速率通常增大到原来的 2 ~4 倍。

4. 催化剂对化学反应速率的影响

(1)催化剂通过参与反应改变历程,从而降低反应的活化能,提高化学反应速率。

(2)催化剂不能改变化学反应的平衡常数,不能改变平衡转化率。

(3)催化剂具有选择性,某催化剂对某一反应可能是活性很强的催化剂,但对其他反应就不一定有催化作用。

5. 影响化学反应速率的其他外界条件

影响化学反应速率的外界条件除浓度、压强、温度、催化剂外,还有很多因素。如光辐照、放射线辐照、超声波、电弧、激光、强磁场、高速研磨、反应物颗粒大小、扩散速率、溶剂等。总之,向反应体系输入能量,都有可能改变化学反应速率。

经典规律总结

一、基本规律

先后规律:若向同浓度的若干还原剂中加入同一氧化剂,最强的还原剂先被氧化。

强弱规律:氧化还原反应中,氧化剂的氧化性强于氧化产物的,还原剂的还原性强于还原产物的。

归中规律:当同元素的不同价态之间存在中间价时,有可能发生归中反应,反之则可能发生歧化反应。

守恒规律:在氧化还原反应中,得失电子总数相等。

二、氧化性、还原性的强弱判断方法

(1)根据方程式判断:

得电子,化合价降低,被还原(发生还原反应)

氧化剂(氧化性)+还原剂(还原性)══还原产物+氧化产物

失电子,化合价升高,被氧化(发生氧化反应)

氧化性:氧化剂 > 氧化产物;还原性:还原剂 > 还原产物。

(2)根据物质活动性顺序比较:

①金属活动性顺序(常见元素):

K Ca Na……Fe……Cu Hg Ag……

→ 原子还原性逐渐减弱,对应阳离子氧化性逐渐增强

②非金属活动性顺序(常见元素):

F Cl Br I S

→ 原子(或单质)氧化性逐渐减弱,对应阴离子还原性逐渐增强

(3)根据反应条件判断:当不同的氧化剂作用于同一还原剂时,如氧化产物价态相同,可根据反应条件的难易来进行判断。例如:

$16HCl(浓) + 2KMnO_4 \xlongequal{} 2KCl + 2MnCl_2 + 8H_2O + 5Cl_2\uparrow$ ①

$4HCl(浓) + MnO_2 \xlongequal{\triangle} MnCl_2 + 2H_2O + Cl_2\uparrow$ ②

$4HCl(浓) + O_2 \xrightarrow[500\ ℃]{CuCl_2} 2H_2O + 2Cl_2$ ③

上述三个反应中,还原剂都是浓盐酸,氧化产物都是 Cl_2,而氧化剂分别是 $KMnO_4$、MnO_2、O_2。

①式中$KMnO_4$常温时可把浓盐酸中的氯离子氧化成氯原子,②式中 MnO_2 需要在加热条件下才能完成,③式中 O_2 不仅需要加热,而且还需要 $CuCl_2$ 做催化剂才能完成。由此我们可以得出结论:

氧化性:$KMnO_4 > MnO_2 > O_2$。

(4)根据氧化产物的价态高低判断:当变价的还原剂在相似的条件下作用于不同的氧化剂时,可根据氧化产物中元素价态的高低来判断氧化剂氧化性的强弱。

如 $2Fe + 3Cl_2 \xlongequal{\triangle} 2FeCl_3$ $Fe + S \xlongequal{\triangle} FeS$

可以判断氧化性:$Cl_2 > S$。

(5)根据元素周期表判断:

①同主族元素(从上到下):

$\xrightarrow[\text{非金属原子(或单质)氧化性逐渐减弱,对应阴离子还原性逐渐增强}]{\text{F Cl Br I}}$

$\xrightarrow[\text{金属原子还原性逐渐增强,对应阳离子氧化性逐渐减弱}]{\text{Li Na K Rb Cs}}$

②同周期主族元素(从左到右):

如$\xrightarrow[\text{单质还原性逐渐减弱,氧化性逐渐增强}]{\text{Na Mg Al Si P S Cl}}$

对应阳离子氧化性逐渐增强,阴离子还原性逐渐减弱。

(6)根据元素最高价氧化物对应水化物的酸碱性强弱比较:例如:酸性 $HClO_4 > H_2SO_4 > H_3PO_4 > H_2CO_3$,可判断氧化性 $Cl > S > P > C$。

(7)根据原电池、电解池的电极反应比较:

①两种不同的金属构成原电池的两极,负极金属是电子流出的极,正极金属是电子流入的极,其还原性:负极 > 正极。

②用惰性电极电解混合溶液时,在阴极先放电的阳离子的氧化性较强,在阳极先放电的阴离子的还原性较强。

(8)根据物质的浓度大小比较:具有氧化性(或还原性)的物质的浓度越大,其氧化性(或还原性)越强,反之,其氧化性(或还原性)越弱,如:氧化性 HNO_3(浓) > HNO_3(稀)。

三、氧化还原方程式的配平

(1)配平步骤:包括以下五步。

一标:标明反应前后化合价有变化的元素的化合价。

二等:通过求最小公倍数使化合价升与降的总值相等。

三定:确定氧化剂与还原剂的化学计量数。

方法是氧化剂(还原剂)化学计量数 = $\dfrac{\text{降(升)价的最小公倍数}}{\text{1 mol 氧化剂(或还原剂)降(升)价总值}}$

四平:用观察法配平其他物质的化学计量数。

五查:检查质量与电荷是否分别守恒。

(2)掌握两个守恒:①质量守恒:反应前后各元素原子(离子)个数相等。②电荷守恒:反应前后得失电子总数相等,因而方程式两边各带电微粒所带电荷总数(代数和)相等,化合价升降总数相等。

(3)抓一个关键:准确判断变价元素化合价升降数及其最小公倍数,从而求得氧化剂、还原剂的基准计量数。

(4)灵活运用技巧:在掌握一般配平方法步骤的基础上,根据反应的不同类型和特点,选择和运用一些不同的配平方法和技巧,以提高配平的速度和准确度。如部分氧化还原反应、自身氧化还原反应、歧化反应等宜选用逆向配平法,即选择氧化产物、还原产物为基准物。如:

$$K_2\overset{+6}{Cr_2}O_7 + H\overset{-1}{Cl}(浓) —— KCl + \underset{降3\times2}{\overset{+3}{CrCl_3}} + \underset{升2\times3}{\overset{0}{Cl_2}} + H_2O$$

首先确定 $CrCl_3$ 和 Cl_2 的化学计量数分别是 2 和 3,然后用观察法配平得:$K_2Cr_2O_7 + 14HCl(浓) = 2KCl + 2CrCl_3 + 3Cl_2\uparrow + 7H_2O$。

若某些反应物或生成物分子内有两种或两种以上元素的化合价发生了变化,可将该分子看做一个整体作为基准物进行配平,称为整体归一法。如:

$$\overset{0}{P_4} + \overset{+2}{Cu}SO_4 + H_2O —— \underset{降6\times5}{\overset{+1}{Cu_3}\overset{-3}{P}} + \underset{升5\times6}{H_3\overset{+5}{P}O_4} + H_2SO_4$$

首先确定 Cu_3P 和 H_3PO_4 的化学计量数分别是 5 和 6,其次确定 P_4 和 $CuSO_4$ 的化学计量数分别是$\frac{11}{4}$和 15,用观察法配平后将两边各化学计量数都乘 4,得 $11P_4 + 60CuSO_4 + 96H_2O = 20Cu_3P + 24H_3PO_4 + 60H_2SO_4$。

此外还有零价法、拆分法等,可灵活进行选择。

四、离子反应中有关物质的性质归纳

(1)OH^-:易溶且易电离的碱有 NaOH,KOH 和 $Ba(OH)_2$。$NH_3 \cdot H_2O$ 易溶但难电离,在浓度较大或温度较高时还易分解出 NH_3 并挥发。$Ca(OH)_2$ 微溶,但溶解的部分易电离。AgOH 在水中不存在。其他常见的碱都难溶。

(2)NO_3^-:常见的硝酸盐都易溶且易电离。

(3)SO_4^{2-}:$BaSO_4$ 难溶,$CaSO_4$,Ag_2SO_4 微溶,但溶解的部分易电离。其他常见的盐都易溶且易电离。

(4)Cl^-:AgCl 难溶。其他常见的盐都易溶且易电离。

(5)CO_3^{2-}:$(NH_4)_2CO_3$,Na_2CO_3,K_2CO_3 易溶且易电离。$MgCO_3$ 微溶,但溶解的部分易电离。$A1_2(CO_3)_3$,$Fe_2(CO_3)_3$ 在水中不存在。其他常见的盐难溶。

(6)H^+:HCl,HNO_3,H_2SO_4 易溶且易电离。H_2O,CH_3COOH 易溶但难电离。H_2CO_3 易分解出 CO_2 并挥发。

五、离子共存判断中隐含条件应用规律

(1)溶液无色透明时,不能存在有色离子。常见有色离子:Cu^{2+}(蓝色),Fe^{3+}(黄色),Fe^{2+}(浅绿色),MnO_4^-(紫色)。

(2)强酸性溶液中不能存在与 H^+ 反应的弱酸根离子:CO_3^{2-},HCO_3^-,S^{2-},HS^-,SO_3^{2-},

ClO^-，HSO_3^-，F^-等。

（3）强碱性溶液中不能存在与OH^-反应的弱碱阳离子：Fe^{3+}，Al^{3+}，Mg^{2+}，Zn^{2+}，NH_4^+等及酸式酸根离子HCO_3^-，HSO_3^-，HS^-等。

六、离子方程式书写技巧与规律

1. 量不同，离子反应不同

（1）生成的产物可与过量的物质继续反应的离子反应。这类离子反应，只需注意题给条件，判断产物是否与过量物质继续反应，以正确确定产物形式。如NaOH与$AlCl_3$溶液（足量或不足量），$Na[Al(OH)_4]$溶液中通HCl（少量或足量），$Ca(OH)_2$溶液中通CO_2（少量或足量），有关离子方程式都有所区别。

（2）酸式盐与量有关的离子反应。一般书写时，量不足的物质中参加反应的离子的物质的量之比一定要与它的化学式相符合，而足量的物质中参加反应的离子的物质的量之比不一定与化学式相符。如果没有明确的用量，用任一反应物作为足量写出的离子反应方程式均属正确。如$NaHSO_4$溶液与$Ba(HCO_3)_2$（足量或少量），$Ca(HCO_3)_2$溶液与NaOH（少量或足量），$Ca(OH)_2$溶液与$NaHCO_3$（不限制量），NaH_2PO_4溶液与$Ba(OH)_2$（不限制量）等，均应明确量的影响。

（3）较特殊且与量有关的离子反应。这类反应要求统筹兼顾量与其他因素。如$Mg(HCO_3)_2$溶液与过量NaOH反应，不可忽视$Mg(OH)_2$比$MgCO_3$更难溶、更稳定；明矾与足量$Ba(OH)_2$溶液反应，不可忽视$Al(OH)_3$的两性；NH_4HSO_4溶液与足量的$Ba(OH)_2$反应，不可忽视$NH_3 \cdot H_2O$也是弱电解质；新制氯水与少量$FeBr_2$溶液反应，不可忽视Fe^{2+}、Br^-都能被Cl_2氧化等。

2. 混合顺序不同，离子反应不同

例如，$AlCl_3$与NaOH，Na_2CO_3与HCl，Na_2S与$FeCl_3$，氯水与$FeBr_2$，氨水与$AgNO_3$等，混合顺序不同，离子反应也不同。

3. 书写正确的离子方程式时下列情况不可忽略

①反应条件；②溶液浓度；③物质聚集状态；④电荷守恒；⑤化学计量数的正确化简；⑥电解质的溶解性；⑦电解质的强弱；⑧电离平衡与水解平衡；⑨难溶物的溶解度大小；⑩水解相互促进等。

七、可逆反应中化学反应速率变化的规律

对于可逆反应，改变影响化学反应速率的条件，正反应的速率和逆反应的速率都会发生一定程度的变化。下面以可逆反应$2SO_2 + O_2 \underset{500\ ℃}{\overset{V_2O_5}{\rightleftharpoons}} 2SO_3$（正反应为放热反应）为例分析某一项条件改变后瞬间$v_{正}$，$v_{逆}$的变化情况。

（1）温度和气体总体积保持不变，加入O_2：$v_{正}$增大，$v_{正}$增大引起$c(SO_3)$增大，$c(SO_3)$增大又引起$v_{逆}$增大，即$v_{正}$先增大，$v_{逆}$后增大。

（2）温度和气体总体积保持不变，分离出SO_3：$v_{逆}$减小，$v_{逆}$减小引起$c(O_2)$，$c(SO_2)$减小，$c(O_2)$，$c(SO_2)$减小又引起$v_{正}$减小，即$v_{逆}$先减小，$v_{正}$后减小。

（3）气体总物质的量和温度保持不变，增大压强：$c(SO_2)$，$c(O_2)$增大，$v_{正}$增大，$c(SO_3)$同时增大，$v_{逆}$同时也增大，即$v_{正}$，$v_{逆}$同时增大，且$\Delta v_{正} > \Delta v_{逆}$。

(4)气体总物质的量和温度保持不变,减小压强:与(3)相反,即 $v_{正}$,$v_{逆}$ 同时减小,且 $\Delta v_{正} < \Delta v_{逆}$。

(5)在其他条件一定时,升高温度:$v_{正}$ 增大,$v_{逆}$ 同时也增大。由于正反应是放热反应,逆反应是吸热反应,故 $\Delta v_{正} < \Delta v_{逆}$,即 $v_{正}$,$v_{逆}$ 同时增大,且 $\Delta v_{正} < \Delta v_{逆}$。

(6)在其他条件一定时,降低温度:与(5)相反,即 $v_{正}$,$v_{逆}$ 同时减小,且 $\Delta v_{正} > \Delta v_{逆}$。

(7)在其他条件一定时,撤出催化剂:$v_{正}$,$v_{逆}$ 同时减小,且 $v_{正} = v_{逆}$。

八、怎样分析化学反应速率图像

正确分析化学反应速率图像,可以从以下四个方面着手:

(1)看起点:分清反应物和生成物。浓度(或物质的量)减小的是反应物,浓度(或物质的量)增大的是生成物,生成物多数以原点为起点。

(2)看变化趋势:分清正反应和逆反应、放热和吸热反应。如升温时,$\Delta v_{吸} > \Delta v_{放}$。分清气体体积变化情况。若增大压强,$\Delta v_{增大} < \Delta v_{缩小}$。

(3)看终点:确定反应物消耗的量和生成物增加的量。化学计量数之比等于反应物浓度的消耗量与生成物浓度的增加量之比。

(4)看时间:注意速率图像中曲线的连续或跳跃。分清“渐变”与“突变”,“变大”与“变小”。若增大反应物浓度时,$v_{正}$ 突变,$v_{逆}$ 渐变,$v_{正}$ 突变后又逐渐变小,$v_{逆}$ 逐渐变大;升高温度时,$v_{吸}$ 大增,$v_{放}$ 小增;增大压强时,$v_{气体增}$小增,$v_{气体缩}$大增。

解题一点通

1. 利用氧化还原反应基本概念解题

例题1 下列反应不属于氧化还原反应的是　(　　)

A. $Cl_2 + H_2O \xlongequal{} HCl + HClO$

B. $3CO + Fe_2O_3 \xlongequal{} 2Fe + 3CO_2$

C. $CaCO_3 + SiO_2 \xlongequal{} CaSiO_3 + CO_2\uparrow$

D. $3CuS + 8HNO_3 \xlongequal{} 3Cu(NO_3)_2 + 2NO\uparrow + 3S\downarrow + 4H_2O$

解析 判断反应是否属于氧化还原反应的方法是检查反应前后元素的化合价有无变化。A 中的氯元素,B 中碳、铁两元素,D 中硫、氮两元素化合价均有改变,属于氧化还原反应,只有 C 中元素的化合价无变化,不属于氧化还原反应。

答案 C

例题2 下列说法中正确的是　(　　)

A. H^+的氧化性比 Cu^{2+}强

B. I^-的还原性比 Br^-强

C. 盐酸具有酸性,又具有氧化性和还原性

D. 在化学反应中,金属单质只表现还原性,非金属单质只表现氧化性

解析 根据物质氧化性、还原性强弱的判断规律:金属阳离子的氧化性强弱顺序和金属活动性顺序相反,可知 Cu^{2+}的氧化性比 H^+强,A 选项错。非金属阴离子的还原性强弱与其单质氧化性相反,所以还原性 $S^{2-} > I^- > Br^- > Cl^-$等,B 选项正确。非金属单质除氟外都处于中间价态,在不同条件下既表现氧化性又表现还原性,D 选项错。因为 H^+能表

现酸性和氧化性，而 Cl^- 具有还原性，C 选项正确。

答案 BC

2. 利用方程式解题

例题3 已知常温下在溶液中可发生如下两个离子反应：

$Ce^{4+} + Fe^{2+} \xlongequal{} Fe^{3+} + Ce^{3+}$

$Sn^{2+} + 2Fe^{3+} \xlongequal{} 2Fe^{2+} + Sn^{4+}$

由此可以确定 Fe^{2+}，Ce^{3+}，Sn^{2+} 三种离子的还原性由强到弱的顺序是 （　　）

A. Sn^{2+}，Fe^{2+}，Ce^{3+}　　B. Sn^{2+}，Ce^{3+}，Fe^{2+}

C. Ce^{3+}，Fe^{2+}，Sn^{2+}　　D. Fe^{2+}，Sn^{2+}，Ce^{3+}

解析 由规律：

氧化剂(强氧化性) + 还原剂(强还原性)══还原产物(弱氧化剂) + 氧化产物(弱还原剂)可得。

答案 A

例题4 单质钛的机械强度高，抗腐蚀能力强，有“未来金属”之称。工业上常用硫酸分解钛铁矿($FeTiO_3$)的方法来制取 TiO_2，再由 TiO_2 制金属钛，主要反应有

①$FeTiO_3 + 3H_2SO_4 \xlongequal{} Ti(SO_4)_2 + FeSO_4 + 3H_2O$

②$Ti(SO_4)_2 + 3H_2O \xlongequal{} H_2TiO_3\downarrow + 2H_2SO_4$

③$H_2TiO_3 \xlongequal{\triangle} TiO_2 + H_2O$

④$TiO_2 + 2C + 2Cl_2 \xlongequal{\triangle} TiCl_4 + 2CO$

⑤$TiCl_4 + 2Mg \xlongequal{} 2MgCl_2 + Ti$

下列叙述错误的是 （　　）

A. 反应①是非氧化还原反应

B. 反应②是水解反应

C. 反应④中 TiO_2 是氧化剂

D. 反应⑤表现了金属镁的还原性比金属钛强

解析 反应④中 TiO_2 只是一种反应物，Cl_2 做氧化剂，C 为还原剂。

答案 C

例题5 在反应 $aBrF_3 + bH_2O \xlongequal{} cHBrO_3 + dHBr + eHF + fO_2$ 中(a,b,c,d,e,f 是各物质的化学计量数)，若 0.3 mol H_2O 被氧化，则被水还原的 BrF_3 的物质的量是 （　　）

A. 0.15 mol　　B. 0.2 mol　　C. 0.3 mol　　D. 0.4 mol

解析 1 mol BrF_3 被还原成 HBr 得电子 4 mol，0.3 mol H_2O 被氧化成 O_2 失去电子为 0.3 mol × 2 = 0.6 mol，则被水还原的 BrF_3 为 $\frac{0.6\ mol}{4} = 0.15\ mol$。

答案 A

3. 利用电子守恒解题

例题6 目前新一代高效、无污染的消毒剂二氧化氯(ClO_2)已经被许多发达国家广泛应用在饮用水的处理上。

(1)实验室制备 ClO_2 的方法是用亚氯酸钠与氯气反应：$2NaClO_2 + Cl_2 \xlongequal{} 2ClO_2 + 2NaCl$，反应中的氧化产物是__________。

(2)工业制备 ClO_2 的一种方法是用甲醇在酸性介质中还原氯酸钠。请配平下列反应方程式,并标出电子转移的方向和数目:

$\square\ CH_3OH + \square\ NaClO_3 + \square\ H_2SO_4 \longrightarrow \square\ ClO_2 + \square\ CO_2 + \square\ Na_2SO_4 + \square\ H_2O$

(3)若上述两个反应中转移等量的电子,则两种方法制得的 ClO_2 的物质的量之比为 $n(1):n(2)$ = ________。

答案 (1)ClO_2 (2)1 6 3 6 1 3 5 $CH_3OH+6NaClO$(由 CH_3OH 指向 $NaClO$,标 $6e^-$) (3)1∶1

4. 利用综合归纳法解题

例题7 G,Q,X,Y,Z 均为氯的含氧化合物,我们不了解它们的分子式,但知道它们一定条件下具有如下的转化关系(未配平):

①$G \longrightarrow Q + NaCl$ ②$Q + H_2O \xrightarrow{电解} X + H_2$

③$Y + NaOH \longrightarrow G + Q + H_2O$ ④$Z + NaOH \longrightarrow Q + X + H_2O$

这五种化合物中氯的化合价由低到高的顺序为 ( )

A. QGZYX B. GYQZX

C. GYZQX D. ZXGYQ

解析 此题是氧化还原反应概念判断题中较难的一种题型,需要应用多种规律多次分析,然后进行比较综合才能得出正确答案。由反应①可知 G 分解生成 Q 和 NaCl,NaCl 中的氯为 -1 价,为氯的最低价态,即 NaCl 的形成肯定需得到电子,那么失电子的产物肯定是 Q,则 G 中氯的化合价肯定在 Q 和 NaCl 之间,即 Q > G > NaCl;同理,由②H_2 的形成为得电子的结果,所以 X 中氯元素化合价必定升高,即化合价 X > Q。③由于 G < Q,所以 Q > Y > G(属于歧化反应,Y 的化合价必处于 Q,G 两者之间)。④同理,由 X > Q,所以 X > Z > Q。

答案 B

例题8 $KClO_3$ 与浓盐酸在一定温度下反应会生成黄绿色的易爆物二氧化氯,其变化可表述为

$\square\ KClO_3 + \square\ HCl(浓) = \square\ KCl + \square\ ClO_2\uparrow + \square\ Cl_2\uparrow + \square\ \square$。

(1)请完成该化学方程式并配平(未知物化学式和化学计量数填入框内)。

(2)浓盐酸在反应中显示出来的性质是________(填编号)。

①只有还原性 ②还原性和酸性

③只有氧化性 ④碱性和酸性

(3)若产生 0.1 mol Cl_2,则转移的电子的物质的量为________ mol。

(4)ClO_2 具有很强的氧化性。因此,常被用做消毒剂,其消毒的效率(以单位质量得到的电子数表示)是 Cl_2 的________倍。

答案 (1)2 4 2 2 1 2 H_2O (2)② (3)0.2 (4)2.63

5. 利用氧化还原反应规律解题

例题9 下列反应是氧化还原反应,又可用离子方程式表示的是 ( )

A. 锌与硫酸铜溶液反应 B. 镁与氧气反应

C. 氯化钠溶液和硝酸银溶液反应 D. 铁锈和硫酸反应

解析 此题是氧化还原反应与离子反应的交叉知识点。可先判断哪个是氧化还原反应,

是氧化还原反应再看是否是离子反应。

答案 A

例题10 下列各组中的离子能在 pH = 1 的无色溶液中大量共存的是 ( )

A. Ba^{2+}, Na^{+}, I^{-}, ClO^{-}　　B. Mg^{2+}, Cl^{-}, Al^{3+}, SO_4^{2-}

C. K^{+}, Cl^{-}, HCO_3^{-}, NO_3^{-}　　D. Ca^{2+}, Na^{+}, Fe^{3+}, Br^{-}

解析 对于 A,因发生氧化还原反应:$2H^{+} + ClO^{-} + 2I^{-} \xlongequal{} Cl^{-} + I_2 + H_2O$ 而不能大量共存;对于 C,因发生复分解反应:$H^{+} + HCO_3^{-} \xlongequal{} CO_2\uparrow + H_2O$ 而不能大量共存;对于 D,因含有 Fe^{3+} 的溶液呈黄色,而溶液为无色。故选 B。

答案 B

例题11 在世纪交替之时,某国炼金废水汇入尼罗河,导致大量鱼类等水生物死亡,沿河居民长时期停止使用此水源,酿成世界级污染事件。炼金废水中含有配离子 $[Au(CN)_2]^{-}$,其电离出的 CN^{-} 有毒,当与 H^{+} 结合生成 HCN 时,其毒性更强。回答下列问题:

(1)剧毒物 HCN 的结构式为__________,其水溶液酸性很弱,可知 NaCN 溶液 pH __________ 7(填“>”“=”或“<”)。

(2)与弱电解质碳酸的电离方程式相似,$[Au(CN)_2]^{-}$ 也存在着两步电离,其一级电离方程式为____________________。

(3)处理这种废水时是在碱性条件下用 NaClO 将 CN^{-} 氧化为 CO_3^{2-} 和 N_2,其离子方程式为____________________。在酸性条件下,ClO^{-} 也能氧化 CN^{-},但实际处理废水时却不在酸性条件下进行的主要原因是____________________。

解析 (1)HCN 为共价化合物,根据最外层电子饱和的原则,可写出 HCN 的结构式:$H—C\equiv N$,由于 HCN 为弱酸,所以 NaCN 为强碱弱酸盐,其溶液水解显碱性,pH > 7。

(2)与 H_2CO_3 的一级电离:$H_2CO_3 \rightleftharpoons H^{+} + HCO_3^{-}$ 类比,$[Au(CN)_2]^{-}$ 的一级电离方程式为

$[Au(CN)_2]^{-} \rightleftharpoons AuCN + CN^{-}$

(3)根据题给信息有

$ClO^{-} + CN^{-} + OH^{-} \longrightarrow CO_3^{2-} + N_2\uparrow + Cl^{-} + H_2O$

这是一个氧化还原离子反应,配平得

$5ClO^{-} + 2CN^{-} + 2OH^{-} \xlongequal{} 2CO_3^{2-} + N_2\uparrow + 5Cl^{-} + H_2O$

不在酸性条件下处理废水中的 CN^{-},是防止生成剧毒物 HCN,HCN 对人体有害。

答案 见解析

6. 挖掘隐含条件解题

例题12 在 pH = 1 的无色透明溶液中,不能大量共存的离子组是 ( )

A. Al^{3+}, Ag^{+}, NO_3^{-}, Cl^{-}　　B. Mg^{2+}, NH_4^{+}, NO_3^{-}, Cl^{-}

C. Ba^{2+}, K^{+}, S^{2-}, Cl^{-}　　D. Zn^{2+}, Na^{+}, NO_3^{-}, SO_4^{2-}

解析 此题考查在酸性条件下,无色透明的溶液中,不能大量共存的离子组。弱酸阴离子不能在酸性溶液中存在,如 C 溶液中 S^{2-} 不能与 H^{+} 共存,因为它们可发生反应 $H^{+} + S^{2-} \xlongequal{} HS^{-}$ 或 $2H^{+} + S^{2-} \xlongequal{} H_2S\uparrow$。另外注意溶液的颜色,无色透明溶液不能含有色离子,要注意离子间是否会发生氧化还原反应、复分解反应或其他反应,A 溶液中因为 Ag^{+} 与 Cl^{-} 反应而不能大量共存。

答案 AC

例题13 下列反应的离子方程式正确的是 （　　）

A. 向氢氧化钠溶液中滴加同浓度的少量碳酸氢钙溶液　$Ca^{2+} + HCO_3^- + OH^- \xlongequal{} CaCO_3\downarrow + H_2O$

B. 用氨水吸收少量的二氧化硫　$NH_3 \cdot H_2O + SO_2 \xlongequal{} NH_4^+ + HSO_3^-$

C. 明矾溶液跟过量的氢氧化钠溶液反应　$Al^{3+} + 4OH^- \xlongequal{} [Al(OH)_4]^-$

D. 向次氯酸钙溶液中通入过量的二氧化硫　$ClO^- + SO_2 + H_2O \xlongequal{} HClO + HSO_3^-$

解析 A、B项正确的离子方程式分别为 $Ca^{2+} + 2HCO_3^- + 2OH^- \xlongequal{} CaCO_3\downarrow + CO_3^{2-} + 2H_2O$，$2NH_3 \cdot H_2O + SO_2 \xlongequal{} SO_3^{2-} + 2NH_4^+ + H_2O$，D项，HClO有很强的氧化性，会氧化 SO_3^{2-} 或 HSO_3^-，生成 SO_4^{2-}。

答案 C

7. 利用化学实验解题

例题14 如图2-4-1所示，在烧杯中盛有100 mL的某浓度 H_2SO_4 溶液，同时有一表面光滑的塑料小球悬浮于溶液中央。向该烧杯里缓缓注入某浓度的 $Ba(OH)_2$ 溶液至恰好完全反应，在此过程中：

（1）烧杯里观察到的实验现象为____。

（2）写出实验过程中反应的离子方程式____。

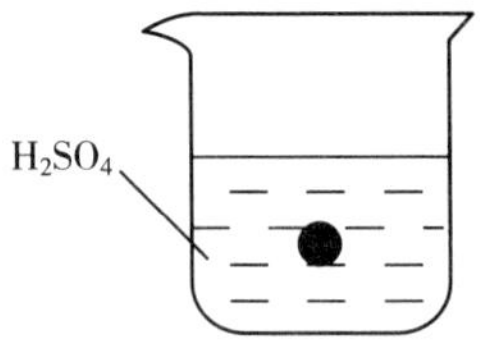

图2-4-1

解析 向烧杯里滴入 $Ba(OH)_2$，H_2SO_4 将和滴入的 $Ba(OH)_2$ 反应，产生白色的 $BaSO_4$ 沉淀，当反应恰好进行完全时，溶液中的 $Ba(OH)_2$ 和 H_2SO_4 恰好反应生成 $BaSO_4$ 沉淀和 H_2O，即由 H_2SO_4 溶液变成 H_2O，溶液中的离子浓度减小。因为 H_2SO_4 的密度大于水且浓度越小，密度越小，故随着反应的进行，溶液的密度减小，小球下沉。书写离子方程式的时候一定要符合客观事实。

答案 （1）有白色沉淀产生，同时小球下沉

（2）$Ba^{2+} + 2OH^- + 2H^+ + SO_4^{2-} \xlongequal{} BaSO_4\downarrow + 2H_2O$

8. 利用化学反应速率的表达式解题

例题15 反应 $4NH_3 + 5O_2 \rightleftharpoons 4NO + 6H_2O$ 在5 L的密闭容器中进行30 s后，NO的物质的量增加了0.3 mol，则此反应的平均速率 $\bar{v}(X)$（表示反应物的消耗速率或生成物的生成速率）为 （　　）

A. $\bar{v}(O_2) = 0.01\ mol \cdot L^{-1} \cdot s^{-1}$　　B. $\bar{v}(NO) = 0.008\ mol \cdot L^{-1} \cdot s^{-1}$

C. $\bar{v}(H_2O) = 0.003\ mol \cdot L^{-1} \cdot s^{-1}$　　D. $\bar{v}(NH_3) = 0.002\ mol \cdot L^{-1} \cdot s^{-1}$

解析 用生成物NO来表示反应的平均速率：$\bar{v}(NO) = (0.3\ mol \div 5\ L)/30\ s = 0.002\ mol \cdot L^{-1} \cdot s^{-1}$。

根据反应的速率之比等于对应物质的化学计量数之比，不难求得：

$\bar{v}(O_2) = 0.002\,5\ mol \cdot L^{-1} \cdot s^{-1}$

$\bar{v}(H_2O) = 0.003\ mol \cdot L^{-1} \cdot s^{-1}$

$\bar{v}(NH_3) = 0.002\ mol \cdot L^{-1} \cdot s^{-1}$

答案 CD

第五章 重要的非金属及其化合物

本章概述

本章主要介绍氯、硫、氮等几种非金属及其化合物的基本知识,认识它们在人们生产和生活中的应用,以及对生态环境的影响。

教学目标

1. 理解并掌握几种重要的非金属单质。
2. 熟悉并掌握几种重要的非金属化合物。
3. 掌握重要非金属离子的检验。

第一节 非金属单质

一、海水中富集的元素——氯

氯元素是一种活泼的非金属元素,其原子的最外层有 7 个电子,在化学反应中容易得到 1 个电子,呈现 -1 价。因此,氯元素在自然界中常以化合态形式存在。海水里富集大量的 NaCl、KCl,是取之不尽的氯元素的源泉。氯元素对生命有着重要意义,人的血液和胃液中都含有氯元素。

1. 氯气的物理性质

1774 年,瑞典化学家舍勒在将软锰矿(主要成分是 MnO_2)与浓盐酸混合加热的实验过程中,发现了一种具有强烈刺激性气味的黄绿色气体。但由于受到当时“燃素说”的影响,他最终未能确定这种气体的组成。后来的一些研究者由于受到“一切酸中均含有氧”的观点束缚,认为该黄绿色气体是“氧化的盐酸”气。

直到 1810 年,英国化学家戴维基于大量的实验事实,确认“氧化的盐酸”不是一种化合物,而是由一种新元素组成的单质,他将这种元素命名为 chlorine,有“绿色”之意。中文译名曾为“绿气”,后改名为“氯气”。

氯气(Cl_2)是由氯元素组成的非金属单质。通常状况下,Cl_2 是有强烈刺激性气味的黄绿色气体,能溶于水,有毒(使用时要注意安全!);在常压下冷却至 -34.6℃ 会变为黄绿色油状液体,工业上称之为“液氯”。

知识库

在已发现的100多种元素中，除稀有气体元素外，非金属元素只有10余种。虽然为数不多，但其化合物却是化学世界里最庞大的家族之一。例如，氧和硅是地壳中含量最多的两种元素，它们构成了地壳的基本骨架；氮和氧是空气中含量最多的两种元素，它们是地球生命的重要基础元素；氟和碘是人体健康不可缺少的元素；硫是中国古代四大发明之一——“黑火药”的组成成分。在人们的生活中，CO，SO_2，NO_2 是影响大气质量的气态非金属氧化物，常用的食盐、漂白水等都含有氯，用于皮肤湿疹的硫软膏中也含有硫。非金属及其化合物在人们的生活和国民经济的发展中起着重要的作用。

2. 氯气的化学性质

(1)氯气与金属的反应　氯气的化学性质很活泼，能与大多数金属直接化合。例如，钠、铜、铁等金属都能在 Cl_2 中燃烧：

$$2Na + Cl_2 \xlongequal{点燃} 2NaCl$$

$$Cu + Cl_2 \xlongequal{点燃} CuCl_2$$

$$2Fe + 3Cl_2 \xlongequal{点燃} 2FeCl_3$$

(2)氯气与水的反应　Cl_2 溶于水，常温下，1体积的水能够溶解约2体积的氯气，氯气的水溶液称为氯水。在氯水中，部分 Cl_2 分子与水发生反应，生成盐酸和次氯酸(HClO)。

$$Cl_2 + H_2O = HCl + HClO$$

HClO具有强的氧化性，能杀死水里的病菌。目前，很多自来水厂采用 Cl_2(1 L水中约通入0.002 g Cl_2)杀菌消毒就是基于这种作用。生活中，打开自来水龙头时，偶尔闻到自来水中散发出来的刺激性气味就是余氯的气味。HClO还能使某些染料和有机色素褪色，具有漂白作用。

(3)氯气与非金属的反应　初中化学中，曾做过 H_2 在空气中燃烧的实验。H_2 在 Cl_2 中也可以燃烧，并发出苍白色的火焰，燃烧后生成的气体是氯化氢。该气体极易溶于水，形成的水溶液就是我们常用的盐酸。

$$H_2 + Cl_2 \xlongequal{点燃} 2HCl$$

(4)氯气与碱的反应　Cl_2 可与NaOH溶液反应，生成氯化钠和次氯酸钠(NaClO)。

$$2NaOH + Cl_2 = NaCl + NaClO + H_2O$$

如果将 Cl_2 通入消石灰[$Ca(OH)_2$]溶液中，即可制得含氯石灰，俗称漂白粉。漂白粉的主要成分是次氯酸钙[$Ca(ClO)_2$]和氯化钙，有效成分是 $Ca(ClO)_2$。

$$2Ca(OH)_2 + 2Cl_2 = CaCl_2 + Ca(ClO)_2 + 2H_2O$$

漂白粉是廉价的杀菌、消毒剂，广泛用于漂白棉、麻、纸浆等。

生活中，人们经常用到漂白粉、漂粉精等漂白剂，其中，漂粉精是 Cl_2 与 $Ca(OH)_2$ 充分反应并使 $Ca(ClO)_2$ 成为主要成分。一般，漂粉精中含有效氯约70%(质量分数)，而漂白粉中含有效氯约35%(质量分数)。漂白粉和漂粉精既可用做漂白棉、麻、纸张的漂白剂，又可用做游泳池及环境的消毒剂。

试一试

在滴有酚酞的 NaOH 溶液中，滴加新制氯水，边滴边振荡，红色会逐渐消失。对于红色消失的原因，甲同学认为是 Cl_2 与 H_2O 反应生成的 HCl 和 HClO 中和了 NaOH 引起的；乙同学认为这是因为 Cl_2 与 H_2O 反应生成的具有强氧化性的 HClO 使红色酚酞变成了无色的物质。你认为哪位同学的说法正确？请设计实验，证明自己的观点。

氯气除用做消毒剂与杀菌剂、制取盐酸和漂白粉外，还可用来制造氯丁橡胶、聚氯乙烯塑料、合成纤维、农药、有机溶剂（如氯仿、四氯化碳）和其他氯化物等，所以氯气是一种重要的化工原料。

知识库

氟、碘与人体健康

在元素周期表中，氟(F)、碘(I)与氯同处于第ⅦA 族，都是比较活泼的非金属元素。

氟是人和动物不可缺少的微量元素，在自然界分布很广。在人的膳食和饮水中都含有氟，茶叶中含氟量最高，粮食、蔬菜和水果中也含有少量氟。氟能增强骨骼的硬度，加速骨骼的形成。人体如缺氟，不仅会造成龋齿，对骨骼的成长也会产生重要影响。此外，缺氟会造成老年性骨质疏松症。因此适量的氟对人体十分有益。但是不论是在牙膏中加氟，还是在自来水中加氟，都必须注意适量。如果摄入量过多，可引起“斑牙症”。

碘是人类发现的第二个人体必需的微量元素。碘在海水中的含量极少，但产自海洋的海带中碘含量要高得多，风干的海带含碘 0.5%（质量分数），其他海产品如紫菜、海参、海蜇、干贝、海虾等，也都含有较丰富的碘。碘也存在于盐井的卤水中。

碘是人体甲状腺激素的重要成分，与人体的生长发育和新陈代谢关系密切，特别是对大脑的发育起着决定性作用。如果碘缺乏，会引起碘缺乏病（简称 IDD）。青少年及成人缺碘可引起甲状腺肿大，出现“大脖子病”；孕妇缺碘会引起早产、流产、新生儿先天畸形等；婴幼儿缺碘会引起克汀病，严重的还会引起智力受损，而且有些损害甚至无法弥补。同时，高碘对人同样有害，因此应注意科学补碘。

在我国，缺碘的情况比较普遍。1991 年 3 月我国政府向国际社会作出承诺：到 2000 年在中国内地消除碘缺乏病。为此，我国已在缺碘地区实行“食盐加碘”，将加碘食盐作为规定的食盐，并对食盐的标准及碘的含量作了严格的规定。

因此，为了你和家人的健康，请购买和食用加碘食盐。

二、古代四大发明之一“黑火药”的组成成分——硫

1. 硫元素的性质

硫元素最外层有 6 个电子，在化学反应中容易得到 2 个电子，呈现 −2 价，有时也能失去最外层电子，呈现 +4 价、+6 价。硫元素是一种重要的非金属元素，广泛存在于自然界中，在海洋、大气和地壳内，以及在煤、石油及矿泉水中都含有硫，硫也是人体和动物体内蛋白质的构成元素。早在公元前六世纪，我国古代炼丹术和医学上就用到硫。单质硫俗称“硫黄”，它是我国古代四大发明之一——“黑火药”的重要组成成分。

小锦囊

锻炼注意事项

广东河源的合溪温泉为龙川老八景之一。宋代大诗人苏东坡当年遍游龙川后，把合溪温泉揽入八景之一，并留下了“合溪温水汇长河”的名句。合溪温泉水质独特，经地质部门验证属含硫黄及多种矿物质的天然温泉，对人体具有治疗、保健作用。

合溪溪床有几股温泉从地穴涌出，温度颇高，常年温度约 90 ℃。即使在冬天，池水温度也在 40 ℃以上，为国内所罕有。游人到此多洗澡，洗时可引冷泉调整水温；洗后披襟当风，身心愉快，加之周围野花遍山，百鸟啼鸣，使人心旷神怡。温泉所含硫黄对皮肤病、风湿炎症等均有显著疗效。

单质硫是一种淡黄色的晶体，质脆，不溶于水，易溶于二硫化碳（CS_2）中。

硫的化学性质比较活泼，在空气中燃烧生成二氧化硫（SO_2）。

$$S + O_2 \xlongequal{\text{点燃}} SO_2$$

硫能与除金、铂以外的多种金属直接化合，生成金属硫化物并放出热量。例如：

$$Fe + S \xlongequal{\triangle} \underset{\text{硫化亚铁}}{FeS}$$

2. 单质硫的用途

单质硫的用途很广，除了用于制造硫酸、硫酸盐、亚硫酸盐、硫化物外，还用于橡胶工业、造纸工业及制造火柴、黑火药、焰火等。硫在农业上是重要的杀虫杀菌剂及合成含硫农药的主要原料，如石硫合剂；在医药上，可用来配制硫软膏，如图 5－1 所示。

图 5－1　生活中含氯或含硫物质

三、空气中含量最多的元素——氮

1. 氮的性质

在空气中，N_2 是含量最多的气体，约占空气体积的 78%（体积分数）。氮是构成动、植物体中蛋白质的重要元素。氮和氮的化合物，如 NH_3，HNO_3，氮肥，炸药以及蛋白质、核酸等，在工农业生产、国防和生命科学研究等领域中都有重要的用途。

通常状况下，N_2 是无色、无味的气体，不仅不可燃、不助燃，而且也很难发生化学反应，但在高温或特定条件下，N_2 也能与 H_2，O_2 金属等物质发生化学反应。例如：

$$N_2 + 3H_2 \xrightarrow[\text{催化剂}]{\text{高温、高压}} 2NH_3$$

$$N_2 + 3Mg \xrightarrow{\text{点燃}} Mg_3N_2$$

$$N_2 + O_2 \xrightarrow{\text{放电}} 2NO$$

2. 固氮

将空气中的氮单质转化为氮的化合物的过程，称为氮的固定，简称“固氮”。

氮虽然是生物体必需的元素，但必须将大气中的氮单质转化为氮的化合物，才能被生物体吸收。而自然界中的某些微生物，如豆科植物的根瘤菌或固氮微生物却能在常温常压下固定空气中的氮，将它转化为能被植物吸收的氮。

据估算，每年生物固氮量达世界工业固氮量的 40 倍，可见生物固氮能力的强大。

第二节 几种重要的非金属化合物

一、非金属气态氢化物

在一定的条件下，多数非金属单质都能与氢气（H_2）发生化学反应生成气态氢化物。其中较为重要的有氯化氢（HCl）、硫化氢（H_2S）和氨气（NH_3）。

1. 氯化氢

（1）性质　氯化氢（HCl）是无色、有刺激性气味的气体，极易溶于水。氯化氢的水溶液叫氢氯酸，俗称盐酸，是化学工业重要的“三酸”之一，具有酸的通性，能与金属、金属氧化物、碱和盐等发生反应。

（2）用途　盐酸是重要的化工原料，工业上常用做清除铁锈的洗涤酸，焊接用的“镪水”就是含有锌盐的浓盐酸。常见的盐酸盐有氯化钠（NaCl）和氯化钾（KCl）等。

氯化钠俗名食盐，纯净的氯化钠晶体呈立方形，易溶于水，在空气中不潮解；粗盐因含有氯化镁、氯化钙等杂质，在空气中易潮解。食盐的用途很广，除食用外，还是重要的化工原料，大量用于制取金属钠、氯气、氢氧化钠和纯碱等化工产品。医疗上用的生理盐水是 0.85% ~ 0.90% 的食盐水，常用在出血过多、严重腹泻等所引起的缺水病症，也可用来洗涤伤口进行消毒。氯化钠还是维持人体正常生理机能所不可缺少的物质。

小锦囊

菠萝是人们喜爱的佳果之一，营养丰富，味道清香。但菠萝汁中含有的生物苷会刺激口腔黏膜，食后会感到口腔发痒；所含的菠萝酶会使人过敏，产生腹痛、腹泻、呕吐、口舌和皮肤发麻发痒，严重的还会出现呼吸困难，甚至昏迷等症状。因此，食用时，通常将菠萝肉块放在食盐水里浸泡一会儿，以破坏菠萝的生物苷和菠萝酶，这样，既可以除去菠萝的涩味，使之鲜美可口，又可减少或避免出现过敏反应。

2. 硫化氢

（1）性质　硫化氢（H_2S）是无色、有臭鸡蛋气味的气体，密度比空气略大，能溶于水，它的水溶液叫做氢硫酸，显弱酸性。硫化氢有毒，是大气主要污染物之一。水稻田由于通风不良可能产生硫化氢，导致稻苗烂根；动植物体腐败时，也会产生硫化氢气体。

(2)用途 H_2S 是一种可燃性气体。空气充足时燃烧，生成 SO_2 和 H_2O；空气不足时，生成硫单质和水。

$$2H_2S + 3O_2(\text{充足}) \xlongequal{\text{点燃}} 2SO_2 + 2H_2O$$

$$2H_2S + O_2(\text{不充足}) \xlongequal{\text{点燃}} 2S\downarrow + 2H_2O$$

H_2S 具有较强的还原性，与 SO_2 可发生如下反应：

$$2H_2S + SO_2 = 2H_2O + 3S\downarrow$$

工业上，利用排出的含 SO_2 的尾气与含 H_2S 的废气相互作用，既能回收硫，又可避免污染环境。

3. 氨气

氨(NH_3)是无色、有强烈刺激性气味的气体，极易溶于水，氨的水溶液叫做氨水。氨在常压下冷却到 -33.35℃，会凝结成无色液体，同时放出大量的热。液态氨汽化时要吸收大量的热，所以，液态氨可用做制冷剂。

(1)氨与水反应 NH_3 与水结合生成一水合氨，有弱碱性，能使湿润的红色石蕊试纸变蓝。一水合氨很不稳定，受热容易分解成 NH_3。

【实验 5-1】 用玻璃棒蘸取氨水滴于红色石蕊试纸上，观察实验现象。

$$NH_3 + H_2O \rightleftharpoons NH_3 \cdot H_2O \rightleftharpoons NH_4^+ + OH^-$$

$$NH_3 \cdot H_2O \xlongequal{\triangle} NH_3\uparrow + H_2O$$

(2)氨与酸反应 NH_3 遇盐酸时，会发生反应生成相应的铵盐。

【实验 5-2】 取 2 支玻璃棒，分别蘸取浓氨水和浓盐酸，使 2 支玻璃棒接近，如图 5-2 所示。观察实验现象，填入表 5-1 中。

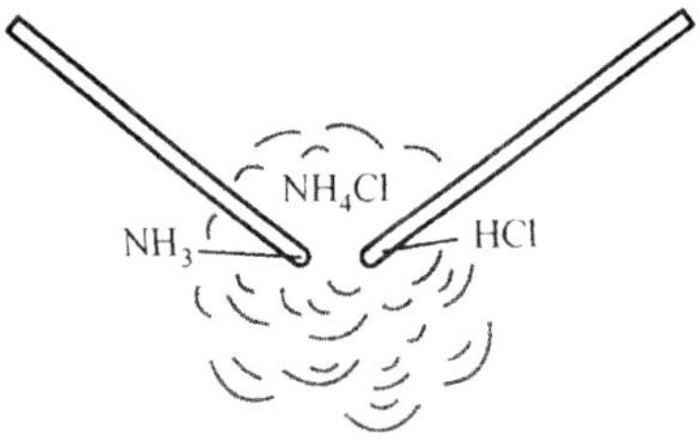

图 5-2 氨与氯化氢的反应

表 5-1 氨气与盐酸实验现象

实验现象	现象解释
	氨气与氯化氢化合生成了微小的氯化铵晶体，反应式为 $NH_3 + HCl = NH_4Cl$

根据此反应现象，常用浓盐酸（或浓氨水）来检验氨气（或氯化氢气体）。NH_3 与硝酸、硫酸等反应，也可制得相应的铵盐。

$$NH_3 + HNO_3 = NH_4NO_3$$

$$2NH_3 + H_2SO_4 = (NH_4)_2SO_4$$

二、非金属氧化物

1. 二氧化硫与三氧化硫

(1)二氧化硫　二氧化硫(SO_2)是无色、有刺激性气味的气体,密度比空气大,容易液化,易溶于水。二氧化硫有毒,它是造成大气污染的主要有害物质之一。

● 与水反应

SO_2 是酸性氧化物,易溶于水生成亚硫酸(H_2SO_3),因此 SO_2 又叫亚硫酐。H_2SO_3 具有酸的通性,它不稳定,易分解,因此 SO_2 与水的反应是一个可逆反应。

$$SO_2 + H_2O \rightleftharpoons H_2SO_3$$

此外,SO_2 还可与碱、碱性氧化物反应。

● 与氧气反应

SO_2 在适当温度且有催化剂存在下,可被空气中的氧气氧化生成三氧化硫(SO_3)。

$$2SO_2 + O_2 \xrightleftharpoons[400 \sim 500℃]{V_2O_5} 2SO_3$$

● SO_2 具有漂白性

SO_2 能与许多染料或有色物质进行反应,生成不稳定的无色物质。工业上常用 SO_2 的这种性能来漂白草制品、纸浆等原材料。

讨论

通过对 Cl_2 性质的学习,我们知道氯水具有漂白和杀菌消毒作用。在工业上,SO_2 常用来漂白纸浆、毛、丝、草帽等,也具有漂白作用。请查阅资料,说说 Cl_2 和 SO_2 的漂白作用是否相同。

(2)三氧化硫　通常情况下,三氧化硫(SO_3)是白色丝状易挥发的晶体,熔点 16.8 ℃,沸点 44.8 ℃。SO_3 是一种酸性氧化物,能与水发生剧烈反应生成硫酸,同时放出大量的热。

$$SO_3 + H_2O = H_2SO_4$$

知识库

伦敦地处泰晤士河开阔河谷之中的盆地。1952 年 12 月 5 ~ 8 日,全城浓雾,气温逆转,而且受冷高压的影响,曾出现过无风状态。因此,从家庭和工厂的烟囱中排出的 SO_2 烟尘,被逆温层封盖滞留在大气底层,造成了高达 4 000 人死亡的严重事件,出现的主要病症是呼吸困难、低烧等。这期间,家畜也在劫难逃,从 6 日晚到 7 日,约有 100 头牧牛患病,5 头死亡。这就是世界闻名的"伦敦烟雾事件"。

2. 一氧化氮和二氧化氮

1998 年的诺贝尔生理学或医学奖得主是三位医学教授,但他们获奖的主要研究成果却与化学有着极大的关系。他们发现,在人体的血管系统内,NO 具有传递信号的功能,即能计体内某部位的信号传送到另一个部位。也就是说,如果血管接受到扩张的信号后,血压就会降低。这项发现目前已应用于治疗心血管疾病药物的研发上。

一氧化氮(NO)不溶于水,在常温下很容易被空气中的氧气氧化,生成红棕色的、有刺激性气味的二氧化氮(NO_2)气体。NO 和 NO_2 都是大气污染的主要物质之一。

$$\underset{(无色)}{2NO} + O_2 = \underset{(红棕色)}{2NO_2}$$

生成的 NO_2 易与水结合，形成硝酸。

$$3NO_2 + H_2O \xlongequal{\quad} 2HNO_3 + NO$$

在雷雨天，大气中常有 NO 生成。据估算，每年因雷雨而渗入大地的氮肥约有 4 亿吨。

知识库

大气污染与环境保护

近年来，随着工业的发展，能源需求量的剧增，向大气中排放的各种污染物增加，使大气污染对人的危害也日益明显。同时，森林火灾、火山喷发、台风海啸等自然因素的作用，也使得大气的质量大大降低。因此，人类必须认识大气污染，以谋求对策，维护人类健康。

科学地说，大气污染指的是污染物数量超过其自净能力，引起大气质量的恶化，从而影响人体健康和生物生长的现象。现今，存在于大气中的污染物种类繁多，其类别大体见表 5－2。

表 5－2　大气污染物

污染物分类	污染物成分
颗粒物	炭粒、飞灰、$CaCO_3$、ZnO、PbO_2、Pb、Cd 等
硫化物	SO_2、SO_3、H_2S 等
氮化物	NO、NO_2、NH_3 等
氧化物	O_3、过氧化物、CO、CO_2 等
卤化物	Cl_2、HF、HCl 等
有机化合物	烃类、HCHO、有机酸、焦油、有机卤化物、酮类等

下面介绍几类主要污染物：

1. 总悬浮颗粒物

总悬浮颗粒物是指悬浮在大气中的液体或固体微粒的总称。其对生物的呼吸、空气的能见度以及气候因素等均造成不良影响，因此是大气中危害最明显的一类污染物。

大气中的悬浮物主要来自天然过程和人类活动，如火山喷发的烟气、各种来源的微生物、细菌、植物的花粉，以及固体物质的粉碎加工、火药爆炸、农药喷洒等。根据颗粒粒径的不同，直径大于 10 μm 的称为降尘，小于 10 μm 的称为飘尘。

对人体健康来说，降尘不易被人吸入，因而危害不大；飘尘能随呼吸进入人体，尤其是粒径为 0.5～5 μm 的飘尘，可以被吸入肺细胞而沉积，造成矽肺，危及生命；还可能进入血液送及全身，形成呼吸道疾病。有的还会吸附其他物质，引起二次污染。

2. 硫氧化物

硫氧化物（SO_x）主要指 SO_2 和 SO_3，其中 SO_2 是大气中分布很广、影响相当大的物质，因此常用它作为衡量大气污染的主要指标。

SO_2 主要来自含硫矿物燃料的燃烧，这些物质燃烧时主要生成 SO_2。SO_2 在太阳紫外线照射，并有 NO_x 存在时，可发生光化学反应，生成 SO_3 和硫酸雾。当空气中 SO_2 含量超过 0.2%（体积分数）时，会使嗓子变哑、喘息，甚至失去知觉。SO_2 不仅对生物产生危害，还会对名胜古迹、金属构件等造成严重的腐蚀及损害。

3. 氮氧化物

氮氧化物(NO_x)是指 NO,N_2O,NO_2,N_2O_3,N_2O_4 和 N_2O_5 等的总称,但造成大气污染的氮氧化物主要指的是 NO 和 NO_2。

大气中氮氧化物最重要的污染来源是燃料燃烧和某些工业的生产过程。NO 能与血红素结合形成亚硝基血红素;NO_2 吸收紫外线后分解为 NO 和氧原子。后者可继续发生一系列反应,导致生成光化学烟雾,如图 5-3 所示,使危害加深。

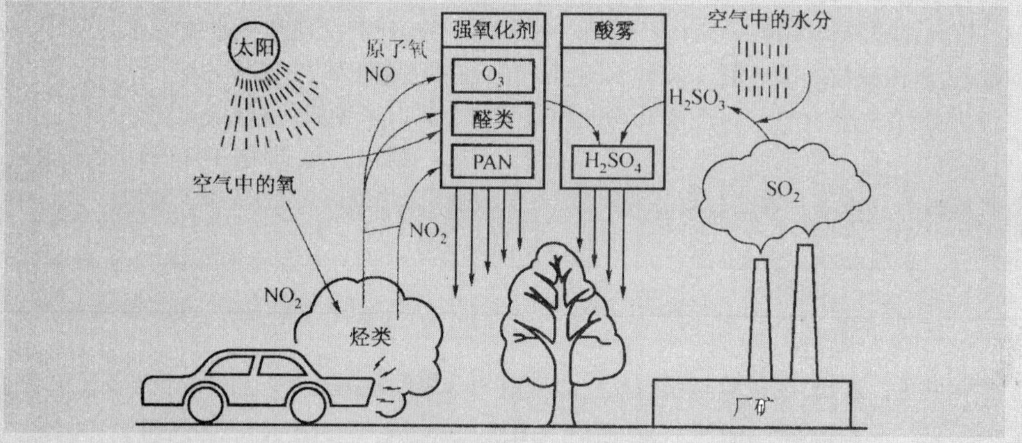

图 5-3 光化学烟雾的形成(PAN 为过氧乙酰硝酸酯)

大气中的 SO_x、NO_x 在一定条件下发生一系列的化学反应后,遇到水汽变成硫酸雾和硝酸雾,然后伴随雨雪降落到地面,形成酸雨。酸雨被称为“空中死神”,它是指 pH 值小于 5.6 的大气降水。酸雨的危害是多方面的,能直接破坏水生生态系统,使土壤、湖泊酸化,造成森林和水生生态系统衰退;对建筑材料和金属材料如工业设备、运输工具、电信电缆和名胜古迹等也有较强的腐蚀作用。酸雨对人类健康也构成严重威胁,研究表明,酸沉降是导致人类呼吸道疾病,包括肺癌发病率增高的主要因素。

大气污染的危害很广,主要有四个方面,即对人体健康的危害、对动植物的危害、对材料的危害和对大气的影响。为了保护自然生态和人类的健康,1987 年 9 月,我国颁布了《大气污染防治法》,并规定从 1988 年 6 月 1 日起开始执行,同时制定了《大气环境质量标准》。

目前,由于大气污染物多半是由燃料的燃烧引起的,因此,为了防止大气污染,既要改变燃料的结构与成分,又要改进燃烧的条件,以尽量减少污染物的排放。例如,近几十年来对煤和石油的脱硫处理,或 SO_2 的综合利用,煤的液化或气化,均是减少污染的好方法。植树造林,绿化环境,不仅可以调节大气中 CO_2 和 O_2 的正常含量,而且对 SO_2、光化学烟雾等也有不同的吸收能力,同时对调节气温、防止噪声都能发挥重要作用。

三、硫酸和硝酸

1. 硫酸(H_2SO_4)及其性质

纯硫酸是无色、无嗅、难挥发的油状液体。市售浓硫酸的质量分数为 98%,密度为 1.84 g/cm^3。硫酸是工业上重要的“三酸”之一。

在初中化学里,已经学过用金属与稀酸(稀硫酸或稀盐酸)反应制取氢气。那么,能不能用浓硫酸代替上述的稀硫酸呢?为什么?

(1)浓硫酸的脱水性　初中化学告诉我们，浓硫酸具有很强的腐蚀性，能从含碳、氢、氧元素的有机化合物中，把氢、氧两种元素按照组成水的比例夺取出来，使有机物炭化，这也是平时说的“脱水”。例如：

$$\underset{\text{蔗糖}}{C_{12}H_{22}O_{11}} \xlongequal{\text{浓硫酸}} 11H_2O + 12C$$

所以，浓硫酸能严重地破坏动物组织，有强烈的腐蚀性，使用时要注意安全。

(2)浓硫酸的吸水性　浓硫酸对水有强烈的亲和作用，能与水以任意比例混溶，并放出大量热。因此，实验室常用浓硫酸作干燥剂。在配制硫酸溶液时，切勿把水倒入浓硫酸中，应该边搅动，边将浓硫酸缓缓地倒入水中，以免因局部过热使硫酸溅出，造成灼伤。

(3)浓硫酸的氧化性　浓硫酸几乎能和所有的金属(金、铂除外)起氧化还原反应。

【实验5-3】　在试管中加入2 mL浓硫酸，放入一铜片后，立即用带导管的胶塞塞紧，加热。把放出的气体通入紫色石蕊溶液中，观察实验现象，并记入表5-3中。

表5-3　实验现象

现象	

从实验可以看出，浓硫酸与铜的反应除生成该金属的硫酸盐外，还生成了二氧化硫和水。

$$2H_2SO_4(\text{浓}) + Cu \xlongequal{\triangle} CuSO_4 + SO_2 + 2H_2O$$

反应中，铜从0价升高到+2价，硫从+6价降低到+4价，因此，浓硫酸是氧化剂，铜是还原剂。

此外，在加热条件下，浓硫酸还能与一些非金属起氧化还原反应。例如：

$$2H_2SO_4(\text{浓}) + C \xlongequal{\triangle} CO_2 + 2SO_2\uparrow + 2H_2O$$

值得注意的是，铝、铁、铬等金属在冷的浓硫酸中因被氧化在其表面生成了一层致密的氧化物膜，阻止金属继续与酸反应，这种现象叫做金属的钝化。工业上，利用这种钝化作用，把浓硫酸装在铁罐中储存和运输。

将铜片放入盛有少量浓硫酸的烧杯中，室温下观察不到明显的反应现象。对此，甲同学认为这是因为室温下铜与浓硫酸的反应速率很慢；乙同学认为这是钝化现象所致。你认为哪位同学的解释正确？请设计实验，证明自己的观点。

硫酸是最重要的化工产品之一，使用非常广泛。硫酸可用于生产化肥、农药、医药、染料、蓄电池(如图5-4所示)等，在冶金工业、机械制造业以及化纤、石油、制革工业上，都大量使用到硫酸。在实验室里，硫酸也是一种常用的试剂。

2. 硝酸(HNO_3)及其性质

纯硝酸是无色、易挥发、有刺激性气味的液体。一般市售浓硝酸质量分数约为69%，质量分数大于98%的浓硝酸极易挥发，与空气中的水蒸气形成酸雾，故称发烟硝酸。

(1)浓硝酸的不稳定性　在光或热的作用下，浓硝酸不稳定，易发生分解。

$$4HNO_3 \xlongequal[\text{或光照}]{\triangle} 2H_2O + 4NO_2\uparrow + O_2\uparrow$$

因此，通常将浓硝酸用棕色瓶盛放，保存在阴凉避光处。

(2)硝酸的氧化性　与浓硫酸一样，硝酸也具有氧化性，几乎能与所有金属(除金、铂等以

图5－4 蓄电池

外）和一些非金属发生氧化还原反应。

【实验5－4】 取2支试管，分别加入2 mL 0.5 mol/L稀硝酸和浓硝酸，再各放入一小片铜片，观察反应生成气体的颜色及溶液的颜色。

浓硝酸和稀硝酸都能与铜发生反应，前者反应激烈，有红棕色气体（NO_2）产生；后者反应缓慢，有无色气体（NO）产生，该气体在试管口又变成红棕色。反应方程式为

$$Cu + 4HNO_3(浓) = Cu(NO_3)_2 + 2NO_2\uparrow + 2H_2O$$

$$3Cu + 8HNO_3(稀) = 3Cu(NO_3)_2 + 2NO\uparrow + 4H_2O$$

（3）硝酸用途 冷的浓硝酸也能使铝、铁等金属发生“钝化”，因此可用铝槽车储运浓硝酸。

浓硝酸和浓盐酸的混合物（体积比为1∶3）称为“王水”。它的氧化能力更强，使一些不溶于硝酸的金属如金、铂等溶解。

此外，硝酸还使许多非金属如碳、硫、磷等氧化。例如：

$$4HNO_3(浓) + C(灼热) = CO_2\uparrow + 4NO_2\uparrow + 2H_2O$$

硝酸是重要的化工原料，也是工业上重要的“三酸”之一。硝酸有着广泛的用途，可以用来制造氮肥、农药、炸药、塑料和染料等。硝酸也是实验室里的一种常用试剂。

第三节 重要非金属离子的检验

一、氯离子的检验

盐酸和一切可溶性盐酸盐的溶液中，都含有氯离子（Cl^-）。Cl^-在水溶液中是无色的，那么，我们怎样才能知道某溶液中是否含有Cl^-？

讨论

通过下列实验，你能总结出检验Cl^-的方法吗？

【实验5－5】 在3支试管中分别加入2 mL稀盐酸、0.1 mol/L NaCl溶液和0.1 mol/L Na_2CO_3溶液，然后各加几滴0.1 mol/L $AgNO_3$试液，振荡，观察现象；再滴入几滴稀硝酸，观察现象，并记入表5－4中。

表 5－4　实验记录

	$AgNO_3$ 试液	滴入稀硝酸	化学方程式
稀盐酸			
NaCl 溶液			
Na_2CO_3 溶液			

由此可见，向溶液中加入 $AgNO_3$ 试液，如生成的白色沉淀不溶于稀硝酸，说明溶液中含有 Cl^-。

如果溶液中含有可溶性的溴离子（Br^-）和碘离子（I^-），也可用同样的方法进行检验，只是生成沉淀的颜色不同。例如：

$$NaBr + AgNO_3 = \underset{\text{（淡黄色）}}{AgBr\downarrow} + NaNO_3$$

$$NaI + AgNO_3 = \underset{\text{（黄色）}}{AgI\downarrow} + NaNO_3$$

二、硫酸根离子的检验

讨论

通过下列实验，你能总结出检验 SO_4^{2-} 的方法吗？

【实验 5－6】　在分别盛有 2 mL 0.1 mol/L H_2SO_4，0.1 mol/L Na_2SO_4 溶液和 0.1 mol/L Na_2CO_3溶液的 3 支试管中，各滴入 2 滴 0.1 mol/L $BaCl_2$ 试液，观察有无沉淀生成。再向各试管中滴入少量稀盐酸，振荡试管，观察沉淀溶解情况，并记入表 5－5 中。

表 5－5　实验记录

	滴入 $BaCl_2$ 试液	滴入稀盐酸	化学方程式
H_2SO_4 溶液			
Na_2SO_4 溶液			
Na_2CO_3 溶液			

由此可见，向溶液中加入 $BaCl_2$ 试液，如生成的白色沉淀不溶于稀盐酸或稀硝酸，说明溶液中含有 SO_4^{2-}。

知识库

用途广泛的无机非金属材料

1. 玻璃

玻璃在日常生活中无处不在，如玻璃器具、玻璃门窗、玻璃花瓶、眼镜片等都是玻璃制品，玻璃在人们生活中应用普遍。

一般住宅的窗玻璃都是普通玻璃，制造的主要原料是纯碱（Na_2CO_3）、石灰石（$CaCO_3$）和石英（SiO_2）。生产时，通常将原料粉碎并按适当比例混合后，放入玻璃熔炉中加热熔融，其中发生的主要反应是

$$Na_2CO_3 + SiO_2 \xlongequal{高温} Na_2SiO_3 + CO_2 \uparrow$$

$$CaCO_3 + SiO_2 \xlongequal{高温} CaSiO_3 + CO_2 \uparrow$$

由于原料中 SiO_2 的用量比较大，所以普通玻璃是 Na_2SiO_3，$CaSiO_3$，SiO_2 熔化在一起的物质，它的近似组成可表示为 $Na_2O \cdot CaO \cdot 6SiO_2$。玻璃是一种没有固定熔点的非晶体材料，受热后会逐渐软化，可以用吹制、拉制或辊压等多种方法加工成各种形状。常用的玻璃瓶和玻璃杯等都是由普通玻璃制造成的。

用不同原料，可制得各种性能不同、适于多种用途的玻璃，如用 K_2CO_3 代替 Na_2CO_3 可制得熔点较高的钾玻璃，可制作化学仪器；用 PbO 代替 $CaCO_3$，可制得高密度和高折射率的光学玻璃。玻璃熔制时，少量金属氧化物的加入，可使玻璃呈现各种颜色。例如，加入 CuO 可使玻璃呈绿色，加入 Cu_2O 成红色，加入 CoO 成蓝色，加入铁的化合物成黄色，加入亚铁的化合物成绿色等。普通玻璃常带绿色，就是因为玻璃熔制时原料中含有亚铁的杂质，可加入少量 MnO_2 使之变为无色玻璃。

钢化玻璃是把普通玻璃加热到接近软化温度一段时间后，急速冷却制得的，它的机械强度比普通玻璃大 4 ~ 6 倍，可用做汽车、火车、高层楼房的门窗玻璃等。此外，由普通玻璃制成的玻璃纤维、泡沫玻璃等可用做隔音、隔热和电气绝缘材料，制成的光导纤维除了用于电信传输外，还用于医疗、信息处理、传能传像、遥测遥控和照明等方面。

2. 陶瓷

陶瓷是我国古代劳动人民的伟大发明之一，是人类第一次学会用黏土等天然物质做原料，通过物理方法和化学反应制造出来的一种有用的人造材料。在我国，陶瓷制造业在唐代就很发达。江西景德镇和湖南醴陵的瓷器闻名于世界，著名的秦兵马俑就是陶制品。日常生活中的部分餐具、化学实验室中的蒸发皿、坩埚等也都是陶瓷的。

按原料和用途，陶瓷可分为普通陶瓷和特殊陶瓷两大类。普通陶瓷是由黏土、长石和石英等天然原料经塑型、烧制而成，主要用于日常生活中（如日用陶瓷、卫生陶瓷、建筑陶瓷）和工业上（如电瓷、耐酸陶瓷等）。特殊陶瓷是用人工化合物（如氧化物、氮化物、碳化物等）为原料烧制成的，因其独特的性能，可满足工程上的特殊需要，在化工、冶金、电子、机械和某些新技术项目上应用广泛。

几种特殊陶瓷的性能与用途，见表 5 –6。

表 5 –6　几种特殊陶瓷的性能与用途

分类	性能	用途
高温结构陶瓷	耐高温，耐氧化，耐磨蚀等	涡轮叶片、发动机部件、洲际导弹的端头、火箭发动机的燃烧室等
透明陶瓷	耐高温，绝缘性好，良好的光学性能	防弹玻璃、坦克的观察窗、高压钠灯的灯管等
压电陶瓷	实现机械能与电能的相互转化	通话器、声呐探伤器和点火器等
磁性瓷、生物陶瓷	磁学、机械和多孔性能	磁芯、磁头、磁铁、人造骨（关节）、瓷牙

此外，超导陶瓷已成了世界各国研制的热点之一。目前，我国在高温超导材料的研究领域处于世界先进水平。

3. 水泥

水泥是工程建设中最重要的建筑材料之一，素有“建筑工业的粮食”之称。生产过程中，以石灰石和黏土为主要原料，经研磨、混合后放入水泥回转窑中高温煅烧，然后加入适量石膏以调节水泥的硬化速度。这种水泥的主要成分是硅酸三钙($3CaO \cdot SiO_2$)、硅酸二钙($2CaO \cdot SiO_2$)和铝酸三钙($3CaO \cdot Al_2O_3$)等。

水泥和适量的水搅拌后，可制成任意形状的构筑物，它在空气和水中能逐渐硬化，并能把碎石、沙子等牢固地黏合在一起，形成具有高机械强度的石状材料，且具有耐酸性、快硬性等许多优异的技术性能，是建房屋、筑堤坝、造桥梁、修水库等不可缺少的材料，用途十分广泛。

硅酸盐水泥熟料的颜色，主要取决于水泥中 Fe_2O_3 的含量。当 Fe_2O_3 含量降低到 0.35% ~0.40%(质量分数)时，熟料接近白色。彩色硅酸盐水泥简称彩色水泥，分为两类：一类是白色硅酸盐水泥熟料、适量石膏和碱性颜料共同磨细制成。其中，颜料的化学组成既不受水泥影响，也不会对水泥的组成和性能起破坏作用，不同价态铁的氧化物可形成红、黄、褐、黑等颜色；另一类是在白色水泥的生料中加入少量着色剂(如 CoO 蓝色、MnO_2 紫色等)，直接烧成彩色水泥熟料，然后加入石膏磨细而成。水泥的品质主要取决于它的细度、凝结时间、标号与强度、水化热、MgO 的含量等。

4. 硅材料

硅材料是重要的半导体材料，它的产量和用量标志着一个国家的电子工业水平。

在研究和生产过程中，硅材料与硅器件是相互促进的。1950 年制造出的第一只硅晶体管，极大地提高了人们对制备优质单晶硅的兴趣。对硅中微量杂质处理进行一段时间的研究后，1956 年研究成功用氢还原三氯化硅法生产纯硅，该法成为一种主要的生产纯硅的方法。硅整流器与硅闸流管的问世促使硅材料的生产一跃而居半导体材料的首位。硅外延生长单晶技术和硅平面工艺的出现，不但使硅晶体管制造技术趋于成熟，而且促使集成电路迅速发展。

硅是人类将太阳能转化为电能的常用材料。利用高纯单质硅的半导体性能，可以制成光电池，将光能直接转化成电能。光电池在人造卫星、火星探测器、计算器、太阳能电动汽车等都有广泛的应用，是一种有着极为广阔的发展前景的新型能源。

知识拓展总结

主干知识梳理

一、碳的化学性质

碳在常温下性质比较稳定，很难被氧化，但在点燃或加热的条件下也能跟其他物质发生化学反应。

(1)还原性：$C + 2CuO \xlongequal{\triangle} 2Cu + CO_2\uparrow$

$C + 4HNO_3$(浓)$\xlongequal{\triangle} CO_2\uparrow + 4NO_2\uparrow + 2H_2O$

(2)可燃性：$C + O_2 \xlongequal{点燃} CO_2$

(3)氧化性：$C + 2H_2 \xlongequal{高温、高压} CH_4$　$C + Si \xlongequal{高温} SiC$(金刚砂)

二、CO 和 CO_2 的比较

CO 和 CO_2 的比较，见表 5－7。

表 5－7 CO 和 CO_2 的比较

氧化物	一氧化碳	二氧化碳
物理性质	无色无味气体，剧毒（与血红蛋白结合），难溶于水	无色、略带酸味的气体，无毒，能溶于水（1∶1），固体时俗称干冰
化学性质	①可燃性 ②还原性（与 Fe_3O_4，CuO，H_2O 的反应） ③不成盐氧化物	①不能燃烧，一般情况下不助燃 ②氧化性（与 C，Mg 的反应） ③酸性氧化物（与碱及碱性氧化物的反应） ④与盐[$Ca(ClO)_2$，Na_2SiO_3，$Na[Al(OH)_4]$，C_6H_5ONa 等]反应
实验室制法	$HCOOH \xrightarrow[\triangle]{浓H_2SO_4} CO\uparrow + H_2O$	$CaCO_3 + 2HCl = CaCl_2 + CO_2\uparrow + H_2O$
收集方法	排水法	向上排空气法
检验方法	点燃后在火焰上方罩一个干燥的烧杯，无水雾出现；罩沾有澄清石灰水的烧杯，出现浑浊	使澄清的石灰水变浑浊
工业制法	水煤气：$C + H_2O \xlongequal{高温} CO + H_2$	煅烧石灰石：$CaCO_3 \xlongequal{高温} CaO + CO_2\uparrow$
主要用途	燃料、还原剂、化工原料	灭火剂、制冷剂、人工降雨，制纯碱、尿素、汽水，光合作用

三、硅及其化合物

1. 硅

（1）晶体结构：与金刚石的晶体结构类似，是正四面体型空间网状结构的原子晶体。

（2）物理性质：硬度大、熔点高，具有金属光泽，是一种半导体，只能以化合态存在于自然界。

（3）化学性质：不活泼。注意下列化学反应的条件，前三者常温反应，后三者需加热。

$$\begin{cases} Si + 2F_2 = SiF_4 \\ Si + 4HF = SiF_4 + 2H_2\uparrow \\ Si + 2NaOH + H_2O = Na_2SiO_3 + 2H_2\uparrow \end{cases}$$

$$\begin{cases} Si + O_2 \xlongequal{\triangle} SiO_2 \\ Si + 2H_2 \xlongequal{\triangle} SiH_4 \\ Si + 2Cl_2 \xlongequal{\triangle} SiCl_4 \end{cases}$$

2. 二氧化硅

（1）晶体结构：空间网状结构的原子晶体。熔沸点很高，硬度很大。

（2）化学性质：（注意反应条件）

$SiO_2 + CaO \xlongequal{高温} CaSiO_3$

$SiO_2 + CaCO_3 \xlongequal{高温} CaSiO_3 + CO_2\uparrow$

$SiO_2 + 2NaOH = Na_2SiO_3 + H_2O$

$SiO_2 + 4HF = SiF_4\uparrow + 2H_2O$

$SiO_2 + 2C \xlongequal{高温} Si + 2CO\uparrow$

第三个化学反应说明盛装 NaOH 等碱性溶液不宜使用带玻璃塞的试剂瓶，第四个化学反应说明盛装氢氟酸不能用玻璃试剂瓶，而应用塑料瓶。

3. 硅酸

(1)制法：用可溶性硅酸盐与酸反应制取。

$$Na_2SiO_3 + 2HCl + H_2O = H_4SiO_4\downarrow + 2NaCl$$

$$Na_2SiO_3 + CO_2 + 2H_2O = H_4SiO_4\downarrow + Na_2CO_3$$

(思考：上述反应说明硅酸的酸性比碳酸的酸性弱，这是为什么？)

(2)化学性质

$$H_4SiO_4(\text{白色胶状}) \xrightarrow[\text{放置}]{\text{空气中}} H_2SiO_3 + H_2O$$

$$H_2SiO_3 \overset{\triangle}{=} SiO_2 + H_2O$$

四、碳的同素异形体比较

碳的同素异形体比较，见表 5-8。

表 5-8 碳的同素异形体比较

名称	金刚石	石墨	C_{60}
晶体结构	正四面体空间网状原子晶体	平面层状正六边形结构	笼状结构，形似足球，分子晶体
主要性质	熔、沸点较高，硬度大，难溶于溶剂，不导电	熔点很高，质软，有滑腻感，导电	可与金属掺杂形成超导体
主要用途	钻具、装饰品	润滑剂、电极、铅笔芯、耐火材料	高温润滑剂、防火材料

五、碳酸正盐和酸式盐的比较

碳酸正盐和酸式盐的比较，见表 5-9。

表 5-9 碳酸正盐和酸式盐的比较

	正盐	酸式盐
水溶性	除 K^+,Na^+,NH_4^+ 易溶于水外，其余都不溶于水	都溶于水
热稳定性	较稳定 ①K_2CO_3,Na_2CO_3 受热难分解 ②$(NH_4)_2CO_3$ 受热易分解	受热易分解 $2NaHCO_3 \overset{\triangle}{=} Na_2CO_3 + H_2O + CO_2\uparrow$ $Ca(HCO_3)_2 \overset{\triangle}{=} CaCO_3 + H_2O + CO_2\uparrow$ $NH_4HCO_3 \overset{\triangle}{=} NH_3\uparrow + H_2O + CO_2\uparrow$
水解	可溶性正盐水解： $CO_3^{2-} + H_2O \rightleftharpoons HCO_3^- + OH^-$	$HCO_3^- + H_2O \rightleftharpoons H_2CO_3 + OH^-$ (HCO_3^- 水解程度比 CO_3^{2-} 的小)
与酸反应	Na_2CO_3、$CaCO_3$ 与 HCl 反应： $CO_3^{2-} + 2H^+ = CO_2\uparrow + H_2O$ $CaCO_3 + 2H^+ = Ca^{2+} + CO_2\uparrow + H_2O$	$HCO_3^- + H^+ = CO_2\uparrow + H_2O$ (与同浓度的酸反应 $NaHCO_3$ 比 Na_2CO_3 快)
与碱反应	Na_2CO_3 与 $Ca(OH)_2$ 反应： $Na_2CO_3 + Ca(OH)_2 = CaCO_3\downarrow + 2NaOH$	$NaHCO_3$ 与少量石灰水反应： $2NaHCO_3 + Ca(OH)_2 = CaCO_3\downarrow + Na_2CO_3 + 2H_2O$
转化关系	$Na_2CO_3 \underset{\text{固体加热或加 NaOH}}{\overset{H_2O+CO_2}{\rightleftharpoons}} NaHCO_3$	

六、卤素单质及其化合物性质、结构、用途知识梳理

1. 氯气
- 结构：分子式为 Cl_2，电子式为 $:\underset{\cdot\cdot}{\overset{\cdot\cdot}{Cl}}:\underset{\cdot\cdot}{\overset{\cdot\cdot}{Cl}}:$，结构式为 Cl—Cl
- 物理性质：黄绿色、有刺激性气味、密度比空气大、有毒、溶于水
- 化学性质
  - 非金属
    - $Cl_2 + H_2 \xlongequal{光或热} 2HCl$
    - $2P + 3Cl_2 \xlongequal{点燃} 2PCl_3$（液体）
    - $2P + 5Cl_2 \xlongequal{点燃} 2PCl_5$（固体）
    - （PCl_3、PCl_5）白色烟雾
  - 金属
    - $Cu + Cl_2 \xlongequal{点燃} CuCl_2$
    - $2Fe + 3Cl_2 \xlongequal{点燃} 2FeCl_3$
  - H_2O
    - $Cl_2 + H_2O \rightleftharpoons HCl + HClO$　$2HClO \xlongequal{光} 2HCl + O_2\uparrow$
    - $Cl_2 + H_2O \rightleftharpoons H^+ + Cl^- + HClO$
  - 碱
    - $Cl_2 + 2NaOH = NaCl + NaClO + H_2O$
    - $2Cl_2 + Ca(OH)_2 = CaCl_2 + Ca(ClO)_2 + 2H_2O$
  - 还原性化合物
    - $Cl_2 + 2NaBr = 2NaCl + Br_2$
    - $Cl_2 + Na_2S = 2NaCl + S$　$Cl_2 + H_2S = 2HCl + S$
    - $Cl_2 + 2FeCl_2 = 2FeCl_3$　$Cl_2 + 2H_2O + SO_2 = 2HCl + H_2SO_4$
  - 有机物
    - $Cl_2 + CH_4 \xrightarrow{光} CH_3Cl + HCl$　Cl_2 + 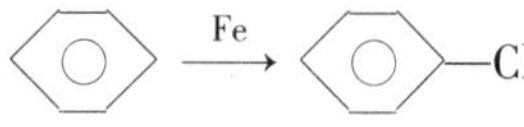 —Cl + HCl
    - $Cl_2 + CH_2=CH_2 \longrightarrow CH_2Cl—CH_2Cl$
- 制法
  - 实验室
    - 原理：强氧化剂 + 浓盐酸 $\longrightarrow Cl_2$
    - $MnO_2 + 4HCl(浓) \xlongequal{\triangle} MnCl_2 + Cl_2\uparrow + 2H_2O$
    - $KClO_3 + 6HCl(浓) = KCl + 3Cl_2\uparrow + 3H_2O$
    - $Ca(ClO)_2 + 4HCl(浓) = CaCl_2 + 2Cl_2\uparrow + 2H_2O$
    - $2KMnO_4 + 16HCl(浓) = 2MnCl_2 + 2KCl + 5Cl_2\uparrow + 8H_2O$
    - 也可用下列方法：
    - $MnO_2 + 2NaCl + 3H_2SO_4(浓) \xlongequal{\triangle} MnSO_4 + Cl_2\uparrow + 2NaHSO_4 + 2H_2O$
    - $KClO_3 + 5KCl + 3H_2SO_4 = 3K_2SO_4 + 3Cl_2\uparrow + 3H_2O$
    - 装置：固 + 液 $\xrightarrow{\triangle}$ 气体
    - 收集：向上排气法，排饱和食盐水
    - 干燥：浓 H_2SO_4、$CaCl_2$ 等
    - 检验：湿润的淀粉碘化钾试纸
    - 尾气处理：用 NaOH 溶液吸收
  - 工业
    - 电解饱和食盐水：$2NaCl + 2H_2O \xlongequal{电解} 2NaOH + Cl_2\uparrow + H_2\uparrow$
    - 电解 NaCl：$2NaCl \xlongequal{熔融} 2Na + Cl_2\uparrow$

- 2. 几种重要的含卤素的化合物的性质和用途
  - (1)氯化氢的性质
    - HCl
      - 物理性质:无色、有刺激性气味、密度比空气大、极易溶于水
      - 化学性质:具有还原性
    - 盐酸
      - H^+ 通性:与指示剂、较活泼金属、碱性氧化物、碱、盐反应
      - Cl^-
        - 还原性:$2Cl^- - 2e^- = Cl_2\uparrow$
        - 离子性:$Cl^- + Ag^+ = AgCl\downarrow$
  - (2)氧化物
    - 自然界中有多种金属氯化物:NaCl,KCl,$CuCl_2$ 等
    - ①卤化银
      - AgCl,AgBr,AgI 有感光性,即光照下分解生成黑色的银粒
      - 溴化银可用于照相的感光片,碘化银可用于人工降雨
    - ②KCl:重要的钾肥。自然界中含 KCl 矿石——光卤石($KCl\cdot MgCl_2\cdot 6H_2O$)
    - ③$MgCl_2$:通常含 6 分子结晶水($MgCl_2\cdot 6H_2O$)
    - ④$ZnCl_2$:极易吸湿而潮解,焊接金属时常用氯化锌来清除金属表面的氧化物
  - (3)漂白粉
    - 制备:$2Ca(OH)_2 + 2Cl_2 = Ca(ClO)_2 + CaCl_2 + 2H_2O$
    - 有效成分:$Ca(ClO)_2$
    - 主要成分:$Ca(ClO)_2$,$CaCl_2$
    - 漂白机理:$Ca(ClO)_2 + CO_2 + H_2O = CaCO_3\downarrow + 2HClO$
    - 用途:漂白、自来水消毒
    - 保存:密封(隔绝水和 CO_2)
    - HClO
      - 性质
        - 弱酸性:$HClO \rightleftharpoons H^+ + ClO^-$
        - 不稳定性:$2HClO \xlongequal{光照} 2HCl + O_2\uparrow$
        - 强氧化性(做漂白剂)
      - 生成:$Cl_2 \xrightarrow{水} HClO$　$Ca(ClO)_2 \xrightarrow{H^+} HClO$
      - 结构式:H—O—Cl　电子式:$H:\ddot{\underset{..}{O}}:\ddot{\underset{..}{Cl}}:$

3. 卤族元素 F Cl Br I

- 原子结构
  - 同：最外层均为 7 个电子
  - 异
    - 随原子序数的递增
    - 电子层数依次增多
    - 原子半径依次增大
    - （同周期中为最小）
- 元素性质
  - 同
    - 均是活泼非金属元素
    - 最低为 -1 价，最高为 +7 价（F 除外）
  - 异
    - 随原子序数递增
    - 得电子能力依次减弱
    - 非金属性依次减弱
- 单质性质
  - 同：均具有氧化性，易获得 1 个电子
  - 异
    - 颜色渐深，密度渐大
    - 熔沸点依次升高
    - 在水中的溶解度依次减小（反应越来越难）
    - 与 H_2 化合依次变难
    - 氧化性逐渐减弱
- 化合物性质
  - 随卤素原子序数递增
  - HX（X 代表卤素）：稳定性减弱，其水溶液酸性增强，HF 为弱酸
  - HXO_4：酸性依次减弱（$HClO_4$ 为最强含氧酸）
  - X^-：还原性依次增强
- 有关特征
  - F_2 遇水生成 HF，放出 O_2
  - 氯水有漂白性
  - 液溴具有挥发性，保存少量液溴用水封
  - 碘易升华，能使淀粉变蓝
  - $Fe \xrightarrow{I_2} FeI_2$
  - CaF_2 难溶，其余 CaX_2 可溶
  - AgF 可溶，其余 AgX 难溶。AgF 无色，AgCl 白色，AgBr 淡黄色，AgI 黄色
  - AgF 无感光性，其余 AgX 有感光性（仅 AgBr 可用于照相）
  - AgI 用于人工降雨。AgCl 溶于 $NH_3 \cdot H_2O$
  - HF 剧毒，可与玻璃反应，应保存在塑料瓶中
  - Cl_2，Br_2，I_2 易溶于有机溶剂
  - HCl，HF 用浓 H_2SO_4 加热制取（制 HF 用铅皿）
  - HBr，HI 只能用浓 H_3PO_4（或 1∶1 的 H_2SO_4）制取

七、基本概念

（1）溶液：一种或几种物质分散到另一种物质里，形成的均一的、稳定的混合物叫溶液。其中被溶解的物质叫溶质，在溶液中能溶解其他物质的物质叫溶剂。

溶液的性质：透明、均一、稳定，能透过滤纸。

（2）悬浊液：固体小颗粒悬浮于液体里形成的混合物。

性质：不透明、不均一、不稳定，不能透过滤纸。

（3）乳浊液：小液滴分散到液体里形成的混合物，其性质同悬浊液。

（4）分散质的微粒直径在 1 ~ 100 nm 之间的分散系叫做胶体。

（5）分散系：把一种（或多种）物质分散到另一种（或多种）物质中所得到的体系，叫做分

散系。如把 NaCl 溶于水形成的溶液、把酒精溶于水形成的溶液；把牛奶溶于水形成的乳浊液；把泥土放入水中形成的悬浊液；水蒸气扩散到空气中形成的雾。这些混合物均被称为分散系。

分散质：被分散的物质（可以是固体、液体、气体）。如上述分散系中的 NaCl、酒精、牛奶、泥土、水蒸气都是分散质。

分散剂：起容纳分散质作用的物质（可以是气体、液体、固体），如上述分散系中的水、空气都是分散剂。

八、关于溶解度的计算

（1）温度不变，蒸发溶剂或加入溶剂时，求析出或溶解溶质的质量 x：

$$\frac{x}{\text{溶剂变化的质量}}=\frac{\text{溶解度}}{100}$$

（2）若溶剂不变，改变温度，求析出或溶解溶质的质量 x：

$$\frac{100+\text{原温度时的溶解度}}{\text{原饱和溶液的质量}}=\frac{\text{两溶解度之差}}{x}$$

（3）溶剂和温度改变时，求析出或溶解溶质的质量 x：其方法是先求原饱和溶液中溶质和溶剂的质量，再求形成新饱和溶液中的溶剂、溶质质量，并与新饱和溶液的溶解度构成比例关系计算。

（4）加入或析出的溶质带有结晶水：既要考虑溶质质量的变化，又要考虑溶剂质量的变化，一般情况下，先求原饱和溶液的溶质与溶剂，再求构成的新饱和溶液中所含的溶质与溶剂。

九、胶体的性质、制备、提纯和凝聚方法

胶体的性质、制备、提纯和凝聚方法，见表 5－10。

表 5－10　胶体的性质、制备、提纯和凝聚方法

		内容	主要应用举例
性质	丁达尔效应	一束光通过胶体时产生一条“光路”	鉴别溶胶和溶液
	布朗运动	胶粒在胶体中不停地、无规则地运动	—
	电泳	胶粒在外加电场作用下做定向移动[胶粒带电：例如 $Fe(OH)_3$ 胶粒带正电，H_2SiO_3 胶粒带负电]	工厂除尘
	凝聚	凝聚方法：加热、加入电解质、加入带相反电荷的胶体	必要时需破坏胶体
制备	水解法	$Fe^{3+}+3H_2O \overset{\triangle}{=\!=\!=} Fe(OH)_3$（胶体）$+3H^+$	除这两种方法外，还有溶解法（如制淀粉胶体和蛋白质胶体）和机械法（如制碳素墨水）等
	复分解	$Ag^++I^- =\!=\!= AgI$（胶体） $SiO_3^{2-}+2H^++H_2O =\!=\!= H_4SiO_4$（胶体）	
凝聚方法	加热	加速胶粒运动，使之易于结成大颗粒	如制豆腐、工业制肥皂，解释某些自然现象，如江河入海口易形成沙洲
	加入电解质	中和胶粒所带电荷，使之聚结成大颗粒	
	加入带相反电荷的胶体	互相中和电性，减小同种电性的相互排斥而使之聚成大颗粒	
提纯	渗析	由于胶粒较大不能透过半透膜，而离子、小分子较小可透过半透膜，用此法可将胶体提纯	用于将胶体粒子和溶液离子分开

十、有关 N、P 单质及化合物的基础知识小结

- 氮气
  - 物理性质:无色无味、不溶于水、密度比空气小的气体
  - 化学性质
    - 不活泼,分子中三键键能大
    - 与氢气反应生成 NH_3(高温、高压、铁触媒)
    - 与氧气在放电条件下反应生成 NO(自然界闪电固氮)
    - 与活泼金属反应:$3Mg + N_2 \xlongequal{点燃} Mg_3N_2$
  - 用途:合成氨、做保护气

- 氮族元素
  - 元素周期表中位置(2~6 周期、ⅤA 族)
  - 原子结构
    - 表示方法
      - 原子结构示意图:P (+15) 2 8 5
      - 电子式:砷 $\cdot\ddot{As}\cdot$
    - 比较
      - 相同点:最外层电子数相同($5e^-$)
      - 不同点:电子层数不同,原子半径由上到下依次增大
  - 元素性质
    - 相似性
      - 最高正价为 +5 价,最低负价为 -3 价,均能形成氢化物(RH_3)
      - 最高价氧化物的水化物呈酸性(H_3RO_4 或 HRO_3)
      - 大部分为非金属元素
    - 递变性(按原子序数逐渐增大的顺序)
      - 原子半径由小到大
      - 非金属性由强到弱,金属性逐渐增强
  - 单质性质递变:递变完整,无明显共性 $\xrightarrow[非金属]{N,P}\xrightarrow[半导体]{As}\xrightarrow[金属]{Sb,Bi}$
  - 化合物性质递变
    - 氢化物:NH_3,PH_3,AsH_3,SbH_3,BiH_3 稳定性依次减弱,还原性依次增强
    - 含氧酸:HNO_3,H_3PO_4,H_3AsO_4 酸性逐渐减弱
  - 氮族元素的非金属性比同周期卤素、氧族元素弱

- 一氧化氮
  - 物理性质:无色、有毒、不溶于水的气体
  - 化学性质
    - $2NO + O_2 \xlongequal{} 2NO_2$
    - $NO + NO_2 + 2NaOH \xlongequal{} 2NaNO_2 + H_2O$(除硝酸厂尾气)
    - 不与碱作用生成盐,为不成盐氧化物
  - 制法
    - 实验室:Cu 和 HNO_3(稀)制 NO(只能用排水法收集)
    - 工业上:NH_3 和 O_2 制 NO(氨催化氧化法)

- 二氧化氮
  - 物理性质:红棕色、有毒、有刺激性气味的气体
  - 化学性质
    - 与水反应:$3NO_2 + H_2O \xlongequal{} 2HNO_3 + NO$
    - $2NO_2 \rightleftharpoons N_2O_4$(有 NO_2 就有 N_2O_4)
    - 氧化性:$NO_2 + SO_2 \xlongequal{} SO_3 + NO$
  - 制法
    - 实验室:Cu 和 HNO_3(浓)制 NO_2(只能用向上排空气法收集)
    - 工业上:$NH_3 \xrightarrow{O_2} NO \xrightarrow{O_2} NO_2$(制硝酸)

- 磷
  - 存在：自然界中无单质磷存在，磷主要以磷酸盐形式存在（磷矿石）
  - 同素异形体：红磷、白磷（P_4）
  - 化学性质
    - 可燃性：$4P+5O_2 \xlongequal{点燃} 2P_2O_5$（冒白烟，做烟幕弹）（白磷自燃，暗处发光）
    - 还原性
      - 与 Cl_2（烟雾）
        - $2P+3Cl_2 \xlongequal{点燃} 2PCl_3(l)$
        - $2P+5Cl_2 \xlongequal{点燃} 2PCl_5(s)$
      - 与浓 HNO_3：$P+5HNO_3(浓) \xlongequal{\triangle} H_3PO_4+5NO_2\uparrow+H_2O$
    - 弱氧化性：磷蒸气与 H_2 生成 PH_3（相当困难）
  - 用途：制高纯磷酸（白磷）、农药（红磷）、火柴盒（红磷，侧面）、燃烧弹和烟幕弹

- 磷的化合物
  - P_2O_5
    - 极易溶于水的白色粉末，是较好的干燥剂（吸湿性很强）
    - 与水作用
      - $P_2O_5+H_2O(冷) = 2HPO_3$（偏）——剧毒
      - $P_2O_5+3H_2O(热) = 2H_3PO_4$（正）
  - H_3PO_4
    - 物理性质：无色晶体，无毒，与水以任意比例互溶，有吸水性，可做干燥剂，属弱氧化性酸，沸点高（难挥发）
    - 化学性质：三元中强酸，不易分解，具有酸的通性，与 NaI、NaBr 作用
    - 用途：制 HI、HBr
    - 工业制法：$Ca_3(PO_4)_2+3H_2SO_4 \xlongequal{\triangle} 2H_3PO_4+3CaSO_4$
  - 磷酸盐
    - 磷矿石：主要成分是 $Ca_3(PO_4)_2$，不溶于水，可制作磷肥
    - 重过磷酸钙：主要成分是 $Ca(H_2PO_4)_2$，易溶于水，做磷肥
    - 过磷酸钙是 $Ca(H_2PO_4)_2$ 和 $CaSO_4$ 的混合物
    - $CaHPO_4$ 不溶于水，K^+，Na^+，NH_4^+ 的磷酸一氢盐易溶于水

- 氨
  - 分子结构：氨分子为三角锥型的极性分子
  - 物理性质：无色、具有刺激性气味的气体，极易溶于水，易液化
  - 化学性质
    - 易溶于水→氨水
      - ①弱电解质：$NH_3+H_2O \rightleftharpoons NH_3\cdot H_2O \rightleftharpoons NH_4^++OH^-$
      - ②可溶性一元弱碱（具有碱的通性）
      - ③易挥发，不稳定，易分解
    - 与 H^+ 反应→铵盐
      - ①离子化合物，易溶于水
      - ②受热易分解
      - ③与碱共热产生氨气（NH_4^+ 的检验方法）
    - 氧化反应：$4NH_3+5O_2 \xlongequal[\triangle]{催化剂} 4NO+6H_2O$
  - 主要制法
    - 实验室制法：$2NH_4Cl+Ca(OH)_2 \xlongequal{\triangle} 2NH_3\uparrow+2H_2O+CaCl_2$
    - 工业制法：$N_2+3H_2 \underset{催化剂}{\overset{高温、高压}{\rightleftharpoons}} 2NH_3$
  - 用途
    - 工业原料：生产氮肥、硝酸、铵盐等
    - 有机合成，做制冷剂

十一、铵盐的性质及 NH_3 的制法

1. 铵盐

(1)形成与结构：铵根离子（NH_4^+）是氨分子与酸电离出的 H^+ 通过配位键而形成的，其电子式可表示为：

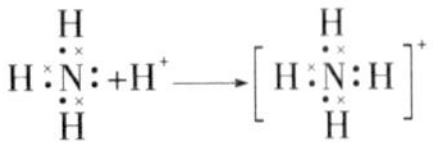

在铵根离子中，4 个 N—H 键的键长、键角都相等。

(2)铵盐的性质：

①易溶于水的无色离子晶体。

②与碱反应：$NH_4^+ + OH^- \xlongequal{\triangle} NH_3\uparrow + H_2O$

$NH_4^+ \underset{H^+}{\overset{OH^-}{\rightleftharpoons}} NH_3$，相互之间可以转化。

铵盐做氮肥时，不能与碱性物质混用，否则会因 NH_3 逸出而使肥料失效。

③受热发生分解反应：

$(NH_4)_2CO_3 \xlongequal{微热} 2NH_3\uparrow + CO_2\uparrow + H_2O$

$(NH_4)_2SO_4 \xlongequal{强热} NH_3\uparrow + NH_4HSO_4$（磷酸铵与此类似）

$NH_4Cl \xlongequal{\triangle} NH_3\uparrow + HCl\uparrow$

$NH_4NO_3 \xlongequal{\triangle或敲击} N_2O\uparrow + 2H_2O$（发生复杂的反应）

2. NH_3 的制法

（1）实验室制法：实验室用铵盐[NH_4Cl、$(NH_4)_2SO_4$]与消石灰混合加热来制取氨气。

$2NH_4Cl + Ca(OH)_2 \xlongequal{\triangle} CaCl_2 + 2NH_3\uparrow + 2H_2O$（硫酸铵与此类似）

①装置：固＋固加热反应装置，发生装置与制取氧气的发生装置相似。

②收集：由于氨气极易溶于水，密度比空气的小，所以只能用向下排空气法收集。

③检验：a. 用湿润的红色石蕊试纸检验（变蓝）；

b. 将蘸有浓盐酸的玻璃棒接近瓶口（冒白烟）。

（2）工业制法：

$N_2 + 3H_2 \underset{催化剂}{\overset{高温、高压}{\rightleftharpoons}} 2NH_3$

十二、列表比较液氨与氨水、氨与铵根离子

（1）液氨与氨水：见表 5－11。

表 5－11 液氨与氨水的比较

名称	液氨	氨水
物质成分	纯净物（非电解质）	混合物（$NH_3\cdot H_2O$ 为弱电解质）
微粒种类	NH_3 分子	NH_3、$NH_3\cdot H_2O$、H_2O、NH_4^+、OH^-、H^+
主要性质	不具有碱性	具有碱的通性
存在条件	常温常压下不能存在	常温常压下可存在

（2）氨（NH_3）与铵根离子（NH_4^+）见表 5－12。

表 5－12 氨（NH_3）与铵根离子（NH_4^+）的比较

名称	氨	铵根离子
微粒结构	三角锥型	正四面体型
存在	单独存在	只存在于氨水或铵盐中
电性	呈电中性	带一个单位正电荷
性质	可与水、酸、盐等反应	可与碱反应

十三、白磷和红磷性质比较

白磷和红磷性质比较，见表5－13。

表5－13　白磷和红磷性质比较

名称	白磷	红磷
分子结构	分子式为 P_4，正四面体型，键角为60°，分子晶体	分子晶体，结构复杂
颜色、状态	白色蜡状固体	红色粉末状固体
溶解性	不溶于水，易溶于 CS_2	不溶于水，也不溶于 CS_2
毒性	剧毒	无毒
着火点	40 ℃，自燃	240 ℃
保存方法	保存在水中	密封保存
用途	制磷酸、燃烧弹、烟幕弹等	制农药、安全火柴等
相互转化	白磷 $\underset{\text{隔绝空气加热到416 ℃升华后、冷却}}{\overset{\text{隔绝空气加热至260 ℃}}{\rightleftharpoons}}$ 红磷	
主要化学性质	$4P+5O_2 \xlongequal{点燃} 2P_2O_5$ $2P+3Cl_2 \xlongequal{点燃} 2PCl_3$ $2P+5Cl_2 \xlongequal{点燃} 2PCl_5$	

十四、三大主要环境污染

三大主要环境污染，见表5－14。

表5－14　三大主要环境污染

	大气污染	水污染	土壤污染
概念	当大气中某些有毒、有害物质的含量超过正常值或大气的自净能力时就发生了大气污染	人类活动排放的污染物，使水和水体的物理、化学性质发生变化或使生态环境发生变化，从而降低了水体使用价值的现象	人类活动产生的废弃物进入土壤的数量超过了土壤的自净能力，引起土壤质量下降的现象叫土壤污染
污染物	硫的氧化物、氮的氧化物、一氧化碳、碳氢化合物、含卤化合物、放射性物质、可吸入颗粒物	重金属、酸、碱、盐、耗氧物质、石油、难降解的有机物、洗涤剂等	城市污水和工业废水、固体废弃物、化肥、农药、大气沉降物、牲畜排泄物、生物残体
危害	危害人体健康：引起呼吸系统疾病；影响中枢神经系统的活动和酶的活性；通过食物链在体内积蓄，影响神经系统、内脏功能、生殖、遗传等；影响动植物生长和繁衍；改变世界气候：氧气锐减、气候变暖、形成酸雨、破坏臭氧层	因污染物不同，引起许多疾病，急、慢性中毒；水生动植物生长和繁衍受到严重影响；放射性物质诱发癌症，引起遗传性伤害	引发以土壤为媒介的各种传染病和寄生虫病，如肠道病、伤寒、痢疾、病毒性肝炎；引起人体中毒等
防治	调整能源结构，合理规划工业发展和城市建设布局，研究和运用各种防治技术，加强监测，利用环境自净能力	控制污水排放；净化工业废水；利用水体自净能力	控制和减少污染物的排放；对固体废弃物综合利用

十五、H_2SO_4 工业制法

1. 接触法制硫酸

接触法制硫酸可以用硫黄、黄铁矿、石膏、有色金属冶炼厂的烟气等做原料。世界各国主要用硫黄做原料制硫酸，是因为用硫黄做原料成本低，对环境的污染少。我国主要以黄铁矿做原料。

2. 工业制造硫酸的生产过程

工业制造硫酸的生产过程，见表 5 - 15。

表 5 - 15　工业制造硫酸的生产过程

三个阶段	反应方程式	设备
煅烧黄铁矿	$4FeS_2 + 11O_2 \xlongequal{煅烧} 2Fe_2O_3 + 8SO_2$	沸腾炉
SO_2 被氧化成 SO_3	$2SO_2 + O_2 \underset{\triangle}{\overset{催化剂}{\rightleftharpoons}} 2SO_3$	接触室
SO_3 的吸收	$SO_3 + H_2O = H_2SO_4$	吸收塔

3. 炉气净化

(1)炉气中的杂质：矿尘，砷、硒化合物，水蒸气等。

(2)炉气净化的三个步骤：除尘、洗气、干燥。

(3)净化目的：避免催化剂中毒、避免水蒸气对设备和生产的不利影响。

4. 环境保护与综合利用原料

(1)化工生产中的三废是指废气、废液、废渣。

(2)硫酸生产中产生的三废的处理方法一般为：

①尾气吸收：对于尾气中含有的少量 SO_2，可用氨水吸收，使其生成 $(NH_4)_2SO_3$，然后再用硫酸处理，使其生成 SO_2 和 $(NH_4)_2SO_4$，反应方程式如下：

$SO_2 + 2NH_3 + H_2O = (NH_4)_2SO_3$

$(NH_4)_2SO_3 + H_2SO_4 = (NH_4)_2SO_4 + SO_2\uparrow + H_2O$

SO_2 可循环利用。

②污水的处理：生产过程中的污水，含有硫酸等杂质，可用石灰乳中和处理，反应方程式为

$Ca(OH)_2 + H_2SO_4 = CaSO_4 + 2H_2O$

③废渣的利用：黄铁矿矿渣一般可作为制造水泥的原料或用于制砖。含铁量高的矿渣，经处理后可以炼铁。

5. 能量的充分利用

在沸腾炉旁设置"废热"锅炉，利用产生的蒸汽来发电；在接触室中设热交换装置，利用 SO_2 被氧化成 SO_3 时放出的热来预热即将参加反应的 SO_2 和 O_2，使其达到适宜于反应的温度。

十六、硝酸性质、制法小结

1. 硝酸的氧化性

(1)浓硝酸和浓盐酸体积之比为 1∶3 时形成的混合物称为王水，其氧化性很强，能氧化一些不溶于硝酸的金属，如 Pt，Au 等。

(2)在中性溶液中 NO_3^- 几乎能与所有离子大量共存，但注意，当溶液的酸性较强时可形

成硝酸溶液,具有还原性的某些离子则不能与其大量共存,如 NO_3^-,H^+,Fe^{2+} 中任意两者都能大量共存,但三者却不能大量共存。

NO_3^- 在中性或碱性溶液中不表现氧化性,而在酸性溶液中表现强氧化性。

2. 硝酸的保存方法

硝酸不稳定,受热、光照易分解,浓度越大,硝酸越易分解。由于分解生成的 NO_2 溶于硝酸中而使硝酸呈黄色。实验室里为防止硝酸分解,常将硝酸盛放在棕色瓶内,贮放在黑暗且温度低的地方。

3. 硝酸工业制法中应注意的若干问题

(1)氨氧化生成的 NO 冷却后再氧化。

(2)为使 NO_2 尽可能被水吸收生成硝酸,常在吸收过程中补充些空气,使 NO_2 被充分利用,所以原料氨气与产物硝酸的计算关系式应为 $NH_3 \sim HNO_3$,即 1 mol NH_3 从理论上讲可生成 1 mol HNO_3。

(3)从吸收塔出来的硝酸(质量分数一般为 50%),可用硝酸镁或浓硫酸做吸水剂,将稀硝酸蒸馏即可得 96% 以上的 HNO_3。

十七、浓硫酸与稀硫酸的比较

浓硫酸与稀硫酸的比较,见表 5-16。

表 5-16 浓硫酸与稀硫酸的比较

名称	质量分数、浓度	成分	性质
浓硫酸	98.3% 18.4 $mol \cdot L^{-1}$	主要以 H_2SO_4 分子存在	吸水性、脱水性、强氧化性
稀硫酸	较小	H^+、SO_4^{2-}	酸的通性

十八、常见重要硫酸盐

常见重要硫酸盐,见表 5-17。

表 5-17 常见重要硫酸盐

晶体组成	俗名	颜色	主要性质	用途
$2CaSO_4 \cdot H_2O$	熟石膏	白色	$2CaSO_4 \cdot H_2O + 3H_2O = 2(CaSO_4 \cdot 2H_2O)$	制塑像、粉笔、医疗绷带等
$CaSO_4 \cdot 2H_2O$	石膏	白色	$2(CaSO_4 \cdot 2H_2O) \xlongequal{\triangle} 3H_2O + 2CaSO_4 \cdot H_2O$	
$ZnSO_4 \cdot 7H_2O$	皓矾	白色	$ZnSO_4 + BaS = BaSO_4\downarrow$(白)$+ ZnS\downarrow$(白)	医疗上用做收敛剂,白色颜料(锌钡白)等
$FeSO_4 \cdot 7H_2O$	绿矾	浅绿色	暴露在空气中被氧化为 +3 价铁盐	制补铁剂、配制蓝黑墨水等
$CuSO_4 \cdot 5H_2O$	胆矾、蓝矾	蓝色	$CuSO_4 \cdot 5H_2O \xlongequal{\triangle} 5H_2O + CuSO_4$(白)	配波尔多液、镀铜电镀液
$BaSO_4$	重晶石	白色	不溶于水和酸,不易被 X 射线透过	白色颜料、医疗上做"钡餐"
$Na_2SO_4 \cdot 10H_2O$	芒硝	无色	—	制玻璃、造纸、染色、做缓泻剂

十九、“绿色化学”及其研究重点

“绿色化学”是指以绿色意识为指导，研究和设计没有（或尽可能少的）环境副作用，在技术上和经济上可行的化学品与化学过程。其目标就是研究与寻找能充分利用无毒害原材料，最大限度地节约能源，在各个环节都实现净化和无污染的反应途径的工艺，是始端实现污染预防而非终端治理的科学手段。由于它在通过化学转化获取新物质的过程中，就已充分利用了每种原料的全部原子，因而生成过程和末端均为零排放或零污染，是提高经济效益和环境效益的根本措施。

“绿色化学”的研究重点有四个：一是淘汰有毒的反应起始物（原材料）；二是选择最佳的反应（生产）条件，以实现最大限度地节能和零排放；三是研究最佳的转换反应和良性的试剂（含催化剂）；四是设计对人类健康和环境安全的目标化合物（最终产品）。

二十、全球环境的三大热点问题

全球环境的三大热点问题，见表 5 - 18。

表 5 - 18 全球环境的三大热点问题

	酸雨	臭氧层空洞	温室效应
危害	破坏作物、森林、草原；使湖泊酸化、鱼类死亡；加速建筑物的腐蚀	使皮肤发生癌变	两极冰川融化，海平面升高，陆地面积减少。地表气温升高，气候干旱，土地沙漠化，农业减产
成因	含硫燃料的大量燃烧产生 SO_2 $SO_2 \xrightarrow{H_2O} H_2SO_3$ $SO_2 \longrightarrow H_2SO_4$ $SO_2 \xrightarrow{O_2} SO_3 \xrightarrow{H_2O} H_2SO_4$	汽车尾气、氟氯烃气体的大量排放 $CCl_2F_2 \xrightarrow{光} Cl$ $O_3 \xrightarrow{Cl} O_2$	大量 CO_2 气体的排放，导致大气中 CO_2 浓度不断上升，CO_2 能阻碍由地面反射回高空的红外辐射，使地表气温升高
防治	减少 SO_2 的排放，燃料脱硫	停止氟氯烃的生产和使用	减少矿物燃料的使用；开发利用新能源；大力植树造林

经典规律总结

一、如何解答框图推断题

（1）一般按照“审读框图（包括题干条件，甚至题目的问题）—寻找突破口（找准解题的“题眼”）—分析反应（从“题眼”入手，分析前后反应关系）—大胆假设—代入验证”的解题思路来解答。

（2）突破口（“题眼”）的选择通常从特征现象、特征性质入手分析，若“题眼”不太明显时，可先确定其范围，再从题目中出现次数较多、已知条件比较集中的物质入手，综合分析，大胆假设，最后验证，得出答案。

例题1 A，B，C，D，E 代表单质或化合物，它们之间的相互转化关系如图 5 - 5 所示。A 为地壳中含量仅次于氧的非金属元素的单质，其晶体结构与金刚石相似。

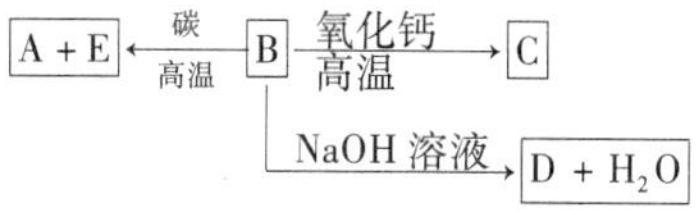

图 5 - 5 转化关系

请填空：

(1)形成单质A的原子的结构示意图为________，它的最高化合价为________。

(2)B的化学式为________，B的晶体类型为________，B和碳反应生成A和E的化学方程式是________。

(3)C的化学式为________，D的化学式为________。

解析 本框图推断题考查Si及其化合物的有关知识及其重要的用途，侧重考查审题能力、分析推理能力和综合运用知识解决问题的能力。

A为地壳中含量仅次于氧的非金属元素的单质，其晶体结构与金刚石相似⇒A为Si。由B可与CaO在高温下反应，又可与NaOH反应，又可与C反应生成Si⇒B为SiO_2。

答案 (1)

+4 (2)SiO_2 原子晶体 $SiO_2+2C\xlongequal{高温}Si+2CO\uparrow$

(3)$CaSiO_3$ Na_2SiO_3

例题2 如图5-6所示，已知：①单质E可作为半导体材料；②化合物F是不能生成盐的氧化物；③化合物I能溶于水，呈酸性，它能够跟氧化物A起反应。

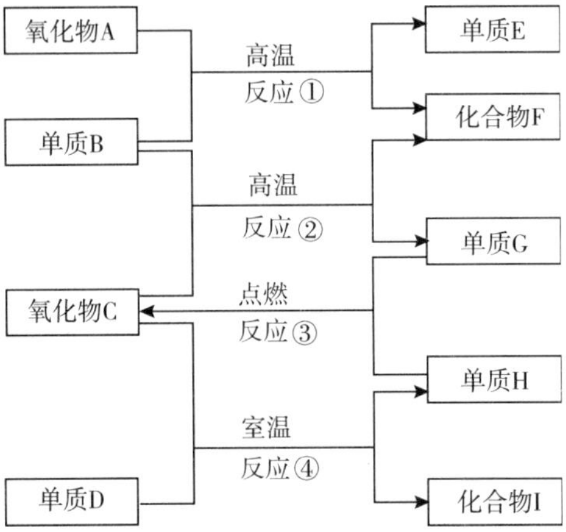

图5-6 例题图

据此，请填空：(1)化合物F是________。(2)化合物I是________。(3)反应③的化学方程式是________________。(4)反应④的化学方程式是________。

解析 本题考查元素及其化合物的性质，属常规"方框图"题型。在全面系统地掌握元素及其化合物性质的基础上，要善于抓住某些元素的特殊性质作为"切入点"，找到解题的突破口。比如，本题一开始就指出单质E是半导体材料和化合物F是不成盐的氧化物，因而它们的首选答案可考虑分别为Si和CO。反应①的化学方程式应为$SiO_2+2C\xlongequal{高温}Si+2CO\uparrow$，氧化物A是$SiO_2$，它除了跟氢氟酸反应以外不跟任何酸起反应，由此判断化合物I应为HF。需作进一步检验，此时要对所有参与反应的物质加以考虑。现试写出其余三个反应的化学方程式如下：反应②为$C+H_2O\xlongequal{高温}CO+H_2$，反应③为$H_2+\frac{1}{2}O_2\xlongequal{点燃}H_2O$，反应④为$2F_2+2H_2O\xlongequal{}4HF+O_2$。经逐个物质核对，均符合题意。

答案 (1)CO(或一氧化碳) (2)HF(或氟化氢) (3)$H_2+\frac{1}{2}O_2\xlongequal{点燃}H_2O$ (4)$2F_2+2H_2O$

$=4HF + O_2$

二、卤素单质在物理性质上的主要差异及递变规律

颜色 $\xrightarrow[\text{颜色加深}]{\substack{F_2 \quad Cl_2 \quad Br_2 \quad I_2 \\ \text{淡黄绿色 黄绿色 深红棕色 紫黑色}}}$

水中溶解度 $\xrightarrow[\text{溶解度减小}]{\text{反应 溶解 溶解 微溶}}$

熔、沸点 $\xrightarrow[\text{升高}]{}$

Cl_2，Br_2，I_2 易溶于有机溶剂苯、CCl_4、汽油等，在有机溶剂中分别呈黄色、棕红色、紫色。苯、汽油不溶于水且密度小于水，CCl_4 不溶于水且密度比水大。

三、卤族元素结构及其性质的相似性

1.原子最外层电子数均为7；2.最高正价为+7价（F除外），负价为−1价；3.均能形成气态氢化物；4.最高价氧化物对应水化物（HRO_4，R代表卤素）为酸（F除外）；5.均呈现非金属性，都具有一定的氧化性。

四、卤族元素及其化合物性质的递变性

原因：原子半径随着核电荷数增加而增大，氧化性随核电荷数增加而减弱。

单质氧化性 $\xrightarrow[\text{减弱}]{\text{氟 氯 溴 碘}}$

卤离子还原性（X^-，X代表卤素）$\xrightarrow[\text{增强}]{}$

气态氢化物稳定性（HX）$\xrightarrow[\text{减弱}]{}$

气态氢化物还原性（HX）$\xrightarrow[\text{增强}]{}$

HX的酸性 $\xrightarrow[\text{增强}]{}$

最高价氧化物对应水化物酸性（HXO_4）$\xrightarrow[\text{减弱}]{}$

五、氟、氯、溴、碘的特性

（1）HF为弱酸；F^-不能被氧化剂氧化，而其他卤素离子均能被氧化剂氧化；只有HF能腐蚀玻璃；氟无正价；F无含氧酸而其他卤素有；氟气与水反应剧烈，无氟水而其他卤素有。

（2）溴是唯一在常温下为液体的非金属单质，有毒、易挥发，在水中溶解度不大，保存时用水封，不用橡胶塞（腐蚀橡胶）。

（3）碘单质易升华，这在非金属单质中很少见；碘单质是唯一能使淀粉变蓝的物质；碘单质是唯一不能把铁氧化为+3价的卤素单质。

（4）卤素离子（X^-）的特性及检验，见表5−19。

表 5－19　卤素离子(X^-)的特性及检验

离子	检验试剂	主要实验现象	有关反应方程式
F^-	加入 H_2SO_4、玻璃片	产生的气体能腐蚀玻璃片	$F^- + H^+ \xlongequal{} HF\uparrow$ $SiO_2 + 4HF \xlongequal{} SiF_4\uparrow + 2H_2O$
Cl^-	$AgNO_3$ 溶液、稀硝酸	生成白色沉淀,此沉淀不溶于稀硝酸	$Ag^+ + Cl^- \xlongequal{} AgCl\downarrow$
Br^-	①$AgNO_3$ 溶液、稀硝酸 ②加氯水和 CCl_4	①生成淡黄色沉淀,此沉淀不溶于稀硝酸 ②CCl_4 层呈橙红色	①$Ag^+ + Br^- \xlongequal{} AgBr\downarrow$ ②$Cl_2 + 2Br^- \xlongequal{} 2Cl^- + Br_2$
I^-	①$AgNO_3$ 溶液、稀 HNO_3 ②滴入淀粉溶液后滴入氯水	①生成黄色沉淀,此沉淀不溶于稀硝酸 ②淀粉溶液变蓝	①$Ag^+ + I^- \xlongequal{} AgI\downarrow$ ②$2I^- + Cl_2 \xlongequal{} 2Cl^- + I_2$

六、氯水的组成及性质

氯气与水的反应实际上是可逆反应,因此氯水的成分较复杂。在考虑有关氯水参与的化学反应时要注意两点:

(1)氯水成分的复杂性造成氯水性质的多样性,要能正确判断所加物质与氯水中哪些成分发生了反应,见表 5－20。

表 5－20　氯水的成分和性质

<table>
<tr><th>成分</th><th>表现的性质</th><th colspan="2">反应实例</th></tr>
<tr><td>Cl_2</td><td>(1)强氧化性
(2)氯水呈黄绿色
(3)加成反应</td><td colspan="2">$Cl_2 + Mg \xlongequal{} MgCl_2$　$Cl_2 + 2KI \xlongequal{} 2KCl + I_2$
$Cl_2 + H_2SO_3 + H_2O \xlongequal{} H_2SO_4 + 2HCl$
$Cl_2 + CH_2{=}CH_2 \longrightarrow CH_2Cl{-}CH_2Cl$</td></tr>
<tr><td>H^+</td><td>强酸性</td><td>$2H^+ + CaCO_3 \xlongequal{} Ca^{2+} + CO_2\uparrow + H_2O$</td><td rowspan="2">滴入紫色石蕊试液先变红,后褪色</td></tr>
<tr><td>HClO</td><td>(1)弱酸性
(2)强氧化性</td><td>(1)$HClO + OH^- \xlongequal{} ClO^- + H_2O$
(2)漂白、杀菌、消毒</td></tr>
<tr><td>Cl^-</td><td>沉淀反应</td><td colspan="2">$Cl_2 + H_2O + AgNO_3 \xlongequal{} AgCl\downarrow + HNO_3 + HClO$</td></tr>
</table>

(2)$Cl_2 + H_2O \rightleftharpoons H^+ + Cl^- + HClO$ 平衡移动的应用,见表 5－21。

表 5－21　氯气与水反应平衡移动的应用

向氯水中加入的物质	浓度变化	平衡移动的方向	应用
可溶性氯化物	$c(Cl^-)$增大	左移	(1)用饱和食盐水除 Cl_2 中的 HCl (2)用排饱和食盐水法收集 Cl_2
盐酸	$c(H^+)$和 $c(Cl^-)$增大	左移	次氯酸与浓盐酸反应制 Cl_2
NaOH	$c(H^+)$减小	右移	用 NaOH 溶液吸收多余 Cl_2
$Ca(OH)_2$	$c(H^+)$减小	右移	制漂白粉
$CaCO_3$	$c(H^+)$减小	右移	制高浓度 HClO 溶液
光照	$c(HClO)$减小	右移	氯水需避光保存或现用现配

七、H_2O_2 性质心得

过氧化氢的化学式为 H_2O_2，其中氧元素为 -1 价，H_2O_2 即有氧化性又有还原性，并且以氧化性为主。H_2O_2 溶液俗称双氧水，呈弱酸性。

(1)当 H_2O_2 遇到还原剂时，表现出氧化性。如 $SO_2 + H_2O_2 = H_2SO_4$，$2Fe^{2+} + H_2O_2 + 2H^+ = 2Fe^{3+} + 2H_2O$。

H_2O_2 做氧化剂时，其还原产物为 H_2O，不会引入新的杂质。

(2)当 H_2O_2 遇到较强的氧化剂时，表现出还原性。如 $2MnO_4^- + 5H_2O_2 + 6H^+ = 2Mn^{2+} + 5O_2\uparrow + 8H_2O$。$H_2O_2$ 做还原剂时，其氧化产物为 O_2。

(3)H_2O_2 的不稳定性：$2H_2O_2 \xlongequal{MnO_2} 2H_2O + O_2\uparrow$。

(4)H_2O_2 的用途：氧化剂、漂白剂、消毒剂、火箭燃料等。

八、SO_2、SO_3^{2-} 性质心得

(1)SO_2 的漂白是跟有机色素化合生成不稳定的无色物质，是暂时性的漂白；而 Cl_2，Na_2O_2，H_2O_2，漂白粉，O_3 的漂白是因为其强氧化性而漂白，是永久性的漂白；活性炭是因为具有吸附性而能漂白。

SO_2 使溴水、高锰酸钾等褪色是因为 SO_2 的还原性；SO_2 不能漂白石蕊。

将等物质的量的 SO_2 与 Cl_2 混合后会失去漂白作用($SO_2 + Cl_2 + 2H_2O = 2HCl + H_2SO_4$)。

(2)检验 SO_3^{2-}。检验原理：$SO_3^{2-} + 2H^+ = SO_2\uparrow + H_2O$，$SO_2$ 能使品红溶液褪色，加热，溶液又恢复原色。

九、漂白剂漂白原理辨析

具有漂白作用的物质，按其漂白原理可分为三类。

(1)氧化型：即漂白剂本身是一种强氧化剂，它可以将有机色质内部的“生色团”(实际上是一种特殊化学键)破坏掉而使之失去原有的颜色，这种漂白是彻底的、不可逆的。此类物质有 $HClO$，$Ca(ClO)_2$，Na_2O_2，HNO_3，H_2O_2，O_3 等强氧化性物质。

(2)加合型：即漂白剂与有机色质内部的“生色团”发生加成反应，使有机色质失去原有的颜色，但是，如果受热或受其他一些因素的影响，漂白剂从有机色质中脱离，又能使之恢复原有的颜色，这种漂白是可逆的、不彻底的。如 SO_2 使品红溶液褪色，加热又会使品红溶液恢复其原有颜色(SO_2 不能漂白酸碱指示剂)。

(3)吸附型：有些物质的固体疏松、多孔，具有较大的表面积，可以吸附一些其他有色物质而使之失去原来的颜色。如活性炭、胶体等。

要特别注意的是，漂白是指使有机色质褪色，漂白剂不一定使无机色质(如 $KMnO_4$，$CuSO_4\cdot 5H_2O$ 等)褪色，即使能使无机色质褪色，也不称漂白作用(如 SO_2 使 $KMnO_4$ 溶液褪色)。

十、隐含反应 $2NO_2 \rightleftharpoons N_2O_4$ 的应用

通常“纯净”的 NO_2 或 N_2O_4 并不纯，因为在常温、常压下能发生反应 $2NO_2 \rightleftharpoons N_2O_4$。由于此可逆反应的发生，通常实验测得的 NO_2 的相对分子质量大于它的实际值，或在相同条件

下，比相同物质的量的气体体积要小。同理，通常实验测得的 N_2O_4 的相对分子质量小于它的实际值，或在相同条件下，比相同物质的量的气体体积要大。此外涉及 NO_2 气体的颜色深浅、压强、密度等要考虑此反应。因而可逆反应 $2NO_2 \rightleftharpoons N_2O_4$ 在解化学题中有很重要的应用。

十一、离子的检验

一般检验 PO_4^{3-} 的方法是向试管中加入 $AgNO_3$ 溶液，生成黄色 Ag_3PO_4 沉淀，再加 HNO_3（稀），沉淀溶解，说明含 PO_4^{3-}。有关离子方程式为

$3Ag^+ + PO_4^{3-} = Ag_3PO_4\downarrow$（黄色）

$Ag_3PO_4 + 3H^+ = H_3PO_4 + 3Ag^+$

Ag_3PO_4 沉淀区别于 AgI 黄色沉淀，AgI 不溶于稀 HNO_3。此外还要注意，H_3PO_4 中的 H^+ 须先用碱中和后，才能用上述方法进行检验，因为弱酸不能制强酸。

十二、NH_4^+ 的检验方法

（1）取少许样品与碱混合于试管中共热，将湿润的红色石蕊试纸靠近管口，若石蕊试纸变蓝，则证明样品中含 NH_4^+。

（2）取少许样品于试管中，加入碱后加热，用蘸有浓盐酸的玻璃棒靠近管口，若有白烟产生，则证明样品中含有 NH_4^+。

十三、在浓、稀硝酸中分别滴加紫色石蕊试液，各有什么现象发生

浓、稀硝酸均具有酸的通性，所以都可以使紫色石蕊试液变红，但二者又都具有氧化性，且浓硝酸氧化性强于稀硝酸，所以浓硝酸中红色又迅速褪去，且产生红棕色气体 NO_2，对稀硝酸加热也可出现类似现象。

在金属和硝酸的反应中，是否所有的硝酸都被还原？

从有关反应的化学方程式可以看出，含 +5 价氮元素的硝酸一部分被金属还原为低价化合物，另一部分生成了硝酸盐，氮元素仍保持 +5 价，这是硝酸酸性的体现。所以，硝酸在与金属反应时，既表现了酸性，又表现了氧化性。

十四、浓硫酸的强氧化性和稀硫酸的氧化性

浓硫酸具有强氧化性，其氧化性是由硫酸分子中处于最高价态的 +6 价的硫产生的，加热能氧化许多金属、非金属及某些具有还原性的化合物，浓硫酸的还原产物一般为二氧化硫。

稀硫酸中不存在硫酸分子，因而无强氧化性，但电离产生的 H^+ 具有较弱的氧化性，只能氧化比较活泼的金属（如 Zn 等）而发生置换反应，稀硫酸的还原产物为氢气。

由此可见，浓硫酸和稀硫酸都具有氧化性，但产生氧化性的原因是不同的，因此其氧化能力也有强与弱的差别，还原产物也不相同。

十五、硫酸吸水、脱水、氧化、使金属钝化的原理

（1）吸水性：浓 H_2SO_4 可以吸收空气中的水蒸气、混在固体中的湿存水、结晶水合物中的结晶水。利用这一性质，实验室常用浓硫酸做干燥剂。

（2）脱水性：指浓硫酸将有机化合物中的氢、氧元素按水的组成脱离出来，结合成水。如

蔗糖脱水：

$$C_{12}H_{22}O_{11} \xrightarrow{浓\ H_2SO_4} 12C + 11H_2O$$

现象：蔗糖逐渐变黑，体积膨胀，形成疏松多孔的海绵状炭。

3. 强氧化性：加热时有

$$Cu + 2H_2SO_4(浓) \overset{\triangle}{=\!=\!=} CuSO_4 + SO_2\uparrow + 2H_2O$$

$$C + 2H_2SO_4(浓) \overset{\triangle}{=\!=\!=} CO_2\uparrow + 2SO_2\uparrow + 2H_2O$$

常温：金属 Fe、Al 遇浓 H_2SO_4 表面形成一层致密的氧化物薄膜，阻止了浓硫酸与金属的进一步反应，此现象称为钝化。

十六、SO_4^{2-} 的检验

试剂：盐酸、$BaCl_2$ 溶液。

操作：被检溶液 $\xrightarrow{过量盐酸}$ 无沉淀 $\xrightarrow{BaCl_2\ 溶液}$ 白色沉淀。

结论：含有 SO_4^{2-}。

假如无 Ag^+ 干扰，加入 HCl、$BaCl_2$ 无顺序关系，假如有 SO_3^{2-} 干扰，不能使用 HNO_3 和 $Ba(NO_3)_2$。

十七、接触法制硫酸

系统地学习、掌握某一物质的工业制法，一般要从所用原料、化学反应、适宜条件、生产过程、主要设备、环境保护等角度去分析理解。按照上述要求，工业上用接触法制硫酸可概括为“五个三”，即三种原料、三个反应、适宜生产条件中的三个问题、三个生产过程、三个主要设备。

十八、环境保护

环境污染主要包括大气污染、水体污染、土壤污染、食品污染，此外还包括固体废弃物、放射性、噪声等污染。大气污染物是指粉尘、煤烟、硫的氧化物、氮的氧化物、碳氢化合物等，其中二氧化硫是污染大气的主要有害物质之一。SO_2 除来源于硫酸厂的尾气外，还来源于煤和石油的燃烧、金属矿石的冶炼。消除大气污染的主要方法之一是减少污染物的排放。

解题一点通

1. 利用方程式解题

例题1 纯净的碳酸氢钙试样在高温下分解，当剩余的固体质量为原试样质量的一半时，碳酸氢钙的分解率是 （　　）

A. 50%　　B. 75%　　C. 92.7%　　D. 100%

解析 若 $Ca(HCO_3)_2$ 按下式分解：$Ca(HCO_3)_2 \overset{\triangle}{=\!=\!=} CaCO_3 + CO_2\uparrow + H_2O$，分解温度近 100 ℃，剩余固体质量为原试样质量的 $100/162 > 1/2$，故生成的 $CaCO_3$ 发生了进一步分解：$CaCO_3 \overset{\triangle}{=\!=\!=} CaO + CO_2\uparrow$，$Ca(HCO_3)_2$ 已分解完全。

答案 D

例题2 已知高温下，能发生反应：

$SiO_2 + 2C \xlongequal{高温} Si + 2CO\uparrow$　　$C + Si \xlongequal{高温} SiC$

现有 SiO_2 和炭粉的混合物 a mol，在高温下充分反应后，冷却得到残留物。

(1)写出可能发生反应的化学方程式。

(2)若 a mol 混合物中，SiO_2 与混合物之间的物质的量之比为 $x(0<x<1)$，试讨论 x 的取值与残留固体的成分和物质的量的关系。

解析 $SiO_2 + 2C \xlongequal{高温} Si + 2CO\uparrow$　①

$C + Si \xlongequal{高温} SiC$　②

合并①②得：$SiO_2 + 3C \xlongequal{高温} SiC + 2CO$　③

讨论：若 $n(SiO_2):n(C)>1:2$，仅发生反应①，残留固体为 Si 和 SiO_2；

若 $n(SiO_2):n(C)=1:2$，仅发生反应①，残留固体为 Si；

若 $\frac{1}{2}>n(SiO_2):n(C)>\frac{1}{3}$，发生反应①和②，残留固体为 SiC 和 Si；

若 $n(SiO_2):n(C)=1:3$，仅发生反应③，残留固体为 SiC；

若 $n(SiO_2):n(C)<1:3$，仅发生反应③，残留固体为 SiC 和 C。

答案 (1) $SiO_2 + 2C \xlongequal{高温} Si + 2CO\uparrow$，$Si + C \xlongequal{高温} SiC$。

(2)①若 $x=\frac{1}{3}$，Si：$\frac{1}{3}a$ mol；

②若 $x=\frac{1}{4}$，SiC：$\frac{1}{4}a$ mol；

③若 $0<x<\frac{1}{4}$，　SiC：ax mol，C：$a(1-4x)$ mol；

④若 $\frac{1}{4}<x<\frac{1}{3}$，Si：$a(4x-1)$ mol，SiC：$a(1-3x)$ mol；

⑤若 $\frac{1}{3}<x<1$，Si：$\frac{1}{2}a(1-x)$ mol，SiO_2：$\frac{1}{2}a(3x-1)$ mol。

2. 利用元素化合物基本性质解题

例题3 能证明碳酸的酸性比硅酸强的实验事实是　(　　)

A. CO_2 能溶于水生成碳酸，而 SiO_2 不溶于水

B. 高温下发生反应：$Na_2CO_3 + SiO_2 \xlongequal{高温} Na_2SiO_3 + CO_2\uparrow$

C. CO_2 常温下是气体，而 SiO_2 常温下是固体

D. 将 CO_2 通入到 Na_2SiO_3 溶液中有白色沉淀析出

解析 酸的相对强弱，是酸的化学性质，与其物理性质无关，所以 A、C 不正确；B 中所发生的反应是在高温下进行的，而不是在溶液中进行的，因此 B 项也不能说明酸性相对强弱；只有 D 是强酸与弱酸盐反应生成弱酸。

答案 D

3. 利用化学实验知识解题

例题4 下表中括号内的物质是杂质，试将除杂质的试剂及分离方法填入表内。

混合物	SiO_2 ($CaCO_3$)	CO_2 (SO_2)	$NaHCO_3$ (Na_2SiO_3)	C (MnO_2)
除杂试剂				
除杂方法				

解析 物质的除杂组合题既考查物质的物理性质和化学性质,又考查实验除杂方案的设计,综合性较强。固体物质的除杂,第一要考虑两种物质中是否仅有一种溶于水,如果是,加水后用过滤操作将固液分离;第二考虑把杂质转化成易溶的或难溶的物质除去。另外,除杂要遵循不引进新杂质、不消耗非杂质物质的原则。对于气体的除杂同样遵循上述原则。

答案

混合物	SiO_2 ($CaCO_3$)	CO_2 (SO_2)	$NaHCO_3$ (Na_2SiO_3)	C (MnO_2)
除杂试剂	HNO_3 (或 HCl)	$NaHCO_3$ [或 $KMnO_4$ (H^+)]	过量 CO_2	浓盐酸
除杂方法	过滤	洗气	过滤	加热,过滤

例题5 在常年使用的厨房里,久未更换的窗玻璃往往会失去光泽,且伴随着出现白色的斑点。这种现象在化学上称为"碱析"。试简述其原因:____________。写出该变化的化学方程式:____________。

解析 这种现象的产生是玻璃的主要成分 Na_2SiO_3 在厨房里与浓度较大的 CO_2,$H_2O(g)$ 等逐渐发生复分解反应,生成新的盐 Na_2CO_3 和 H_2SiO_3 的结果。

答案 见解析 $Na_2SiO_3 + CO_2 + H_2O = Na_2CO_3 + H_2SiO_3$

4. 利用化学实验知识解题

本知识点考查学生的识图能力和对实验的评价与改进能力,综合性强,但只要从控制反应速率、防止副反应、防止剩余 Cl_2 污染三方面考虑问题,就能迅速判断出装置的优缺点,习惯了就能形成思维方式。

例题6 实验室可用氯气与金属铁反应制备无水三氯化铁,该化合物呈棕红色、易潮解,100 ℃左右时升华。图 5-7 所示是两个学生设计的实验装置,左边的反应装置相同,而右边的产品收集装置则不同,分别如(Ⅰ)和(Ⅱ)所示。试回答:

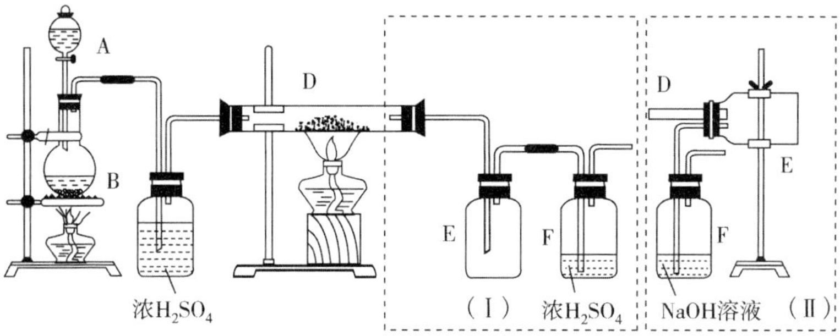

图 5-7 实验装置

(1) B 中反应的化学方程式为____________。

(2) D 中的反应开始前,需排尽装置中的空气,应采取的方法是________________。

(3) D 中反应的化学方程式为______________。

(4) 装置(Ⅰ)的主要缺点是________________。

(5)装置(Ⅱ)的主要缺点是________________,如果选用此装置来完成实验,则必须采取的改进措施是________________。

解析 本题以 $FeCl_3$ 的实验室制取作为题材,综合考查学生的实验能力。首先,此题涉及的都是基本化学反应和基本实验操作,体现了高考的导向;其次,此题通过引导学生分析两套实验方案,考查了学生对实验方案的评价能力以及设计能力;最后,此题作答时必须考虑环保问题,体现了中学教学中对学生进行必要的环保教育,增强全民环保意识的必要性。总之,通过此题可全面考查学生思维的严密性、发散性和批判性。如果没有对基本实验的深刻的感性认识,就无法将自己的思维深入到题目的实验情景中去,也就难以作出全面而准确的回答。

答案 (1)$4HCl + MnO_2 \xlongequal{\triangle} MnCl_2 + Cl_2\uparrow + 2H_2O$

(2)B 中的反应进行一段时间后,看到黄绿色气体充满装置,再开始加热 D

(3)$2Fe + 3Cl_2 \xlongequal{\triangle} 2FeCl_3$

(4)导管易被产品堵塞;尾气排入空气,易造成环境污染

(5)产品易潮解　在瓶 E 和 F 之间连接装有干燥剂的装置

例题7 实验室用浓盐酸、MnO_2 共热制氯气,并用 Cl_2 和 $Ca(OH)_2$ 反应制少量漂白粉,现已知反应:$2Cl_2 + 2Ca(OH)_2 \xlongequal{} CaCl_2 + Ca(ClO)_2 + 2H_2O$ 是放热反应,温度稍高即发生副反应:

$6Cl_2 + 6Ca(OH)_2 \xlongequal{} Ca(ClO_3)_2 + 5CaCl_2 + 6H_2O$

现有 3 名同学分别设计的 3 套实验装置如图 5-8 所示。

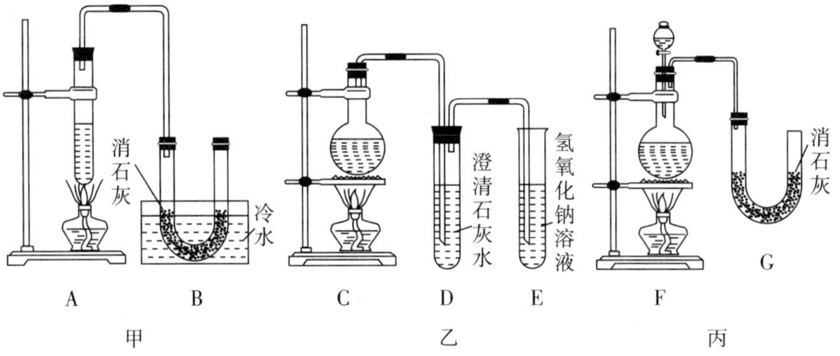

图 5-8　实验装置

(1)请从下述几个方面对甲、乙、丙 3 套装置的优缺点作出评析,并将符合题目要求的选项的序号填在空格内。

a. 不容易控制反应速率　　b. 容易控制反应速率

c. 有副反应发生　　d. 可防止副反应发生

e. 污染环境　　f. 可防止污染环境

	优点	缺点
甲装置		
乙装置		
丙装置		

(2)上述装置中,甲由 A、B 两部分组成,乙由 C、D、E 三部分组成,丙由 F、G 两部分组成,请从上述装置中,选取合理的组成部分,组装一套较完善的实验装置,装置各部分的连接顺序(按气流从左到右的方向)是____________。较完善的装置中还缺少的装置是____________,

原因是__________________。

(3)实验中若用12 mol·L^{-1}的盐酸100 mL与足量的MnO_2反应,最终生成$Ca(ClO)_2$的物质的量总是________0.15 mol(填"大于""小于"或"等于")。其原因是(假定各步反应均无反应物损耗,且无副反应发生)________________________。

解析 (2)实验室制Cl_2应将MnO_2放在烧瓶内,将浓盐酸装在分液漏斗内以便逐滴加入浓盐酸,控制反应速率,因此丙中的F装置最为合理。

Cl_2和$Ca(OH)_2$反应是放热反应,且温度高时会有副反应发生,因此应将Cl_2和$Ca(OH)_2$反应的装置冷却,所以,甲中的B最为合理。

为防止Cl_2污染空气,应用NaOH溶液吸收多余的Cl_2,因此乙中的E装置为必需装置。

(3)从制Cl_2的化学方程式$MnO_2+4HCl(浓)\xlongequal{\triangle}MnCl_2+Cl_2\uparrow+2H_2O$,可看出参加反应的HCl中只有一半被氧化为$Cl_2$,而且只有浓盐酸与$MnO_2$反应才能制得$Cl_2$,所以含1.2 mol HCl的盐酸与足量$MnO_2$反应制得的$Cl_2$总小于0.3 mol,生成的$Ca(ClO)_2$便小于0.15 mol。

答案 (1)d ae f ac b ce (2)FBE 除去Cl_2中混有的HCl的装置 HCl可与$Ca(ClO)_2$和$Ca(OH)_2$反应 (3)小于 见解析

5. 利用化学元素解题

例题8 下列试剂,不能用来把氯化钠和碘化钾两种溶液鉴别开来的是 ( )

A. 氯水 B. 硝酸银溶液 C. 淀粉 D. 硝酸

解析 此题是一道鉴别题,从题给选项中可逐项分析。加氯水可把碘化钾溶液中的碘置换出来,使溶液呈深黄色,加硝酸银溶液时,$Cl^-+Ag^+ \xlongequal{} AgCl\downarrow$(白),$I^-+Ag^+ \xlongequal{} AgI\downarrow$(黄色),生成沉淀的颜色不同;加淀粉两溶液均无明显变化,特别注意,是碘单质遇淀粉变蓝,而I^-则不能使淀粉变蓝;加硝酸时,因硝酸具有较强的氧化性,可把I^-氧化成I_2,故也可把二者区别开。

答案 C

6. 利用化学实验知识解题

例题9 工业上测量SO_2,N_2,O_2混合气体中SO_2含量的装置如图5-9所示。反应管中装有碘的淀粉溶液。SO_2和I_2发生的反应为(N_2,O_2不与I_2反应)$SO_2+I_2+2H_2O \xlongequal{} H_2SO_4+2HI$。

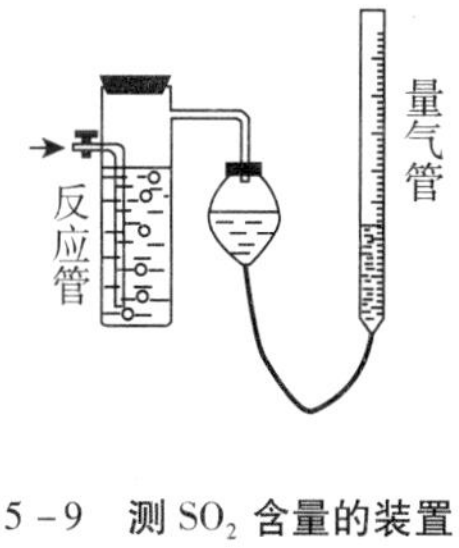

图5-9 测SO_2含量的装置

(1)混合气体进入反应管后,量气管内增加的水的体积等于________的体积(填气体的分子式)。

(2)反应管内溶液蓝色消失后,没有及时停止通气,则测得的SO_2含量________(填"偏高""偏低"或"不受影响")。

(3)反应管内的碘的淀粉溶液也可以用________代替(填物质名称)。

(4)若碘溶液体积为V_a mL,浓度为c mol·L^{-1}。N_2与O_2的体积为V_b mL(已折算为标准状况下的体积)。用c,V_a,V_b表示SO_2的体积分数为________。

(5)将上述装置改为简易实验装置,除导管外,还需选用的仪器为________(填下列仪器的编号)。

a. 烧杯 b. 试管 c. 广口瓶 d. 容量瓶

e. 量筒 f. 单孔塞 g. 双孔塞

解析 (1)混合气体进入反应管中,其中 SO_2 与 I_2 发生反应:$SO_2+I_2+2H_2O=H_2SO_4+2HI$,不产生气体,剩余的气体仅有 N_2 和 O_2,量气管内增加的水的体积等于 N_2 和 O_2 的总体积。

(2)反应管内溶液蓝色消失时,SO_2 与反应管内所含的 I_2 恰好反应,若没及时停止通气,则未反应的 SO_2 气体也排到量气管中,使 N_2,O_2 体积增加,测得 SO_2 的含量降低。

(3)碘的淀粉溶液的作用是当其中的 I_2 完全被 SO_2 还原时,由溶液的颜色从蓝色变无色来指示终点,其他可与 SO_2 气体反应且在达到终点时有颜色改变的物质都可代替碘的淀粉溶液,如 $KMnO_4$ 溶液、溴水等。

(4)由所给反应知 SO_2 气体的物质的量等于碘的物质的量 $V_a\times10^{-3}\ L\times c\ mol\cdot L^{-1}=V_ac\times10^{-3}\ mol$,其体积为 $V(SO_2)=V_ac\times10^{-3}mol\times22\,400\ mL\cdot mol^{-1}=22.4V_a\cdot c\ mL$,所以 SO_2 的体积分数为 $[22.4V_ac\ mL\div(22.4cV_a\ mL+V_b\ mL)]\times100\%=\dfrac{22.4V_ac}{22.4V_ac+V_b}\times100\%$。

(5)由所给装置可知,反应管起密闭容器的作用,因此可用试管、广口瓶代替,而量取气体体积除用量气管外,还可用测量气体所排出液体的体积确定,可用广口瓶、双孔塞、量筒代替量气管,故改为简易装置所选仪器为 b,c,e,g 或 b,e,g 或 c,e,g。

答案 (1)N_2,O_2 (2)偏低 (3)酸性高锰酸钾溶液(或溴水)

(4)$\dfrac{22.4c\cdot V_a}{22.4c\cdot V_a+V_b}\times100\%$ (5)bceg(或 beg 或 ceg)

例题10 某同学为检验浓硫酸与木炭在加热条件下反应产生的 SO_2 和 CO_2 气体,设计了如图 5-10 所示的实验装置,a,b,c 为止水夹,B 是用于储气的气囊,D 中放有用 I_2 和淀粉的蓝色溶液浸湿的脱脂棉。

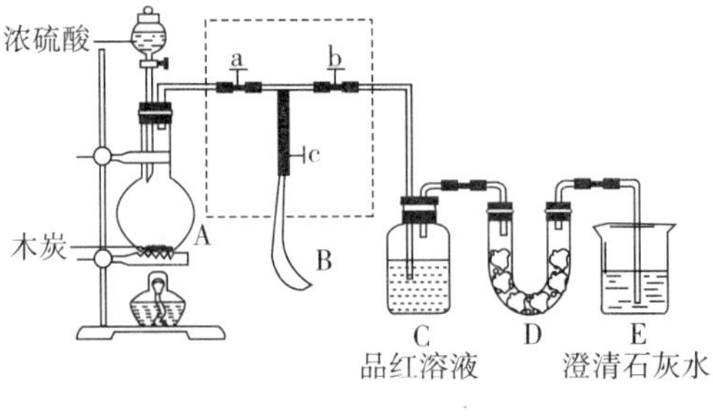

图 5-10 实验装置

请回答下列问题。

(1)实验前欲检查装置 A 的气密性,可以采取的操作是____________________。

(2)此实验成败的关键在于控制反应产生气体的速率不能过快,由此设计了虚线框部分的装置,则正确的操作顺序是______(填操作编号)。

①向 A 装置中加入浓硫酸,加热,使 A 中产生的气体进入气囊 B,当气囊中充入一定量气体时,停止加热

②待装置 A 冷却,且气囊 B 的体积不再变化后,关闭止水夹 a,打开止水夹 b,慢慢挤压气囊,使气囊 B 中的气体慢慢进入装置 C 中,待达到实验目的后,关闭止水夹 b

③打开止水夹 a 和 c,关闭止水夹 b

(3)实验时,装置 C 中的现象为____________________。

(4)当 D 中产生________现象时,可以说明使 E 中澄清石灰水变浑浊的是 CO_2 而不是

SO_2。

a. 进气口一端脱脂棉蓝色变浅，出气口一端脱脂棉蓝色不变

b. 脱脂棉上蓝色均变浅

c. 脱脂棉上蓝色褪去

装置D的作用为__________________。

解析 实验装置中接了一个储气的气囊，这是课本实验中没有见到过的。但试题主要还是考查卤族和氧族元素化合物的基础知识、实验基本操作等。

答案 (1)关闭分液漏斗的活塞，打开止水夹a和b，关闭止水夹c，用手焐热(或微热)圆底烧瓶A，若C中有气泡冒出，移开手掌(或热源)后，C处导管内有水上升，则证明A装置的气密性良好

(2)③①② (3)品红溶液褪色 (4)a 除去SO_2并检验SO_2是否已被除净

7. 利用元素守恒和方程式解题

例题11 已知SO_2和H_2O_2在溶液中发生如下反应：$H_2O_2 + SO_2 \xlongequal{} H_2SO_4$。取0.6 g某含硫、铁的物质在氧气中加热，使硫全部燃烧转化为SO_2，用稀的过氧化氢溶液吸收，吸收液用0.1 mol·L^{-1}的NaOH溶液滴定，耗去20.0 mL NaOH溶液。

(1)求此含硫、铁的物质中硫的质量分数。

(2)求此含硫、铁的物质的化学式。

解析 (1)$n(H_2SO_4)=\frac{1}{2}n(NaOH)=\frac{1}{2}\times 0.1\ mol\cdot L^{-1}\times 0.02\ L=0.001\ mol$

由元素守恒，得

S ~ H_2SO_4

32 g   1 mol

$m(S)$ 0.001 mol

$m(S)=0.032\ g$

$w(S)=\frac{0.032\ g}{0.6\ g}\times 100\%=5.33\%$

(2)$n(Fe):n(S)=\frac{0.6\ g-0.032\ g}{56\ g\cdot mol^{-1}}:\frac{0.032\ g}{32\ g\cdot mol^{-1}}=10:1$

故该物质的化学式为$Fe_{10}S$。

答案 (1)5.33% (2)$Fe_{10}S$

8. 利用守恒思想解题

有的题经常利用某种元素的质量守恒来解，解这类题的关键是寻找守恒量，在氧化还原反应中还常利用得失电子守恒来解题。

例题12 将一定量的Mg和MgO的混合物投入100 mL 2 mol·L^{-1}的稀盐酸中，完全溶解后，再向反应后的溶液中加入4 mol·L^{-1}的NaOH溶液，要使Mg元素全部沉淀出来，所加入的NaOH溶液的体积最小是 ( )

A. 100 mL B. 50 mL

C. 25 mL D. 由于Mg，MgO的质量未知，无法判断

解析 利用元素守恒法，Mg元素完全沉淀后，最终所得溶液为NaCl溶液。

$n(NaOH)=n(Na^+)=n(HCl)=2\ mol\cdot L^{-1}\times 0.1\ L=0.2\ mol$

$$V=\frac{n}{c}=\frac{0.2\ \mathrm{mol}}{4\ \mathrm{mol\cdot L^{-1}}}=0.05\ \mathrm{L}=50\ \mathrm{mL}$$

答案 B

9. 利用化学实验知识解题

解实验装置流程类习题须通过严密的逻辑思维弄清各装置中发生的化学反应，这是解答此类习题的关键。

例题13 氨跟氧化铜反应可以制备氮气（$2NH_3+3CuO\xlongequal{\triangle}3Cu+3H_2O+N_2$），而氮气跟镁在高温下反应可得到氮化镁，氮化镁遇水反应生成$Mg(OH)_2$和NH_3。图5－11所示是甲、乙两位同学提出的制备氮化镁的两种实验方案示意图（实验前系统内的空气已排除；图中箭头表示气体的流向）。

甲 [NH_4Cl固体、$Ca(OH)_2$固体（加热）] → [碱石灰] → [浓H_2SO_4] → [CuO粉末（灼热）] → [镁粉（高温）] → 以下略

乙 [NH_4Cl固体、$Ca(OH)_2$固体（加热）] → [CuO粉末（灼热）] → [水] → [浓H_2SO_4] → [镁粉（高温）] → 以下略

图5－11 实验方案

回答下列问题。

(1) 甲、乙两同学提出的实验方案是否能制得氮化镁？甲________，乙________。（填“能”或“不能”）

(2) 具体说明不能制得氮化镁的原因（如两个方案都能制得氮化镁，此小题不用回答）：________。

解析 通过严密的逻辑思维弄清各装置中发生的化学反应是解答此题的关键。甲同学制取的气体通过碱石灰后，再通过浓H_2SO_4，NH_3被吸收，无法与灼热的CuO反应制取氮气。乙同学制取的氨气通过灼热的CuO后，导出的气体中含有N_2和未反应完全的氨气，NH_3被水吸收后，用浓H_2SO_4干燥，便可以得到干燥、纯净的氮气，与镁粉反应可制得Mg_3N_2固体。

答案 (1) 不能　能

(2) 甲同学制得的NH_3被浓H_2SO_4吸收，无法与CuO反应制取氮气。

10. 利用化学实验知识解题

例题14 如图5－12所示，小试管内盛有约3 mL饱和$CuSO_4$溶液，与锥形瓶连接的U形细管内盛有少量水（为便于观察，预先染成红色），沿小试管的内壁小心地慢慢倒入约3 mL浓硫酸，静置片刻。可观察到的现象有（填序号）______________。

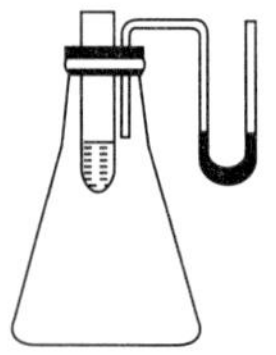

图5－12 实验装置

A. 小试管内液体分成两层，上层蓝色，下层无色

B. U形细管内左边液面下降，右边液面上升

C. 有少量固体析出

D. 无明显变化

解析 本题考查浓硫酸的强吸水性和脱水性及吸水时的热效应。

浓硫酸的密度大于$CuSO_4$饱和溶液，沿试管内壁小心倒入时，液体可分层且浓硫酸在下层。浓硫酸具有强吸水性和脱水性，使饱和$CuSO_4$溶液中析出白色$CuSO_4$固体粉末。浓硫酸吸水时放出大量的热，使锥形瓶中气体压强增大，体积膨胀。

答案 ABC

例题15 三位学生设计了下述三个方案，并都认为如果观察到的现象和自己设计的方案一致，即可证明某无色溶液中有 SO_4^{2-}。

方案1：

试液 $\xrightarrow{BaCl_2 溶液}$ 白色沉淀 $\xrightarrow{足量稀 HNO_3}$ 沉淀不溶解

方案2：

试液 $\xrightarrow{足量稀盐酸}$ 无色溶液 $\xrightarrow{BaCl_2 溶液}$ 白色沉淀

方案3：

试液 $\xrightarrow{足量稀 HNO_3}$ 无色溶液 $\xrightarrow{Ba(NO_3)_2 溶液}$ 白色沉淀

试评价上述方案是否严密，并说明理由。

解析 方案1不严密，因为含 Ag^+ 或 SO_3^{2-} 而不含 SO_4^{2-} 的无色溶液中也会出现此方案的现象。方案2严密，已经排除 Ag^+ 的存在，也排除了 SO_3^{2-}，CO_3^{2-} 等阴离子的存在，只有含 SO_4^{2-} 的无色溶液才能出现此现象。方案3不严密，因为含 SO_3^{2-} 不含 SO_4^{2-} 的溶液也会出现此现象。

答案 见解析

11.利用化学方程式解题

例题16 铜和镁的合金4.6 g完全溶于浓硝酸，若反应中硝酸被还原只产生4 480 mL NO_2 气体和336 mL N_2O_4 气体（都已折算成标准状况），在反应后的溶液中加入足量的氢氧化钠溶液，生成沉淀的质量为 （　　）

A.9.02 g　　B.8.51 g　　C.8.26 g　　D.7.04 g

解析 题目中涉及的反应包括：

$Cu+4HNO_3(浓)=\!=\!=Cu(NO_3)_2+2NO_2\uparrow+2H_2O$

$Mg+4HNO_3(浓)=\!=\!=Mg(NO_3)_2+2NO_2\uparrow+2H_2O$

$2NO_2 \rightleftharpoons N_2O_4$

$Cu(NO_3)_2+2NaOH=\!=\!=Cu(OH)_2\downarrow+2NaNO_3$

$Mg(NO_3)_2+2NaOH=\!=\!=Mg(OH)_2\downarrow+2NaNO_3$

因此合金与浓硝酸反应过程中共转移电子：

$$\frac{4.48\ L}{22.4\ L\cdot mol^{-1}}\times1+\frac{0.336\ L}{22.4\ L\cdot mol^{-1}}\times2=0.23\ mol$$

则 $n(Mg)\times2+n(Cu)\times2=0.23\ mol$。

反应最后生成的沉淀分别为 $Cu(OH)_2$ 和 $Mg(OH)_2$，其总质量为Mg和Cu的质量加上相当于Mg和Cu总物质的量2倍的氢氧根的质量。

$m=m(Mg)+m(Cu)+2[n(Mg)+n(Cu)]\times17\ g\cdot mol^{-1}=4.6\ g+0.23\ mol\times17\ g\cdot mol^{-1}=8.51\ g$

答案 B

第六章 几种金属及其重要化合物

本章概述

中国是世界上科技文化发展较早的国家之一。我们的祖先为人类留下了丰富的文化遗产，其中青铜文化、冶铁铸铁技术等是我国古代文化遗产中重要的组成部分。几千年前，人们就开始把金、银、铜、铁、锡等5种金属合称为“五金”。

在现代社会中，金属在工业、农业、国防、科学技术以及人民生活等各方面都起着十分重要的作用。

在这一章，我们先学习一些有关金属概述的知识，然后学习几种金属及其重要化合物。

教学目标

1. 了解金属的物理性质和化学性质。
2. 掌握钠的物理性质、化学性质及其重要化合物。
3. 熟悉铝、铁的物理性质、化学性质及其重要化合物。
4. 了解硬水及其软化。

第一节　金属及其性质概述

一、金属的物理性质

在常温下，除汞以外，金属一般都是晶体。在晶体中，金属原子好像很多硬球有规则地、一层一层很紧密地排列在一起。是什么力使金属原子结合在一起的呢？这是由于金属原子容易失去某些最外层电子而形成金属离子，脱离了原来原子的“自由电子”以很快的速率在整个晶体中运动。金属离子和自由电子之间存在着较强的作用，因而使许多金属离子结合在一起形成晶体。金属单质的物理性质往往与它的晶体结构有关。

1. 金属的光泽和颜色

金属具有不同的颜色，除金、铜、铋等少数金属外，大多数金属呈银白色。金属都是不透明的，整块金属具有金属光泽，但金属处于粉末状态时，常显示不同的颜色。

2. 金属的传导性

金属一般都是电和热的良导体。其中银和铜的传热、导电性能最好，铝的导电性能也很好。这就是铜和铝常被用做输电线的主要原因。金属的导电性能和传热性能由强到弱的顺序大致如下：

银、铜、金、铝、锌、铁、铂、锡、铅

3. 金属的延展性

大多数金属可以被抽成丝或压成薄片，还可以锻造、冲压、轧制成各种不同的形状。不同的金属，延展性不同，其中以金的延展性最好，最薄的金箔只有 1/10 000 mm 厚。也有少数金属的延展性很差，如锑、铋、锰等，它们受到敲打时，就破碎成小块。

4. 金属的密度、硬度、熔点

金属的密度、硬度、熔点等性质的差别很大。图 6－1、图 6－2、表 6－1 分别表示几种常见金属的密度、硬度和熔点。

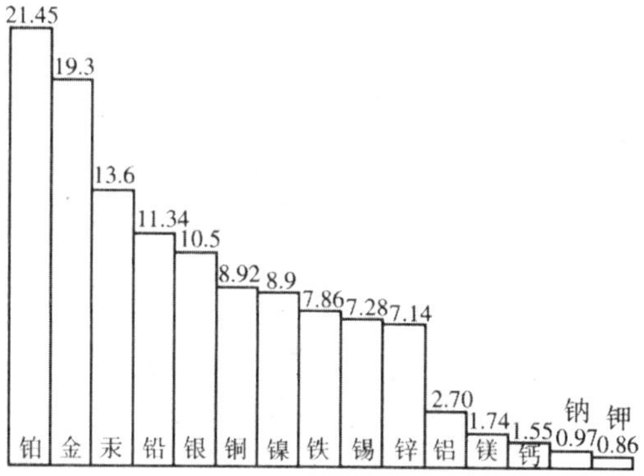

图 6－1 几种金属的密度/（g · cm^{-3}）

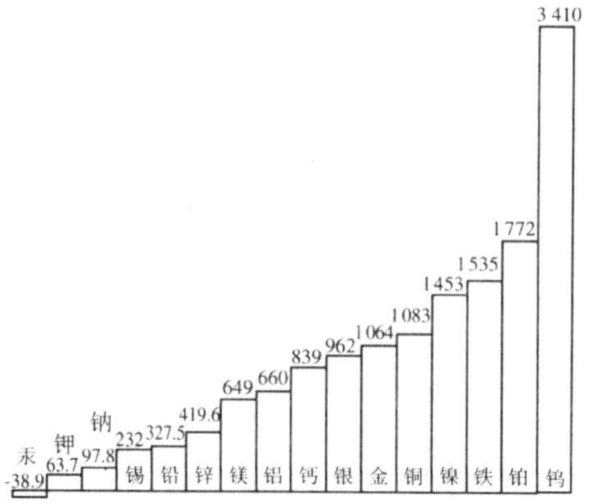

图 6－2 几种金属的熔点/℃

表 6－1 几种金属的硬度跟金刚石硬度的比较

物质	金刚石	铬	铂	铁	银	铜	金	铝	锌	镁	锡	铅	钙	钾	钠
硬度	10	9	4.3	4～5	2.5～4	2.5～3	2.5～3	2～2.9	2.5	2.0	1.5～1.8	1.5	1.5	0.5	0.4

小锦囊

在人类已经发现的一百多种元素里，大约有 4/5 是金属元素。在元素周期表里，金属元素位于每个周期的前部。从图 6－3 可以看出，在每一周期中，Al，Ge，Sb，Po 和位于它们左边的元素都是金属元素。

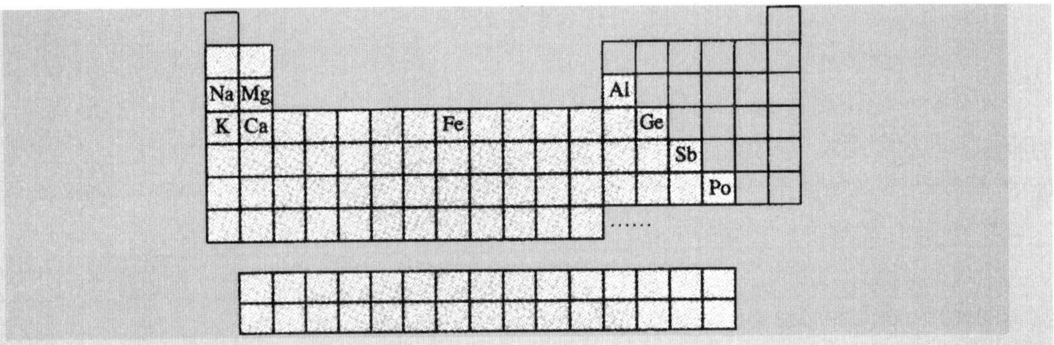

图 6－3　金属元素（图中灰网部分）在元素周期表中的分布

金属在自然界里分布很广，无论在矿物、动植物中，还是在自然界水域中，都可以发现金属元素的存在。由于金属的化学性质不同，它们存在的形式也不同，少数化学性质不活泼的金属，在自然界中能以单质的形式存在，化学性质活泼的金属总是以化合物的形式存在。

金属有不同的分类方法，例如，在冶金工业上，把金属分为黑色金属（铁、铬、锰）和有色金属（铁、铬、锰以外的金属）两大类。又如，可以根据金属的密度来分类，把密度小于 $4.5\ g/cm^3$ 的金属叫做轻金属，把密度大于 $4.5\ g/cm^3$ 的金属叫做重金属。再如，人们还常常把金属分为常见金属（如铁、铜、铝等）和稀有金属（如锆、铪、铌、钼等）。

二、金属的化学性质

1. 金属的化学性质与原子结构的关系

金属元素的化学性质与它的原子结构有很大关系。我们已经知道，多数金属元素的原子的最外层电子数少于 4 个，金属原子一般原子半径较大，核对最外层电子的引力较小。因此，在发生化学反应时，它们的最外层电子较容易失去（或所形成的共用电子对偏向于非金属元素的原子）。因此，金属的最主要的化学性质是容易失去电子变成金属阳离子，表现出还原性。如果用 M 表示某金属元素，则有如下关系式：

$$M - ne^- \longrightarrow M^{n+}$$

2. 金属的活动性

各种金属的原子失去电子的难易程度不同，因此，它们的活动性也不同。

- 对主族元素来说，同周期金属元素的活动性从左到右逐渐减弱。例如，第三周期的钠、镁、铝的金属活动性性逐渐减弱。
- 而同主族元素的金属活动性从上到下逐渐增强。例如，钾的金属活动性比钠的强，钙的金属活动性比镁的强。

在讨论金属的化学性质时，常常涉及金属跟非金属的反应、跟水的反应、跟酸的反应、跟盐的反应、跟碱的反应等。但由于不同金属的活动性往往差别很大，因此，研究金属的化学性质需要结合具体情况来进行。

三、合金及其应用

在工农业生产和日常生活中，我们很少使用纯金属，而主要使用合金。青铜是人类历史上使用最早的合金，至今已有三千多年的历史。世界上最常见的，用量最大的合金是钢。

合金虽是由两种或两种以上的金属（或金属跟非金属）熔合而成的具有金属特性的物质，但一般来说,合金的性质并不是各成分金属性质的总和。

合金具有许多良好的物理、化学或机械的性能,在许多方面优于各成分金属。例如,合金的硬度一般比它的各成分金属的大,熔点一般也比它的主要成分金属的低。

合金的化学性质也与成分金属不同,使用不同的原料,改变原料的配比以及改变生成合金时的条件等,可以制得具有不同性能的合金。所以,合金在工业上的用途比纯金属更广。表6-2列出了几种常见的合金的组成、性质和用途。

表6-2 几种常见的合金的组成、性质和用途

合金名称	组　成	主要性质	主要用途
镁铝合金	含有10%~30%的镁	强度和硬度都比纯铝和纯镁大	火箭、飞机、轮船等制造业
硬铝	含铜4%、镁0.5%、锰0.5%、硅0.7%	强度和硬度都比纯铝大	火箭、飞机、轮船等制造业
合金钢	加入硅、锰、铬、镍、钼、钨、钒、钛、铜、稀土元素等	多种优良性能	用途广泛
锰钢	含锰9%~14%	硬度和强度很大	制造粉碎机、球磨机、钢轨
黄铜	含锌20%~36%,常加入少量锡、铅、铝	有良好的强度和塑性、易加工、耐腐蚀	机器零件、仪表和日用品
青铜	含锡10%~30%	有良好的强度和塑性、耐磨、耐腐蚀	机器零件如轴承、齿轮等
钛合金	含铝6%、钒4%	耐高温、耐腐蚀、高强度	用于宇航、飞机、造船、化学工业
金合金	加入银、铜、稀土元素等	有光泽、易加工、耐磨、耐腐蚀、易导电	金饰品、电子元件、钱币、笔尖

四、金属的回收及资源保护

地球上的金属矿产资源是有限的,而且是不能再生的,随着人们的不断开发利用,矿产资源将会日渐减少,如何解决这一难题呢?

金属制品在使用过程中会被腐蚀或损坏,同时由于生产的发展,新的产品要不断替代旧的产品,因而每年就有大量废旧金属产生。废旧金属是一种固体废弃物,会污染环境,应该怎样解决这类问题呢?

最好的解决办法是把上面的两个问题结合在一起考虑,即把废旧金属作为一种资源,加以回收利用。这样做,既减少了垃圾量,防止污染环境,又缓解了资源短缺的矛盾。据估算,回收一个铝饮料罐比制造一个新铝饮料罐便宜20%,而且可节约95%的能源。

回收的废旧金属,大部分可以重新制成金属或它们的化合物再用。例如,废旧钢铁可以用于炼钢,废铁屑等可以用于制铁盐,从电解精炼铜的阳极泥中,可回收金、银等贵金属,从电影业、照相业、科研单位和医院X光室回收的定影液中，可以提取金属银。

第二节　钠及其重要化合物

锂(Li)、钠(Na)、钾(K)、铷(Rb)、铯(Cs)、钫(Fr)都属于元素周期表的第IA族，通常称为碱金属元素。在本节主要学习有关钠的一些知识。

一、钠的物理性质

【实验6-1】　取一小块金属钠，擦干表面煤油后，用小刀切去金属钠的表层，观察钠的颜色。把切去表层的金属钠放置在滤纸上，留待下面的实验用，如图6-4所示。

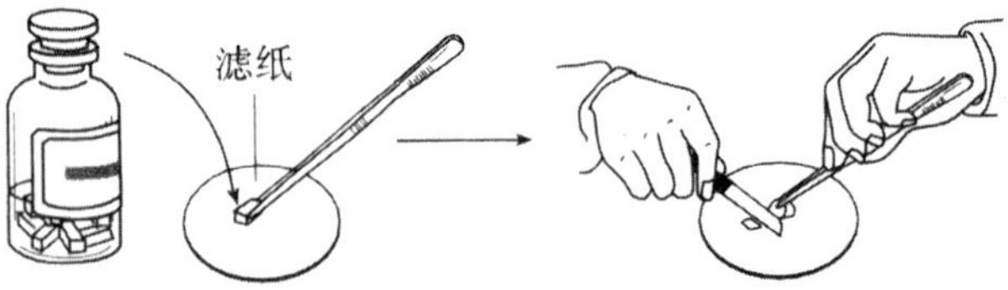

图6-4　切割钠

金属钠很软，可以用刀切割，新切开的剖面呈银白色，有美丽的金属光泽。钠的熔点很低，密度很小，是热和电的良导体，它是一种轻金属。

表6-3列出了钠的一些性质。

表6-3　钠的性质

元素名称	元素符号	核电荷数	原子结构示意图	单质的物理性质					
				颜色	状态	密度 /($g\cdot cm^{-3}$)	硬度	熔点 /℃	沸点 /℃
钠	Na	11	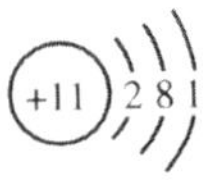	银白	固	0.97	小	97.81	882.9

二、钠的化学性质

钠位于元素周期表中的第IA族，第二周期。它的原子结构示意图可见表6-3。可以看出，它的最外电子层上只有1个电子，在化学反应中这个电子容易失去，因此单质的化学性质非常活泼，表现出很强的还原性。

1. 钠与非金属的反应

【实验6-2】　观察用刀切开的钠的表面所发生的变化。把一小块钠放在石棉网上加热，观察发生的现象。

实验表明，新切开的钠的光亮的表面很快就变暗了。这是由于钠与氧气等发生反应，在钠的表面生成了一薄层化合物所造成的。

钠与氧气反应可以生成白色的氧化钠，但氧化钠不稳定。钠与充足的氧气剧烈反应生成过氧化钠,过氧化钠比较稳定。所以,钠在空气中燃烧,生成的是过氧化钠,并发出黄色的火焰,如图6-5所示。

$$2Na + O_2 \xlongequal{点燃} Na_2O_2$$

图6-5 钠在空气中燃烧

钠除了能与氧气直接化合外,还能与氯气、硫等很多非金属直接化合。例如,钠与硫化合时甚至发生爆炸,生成硫化钠。

$$2Na + S = Na_2S$$

2. 钠与水的反应

【实验6-3】 向一个盛有水的小烧杯里滴入几滴酚酞试液,然后把一小块(约为黄豆粒大)钠投入小烧杯,如图6-6所示。观察反应的现象以及溶液颜色的变化。

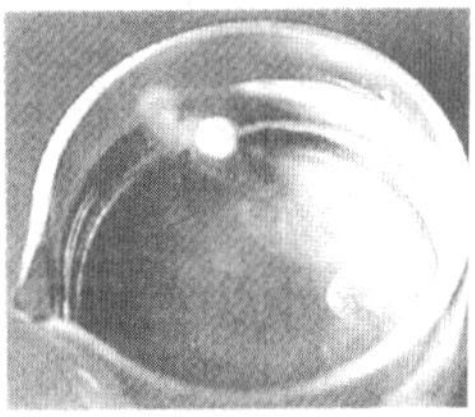

图6-6 钠与水的反应

【实验6-4】 在一个空塑料瓶中加入约3/4体积的水,用手挤压瓶子,使水面上升至近瓶口,排走瓶中的大部分空气。在胶塞上固定一根大头针,用针扎起一块黄豆粒大小的金属钠,迅速用胶塞塞住挤瘪的瓶口,倒置(见图6-7),并不断摇动塑料瓶。待反应完全后,反应产生的气体使挤瘪的瓶子复原,取下塞子,迅速用拇指堵住瓶口,并将瓶口移近火焰,检验钠与水反应所生成的气体。

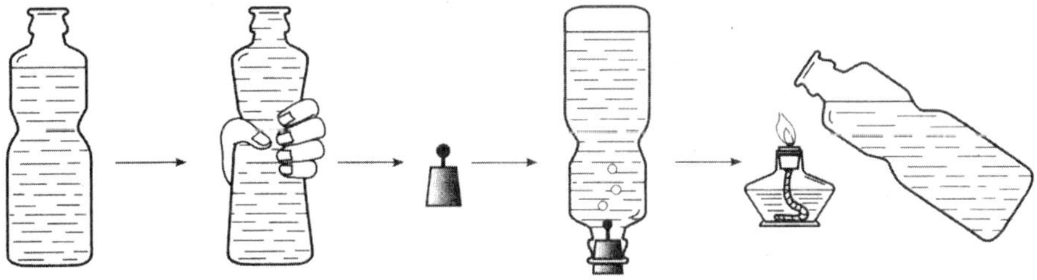

图6-7 检验钠与水反应所生成的气体示意图

讨论

①将钠投入水中时，钠浮在水面上还是沉入水下，为什么？

②钠是否熔成一个小球？还有什么现象发生？为什么？

③反应后溶液的颜色有什么变化？生成的气体是什么？说明钠与水反应生成了什么？

通过讨论，我们可以得出钠的密度比水小、钠与水的反应是放热反应，以及反应后生成了氢氧化钠和氢气等结论。

$$2Na + 2H_2O = 2NaOH + H_2\uparrow$$

钠很容易跟空气中的氧气和水起反应，因此，在实验室中通常将钠保存在煤油或石蜡里。由于钠的密度比煤油大，所以，钠沉在煤油下面，将钠与氧气和水隔绝。

三、钠的重要化合物及其用途

钠的化合物在自然界分布很广，用途也很多。这里重点学习氢氧化钠、碳酸钠和碳酸氢钠。

1. 氢氧化钠（NaOH）

氢氧化钠是一种最常用的碱，俗名火碱、烧碱、苛性钠。它是一种极易溶于水的白色固体，在空气中易潮解。

氢氧化钠是一种重要的化工原料，广泛用于石油、造纸、纺织、印染、制皂等工业上。

2. 碳酸钠（Na_2CO_3）和碳酸氢钠（$NaHCO_3$）

（1）碳酸钠（Na_2CO_3）　俗名纯碱或苏打，是白色粉末。碳酸钠晶体含结晶水，化学式是 $Na_2CO_3 \cdot 10H_2O$。在空气里碳酸钠晶体很容易失去结晶水，并渐渐碎裂成粉末。失水以后的碳酸钠叫做无水碳酸钠。

（2）碳酸氢钠（$NaHCO_3$）　俗名小苏打，是一种细小的白色晶体。碳酸钠比碳酸氢钠容易溶解于水。

碳酸钠和碳酸氢钠都能与盐酸反应放出二氧化碳：

$$Na_2CO_3 + 2HCl = 2NaCl + H_2O + CO_2\uparrow$$

$$NaHCO_3 + HCl = NaCl + H_2O + CO_2\uparrow$$

【实验 6-5】　在两支试管中分别加入 3 mL 稀盐酸，将两个各装有 0.3 g Na_2CO_3 或 $NaHCO_3$ 粉末的小气球分别套在两支试管口。将气球内的 Na_2CO_3 和 $NaHCO_3$ 同时倒入试管中，观察反应现象（见图 6-8）。

从上述实验可以得知，$NaHCO_3$ 和 Na_2CO_3 都能与 HCl 溶液起反应，但 $NaHCO_3$ 与 HCl 溶液的反应要比 Na_2CO_3 与 HCl 溶液的反应剧烈得多。

【实验 6-6】　把 Na_2CO_3 放在试管里，约占试管容积的 1/6，往另一支试管里倒入澄清的石灰水（见图 6-9），然后加热，观察澄清的石灰水是否起变化。换上一支放入同样容积 $NaHCO_3$ 的试管，加热，观察澄清石灰水的变化。

从上述实验可得知，Na_2CO_3 受热没有变化，而 $NaHCO_3$ 受热后放出了 CO_2。这个实验说明 Na_2CO_3 很稳定，而 $NaHCO_3$ 却不太稳定，受热容易分解。

可以利用这个反应来鉴别 Na_2CO_3 和 $NaHCO_3$。

$$2NaHCO_3 \xlongequal{\triangle} Na_2CO_3 + H_2O + CO_2\uparrow$$

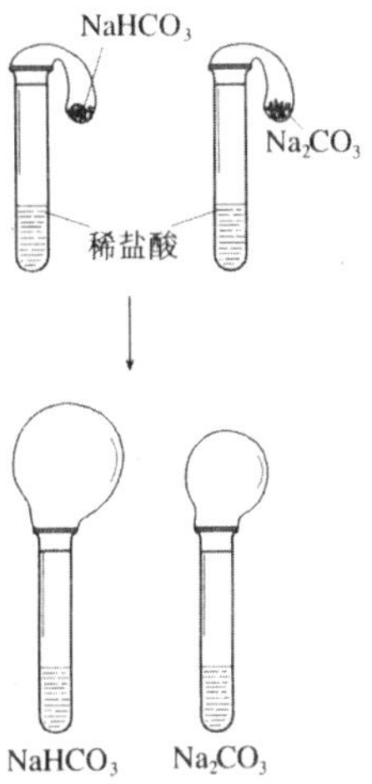

图 6－8　Na_2CO_3、$NaHCO_3$ 与稀盐酸的反应

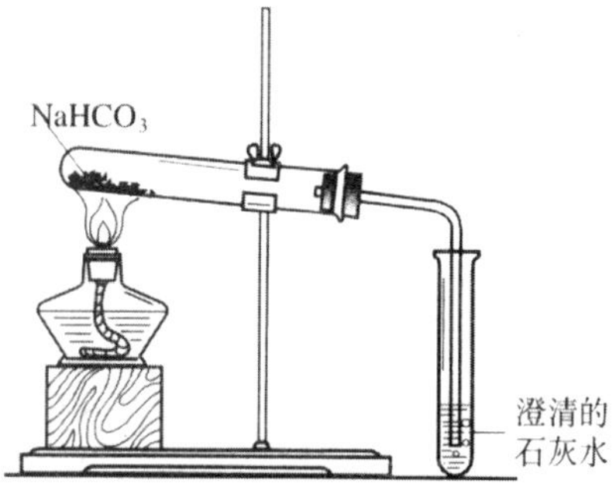

图 6－9　鉴别 Na_2CO_3 和 $NaHCO_3$

讨论

如何鉴别 Na_2CO_3，$NaHCO_3$ 和 NaCl？

碳酸钠是化学工业的重要产品之一，有很多用途。它广泛地用于玻璃、制皂、造纸、纺织等工业中，也可以用来制造钠的其他化合物。碳酸氢钠是焙制糕点所用的发酵粉的主要成分之一。在医疗上，它是治疗胃酸过多症的一种药剂。

知识库

侯氏制碱法

碳酸钠用途非常广泛。虽然人们曾先后从盐碱地和盐湖中获得碳酸钠，但仍不能满足工业生产的需要。

1862 年，比利时人索尔维（Frnest Solvay，1838—1922）发明了以食盐、氨、二氧化碳为原料制取碳酸钠的“索尔维制碱法”（又称氨碱法）。此后，英、法、德、美等国相继建立了大规模生产纯碱的工厂，并组织了索尔维公会。对会员以外的国家实行技术封锁。第一次世界大战期间，欧亚交通梗塞。由于我国所需纯碱都是从英国进口的，一时间，纯碱非常缺乏，一些以纯碱为原料的民族工业难以生存。1917 年，爱国实业家范旭东在天津塘沽创办了永利碱业公司，决心打破洋人的垄断，生产出中国的纯碱。他聘请正在美国留学的侯德榜先生出任总工程师。

1920 年，侯德榜先生毅然回国任职。他全身心地投入制碱工艺和设备的改进上，终于摸索出了索尔维法的各项生产技术。1924 年 8 月，塘沽碱厂正式投产。1926 年，中国生产的“红三角”牌纯碱在美国费城的万国博览会上获得金质奖章。产品不但畅销国内，而且远销日本和东南亚。

针对索尔维法生产纯碱时食盐利用率低，制碱成本高，废液、废渣、污染环境和难以处理等不足，侯德榜先生经过上千次试验，在 1943 年研究成功了联合制碱法。这种方法把氯化铵和纯碱两种产品联合生产。提高了食盐利用率，缩短了生产流程，减少了对环境的污染，降低了纯碱的成本。联合制碱法很快为世界所采用。

由于侯德榜对制碱技术做出了重大贡献，所以人们把他所发明的联合制碱法称作“侯氏制碱法”。他本人也荣获“中国工程学会化工贡献最大者奖”，并被聘为英国化学工业学会名誉会员，以及英国皇家学会和美国化学工程学会荣誉会员。

侯德榜先生对英、法、德、美等国垄断技术十分愤慨，将自己多年来研究制碱技术的心得写成《纯碱制造》一书，于1933年在美国出版，将保密达70年之久的索尔维法公诸于世，为中外学者所钦佩。该书被誉为首创的制碱名著，为祖国争得了荣誉。

四、焰色反应

在日常生活中我们发现，当把少量食盐或盐水洒在炉火上时，火焰会呈黄色。事实上，很多金属，如锂、钾、钙、锶、钡、铜等以及它们的化合物在被灼烧时，都会使火焰呈现特殊的颜色，这在化学上叫做焰色反应(flame test)。

【实验6－7】 把铂丝(也可以用光洁无锈的铁丝或镍、铬、钨丝等)放在酒精灯(最好用煤气灯，它的火焰颜色较浅)的火焰上灼烧(见图6－10)，等到跟原来的火焰颜色相同的时候，用铂丝蘸碳酸钠溶液，放在火焰上灼烧，可以看到火焰呈黄色。每次试验完后都要用稀盐酸洗净铂丝，重新在火焰上灼烧到跟原来的火焰颜色相同，再分别蘸碳酸钾溶液、氯化钾溶液、氯化铜溶液、氢氧化钙溶液做实验，观察火焰的颜色。在观察钾盐溶液的火焰颜色时，要透过蓝色的钴玻璃观察，这样就可以滤去黄色的光，避免碳酸钾里钠的杂质所造成的干扰，这时观察到的焰色为紫色。

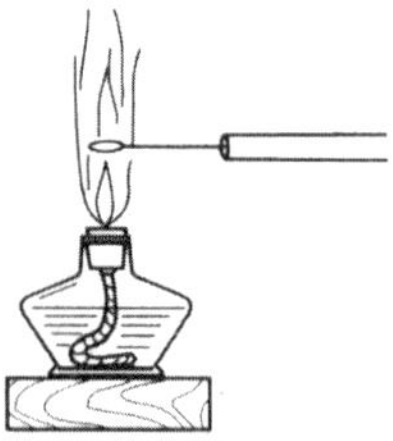

图6－10 焰色反应

我们还可以看到，蘸氯化铜溶液灼烧时，火焰呈绿色；蘸氢氧化钙溶液灼烧时，火焰呈砖红色。根据焰色反应所呈现的特殊颜色，可鉴定这些金属或金属离子的存在。试验时也可用铂丝蘸一些被测物质的粉末灼烧并加以对比。表6－4列出了几种金属或金属离子焰色反应的颜色。

表6－4 几种金属或金属离子焰色反应的颜色

钠	钾	锂	铷	钙	锶	钡	铜
黄色	紫色 (透过蓝色钴玻璃)	紫红色	紫色	砖红色	红色	黄绿色	绿色

节日夜晚燃放的五彩缤纷的焰火中，就含有某些金属或它们的化合物。当燃放时，各种金属的焰色反应使得夜空呈现出各种鲜艳的色彩，构成美丽的图案。

第三节 铝及其重要化合物

一、铝的物理性质

铝的某些性质，见表 6－5。

表 6－5 铝的性质

元素名称	元素符号	核电荷数	原子结构示意图	单质的物理性质					
				颜色	状态	密度 /($g \cdot cm^{-3}$)	硬度	熔点 /℃	沸点 /℃
铝	Al	13		银白	固	较软	2.70	660.4	2 467

讨论

结合日常生活常识，并根据表 6－5、金属的通性及元素周期律知识，讨论以下问题：

①铝有哪些用途？

②铝属于哪类金属？

③铝位于元素周期表的第几周期第几族？

④在表 6－5 中画出铝的原子结构示意图。

铝位于第三周期的第ⅢA 族，它是银白色的轻金属，有较强的韧性和延展性，有良好的导电、导热性。但纯铝的硬度、强度较低，不适于制造机器零件。在铝中加入一些其他元素，如镁、硅、铜、锌、锰等可以制成多种质轻、坚韧、机械性能好、用途广泛的合金。

小锦囊

铝是大家非常熟悉的元素，现代生活离不开铝。铝有许多优良的性能，因此在各方面有着极其广泛的用途。化工厂里有铝制的各种管道、反应器；电力工业上有大量铝制电器、输电线；交通上有铝合金制的飞机、车辆、轮船；建筑业上用铝作建筑材料；家庭里有铝制炊具、生活用具等。

二、铝的化学性质

讨论

回忆元素周期律和原子结构知识，讨论铝有哪些主要化学性质。

铝元素的原子最外层有 3 个电子。在参加化学反应时，铝原子容易失去最外层电子成为阳离子。

$$Al - 3e^- \longrightarrow Al^{3+}$$

铝是比较活泼的金属，具有较强的还原性，它能与非金属、酸等物质起反应。铝还可以与强碱溶液起反应。

1. 铝与非金属反应

在常温下,铝能与空气里的氧气起反应,生成一层致密而坚固的氧化物薄膜,从而使铝失去光泽。由于这层氧化物薄膜能阻止金属的继续氧化,因此,铝有抗腐蚀的性能。铝制的器皿不宜用钢刷、沙或灰擦洗。

我们已经知道镁条能够在空气里燃烧。铝能不能燃烧呢?让我们观察下述实验。

【实验6-8】 把2 cm×5 cm铝箔的一端固定在粗铁丝上,另一端裹一根火柴。点燃火柴,待火柴快燃尽时,立即把铝箔伸入盛有氧气的集气瓶中(集气瓶底部要放一些细沙,见图6-11),然后观察现象。

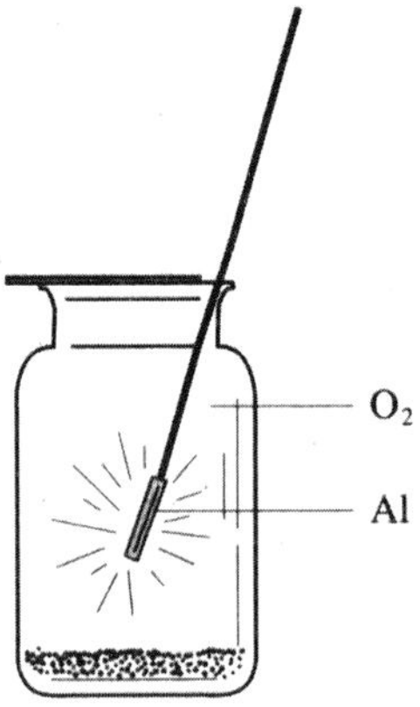

图6-11 铝箔的燃烧

可以看到,铝箔在氧气里剧烈燃烧,放出大量的热和耀眼的白光,反应生成三氧化二铝。

$$4Al + 3O_2 \xlongequal{点燃} 2Al_2O_3$$

铝除能与氧气发生反应外,在加热时还能与其他非金属如硫、卤素等起反应。

2. 铝与酸反应

铝能与稀硫酸和稀盐酸反应生成氢气。

$$2Al + 6H^+ \xlongequal{} 2Al^{3+} + 3H_2\uparrow$$

在常温下,在浓硫酸或浓硝酸里铝的表面被钝化,生成坚固的氧化膜,可以阻止反应的继续进行。因此,可以用铝制的容器装运浓硫酸或浓硝酸。

3. 铝与某些氧化物反应

由于酸、碱、盐等可直接腐蚀铝制品,铝制餐具不宜用来蒸煮或长时间存放具有酸性、碱性或咸味的食物。

铝在一定条件下,能与氧化铁发生氧化还原反应。

【实验6-9】 用两张圆形滤纸分别折叠成漏斗状,套在一起,使四周都有四层。把内层漏斗取出,在底部剪一个孔,用水润湿,再跟另一纸漏斗套在一起,架在铁圈上(见图6-12),下面放置盛沙的蒸发皿。把5 g炒干的氧化铁粉末和2 g铝粉混合均匀,放在纸漏斗中,上面加少量氯酸钾并在混合物中间插一根镁条,用小木条点燃镁条。观察发生的现象。

通过实验可以看到,镁条剧烈燃烧,放出一定的热量,使氧化铁粉末和铝粉在较高的温度下发生剧烈的反应。这个反应放出大量的热,并发出耀眼的光芒。还可以看到,纸漏斗下部被烧穿,有熔融物落入沙中。待熔融物冷却后,除去外层熔渣,仔细观察,可以发现落下的是铁珠。这个反应叫铝热反应。反应生成 Al_2O_3 和 Fe。

$$2Al + Fe_2O_3 \xlongequal{高温} 2Fe + Al_2O_3$$

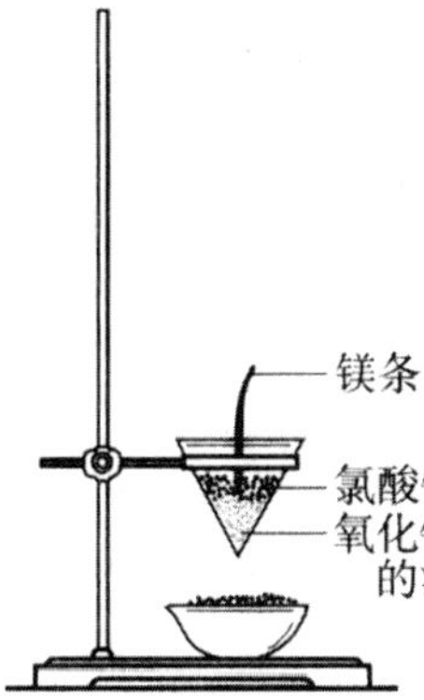

图6-12 铝热反应的实验装置

铝热反应原理可以应用在生产上，如用于焊接钢轨等。在冶金工业上也常用这一反应原理，使铝与金属氧化物反应，冶炼钒、铬、锰等。如

$$3MnO_2 + 4Al \xlongequal{高温} 2Al_2O_3 + 3Mn$$

4. 铝与碱反应

很多金属能与酸起反应，但大多数金属不能与碱反应，铝遇到碱时能不能发生反应呢？

【实验6-10】 在两支试管里分别加入5 mL浓NaOH溶液，再各放入一小段铝片和镁条，观察实验现象。用点燃的木条分别放在两支试管口，有什么现象发生？

通过实验看到，镁不能与NaOH溶液反应。铝能与NaOH反应，并放出一种可燃性气体，这种气体是氢气，同时生成偏铝酸钠（$NaAlO_2$）。反应的化学方程式为

$$2Al + 2NaOH + 2H_2O \xlongequal{} 2NaAlO_2 + 3H_2\uparrow$$

5. 氧化铝（Al_2O_3）

铝土矿可用来提取纯的氧化铝。氧化铝是一种白色难熔的物质，是冶炼金属铝的原料，也是一种比较好的耐火材料。它可以用来制造耐火坩埚、耐火管和耐高温的实验仪器等。

在学习元素周期律知识时，我们曾做过氧化铝既能溶于酸，又能溶于碱溶液的实验。氧化铝是典型的两性氧化物。新制备的氧化铝不仅可以与酸起反应生成铝盐，而且还能与碱起反应生成偏铝酸盐。

$$Al_2O_3 + 6HCl \xlongequal{} 2AlCl_3 + 3H_2O$$
$$Al_2O_3 + 2NaOH \xlongequal{} 2NaAlO_2 + H_2O$$

6. 氢氧化铝〔$Al(OH)_3$〕

氢氧化铝是几乎不溶于水的白色胶状物质。它不仅能凝聚水中悬浮物，而且又有吸附色素的性能。在实验室里可以用铝盐溶液与氨水的反应来制取氢氧化铝。

【实验6-11】 在试管里加入10 mL 0.5 mol/L $Al_2(SO_4)_3$溶液，滴加氨水，生成白色胶状$Al(OH)_3$沉淀。继续滴加氨水，直到不再产生沉淀为止。过滤，用蒸馏水冲洗沉淀，可得到较纯净的$Al(OH)_3$。取少量$Al(OH)_3$沉淀放在蒸发皿中，加热。观察$Al(OH)_3$的分解。

上述反应可以表示如下：

$$Al_2(SO_4)_3 + 6NH_3\cdot H_2O \xlongequal{} 2Al(OH)_3\downarrow + 3(NH_4)_2SO_4$$

$$2Al(OH)_3 \xlongequal{\triangle} Al_2O_3 + 3H_2O$$

【实验6-12】 把上面实验中制得的$Al(OH)_3$沉淀分装在两支试管里，向一支试管里滴加2 mol/L盐酸，向另一试管里滴加2 mol/L氢氧化钠溶液。边加边振荡，直至沉淀完全溶解。

实验表明，$Al(OH)_3$ 在酸或强碱的溶液里都能溶解。这说明它既能与酸起反应，又能与强碱溶液起反应，是典型的两性氢氧化物。这两个反应可表示如下：

$$Al(OH)_3 + 3HCl = AlCl_3 + 3H_2O$$

$$Al(OH)_3 + NaOH = NaAlO_2 + 2H_2O$$

7. 硫酸铝钾〔$KAl(SO_4)_2$〕

硫酸铝钾是由两种不同的金属离子和一种酸根组成的化合物，它电离时能产生两种金属阳离子。

$$KAl(SO_4)_2 = K^+ + Al^{3+} + 2SO_4^{2-}$$

十二水合硫酸铝钾〔$KAl(SO_4)_2 \cdot 12H_2O$〕的俗名是明矾。明矾是无色晶体，易溶于水，与水发生水解反应，它的水溶液显酸性。

$$Al^{3+} + 3H_2O = Al(OH)_3(\text{胶体}) + 3H^+$$

明矾水解所产生的胶状的 $Al(OH)_3$，其吸附能力很强，可以吸附水里的杂质，并形成沉淀，使水澄清。所以明矾常用做净水剂。

第四节 铁及其重要化合物

一、铁的化学性质

1. 铁与非金属反应

我们曾学过，灼热的铁丝在氧气里燃烧，生成黑色的四氧化三铁，也学过铁与硫的反应，铁还能与其他非金属反应吗？

【实验 6－13】 把烧得红热的细铁丝伸到盛有 Cl_2 的集气瓶中，如图 6－13 所示，观察现象。把少量水注入集气瓶中，振荡，观察溶液的颜色。

可以观察到，铁丝在 Cl_2 中燃烧，生成棕黄色的烟，这是 $FeCl_3$ 的小颗粒。加水振荡后，生成黄色溶液。

$$2Fe + 3Cl_2 \xlongequal{\text{点燃}} 2FeCl_3$$

加热时，Fe 还能与 S 起反应生成硫化亚铁：

$$Fe + S \xlongequal{\triangle} FeS$$

铁与 Cl_2、S 两种物质发生化学反应时，化合价的变化不同。在铁与 Cl_2 的反应里，铁原子失去三个电子变成 +3 价的铁。在铁与 S 的反应里，铁原子失去两个电子变成 +2 价的铁。在 Cl_2、S 这两种物质中，Cl_2 夺电子的能力强，它的氧化性强，S 的氧化性相对较弱。

2. 铁与水反应

在常温下，铁与 H_2O 不起反应。但在水和空气里的 O_2、CO_2 等共同的作用下，铁却很容易发生腐蚀。

【实验 6－14】 在硬质玻璃管中放入还原铁粉和石棉绒的混合物，加热，并通入水蒸气。用试管收集产生的经干燥的气体，并靠近火焰点火。观察现象。

可以看到，红热的铁能与水蒸气起反应（见图 6－14），放出气体，这种气体靠近火焰点火时，能燃烧或发出爆鸣声，这是氢气。反应的化学方程式为

$$3Fe + 4H_2O(g) \xlongequal{\triangle} Fe_3O_4 + 4H_2\uparrow$$

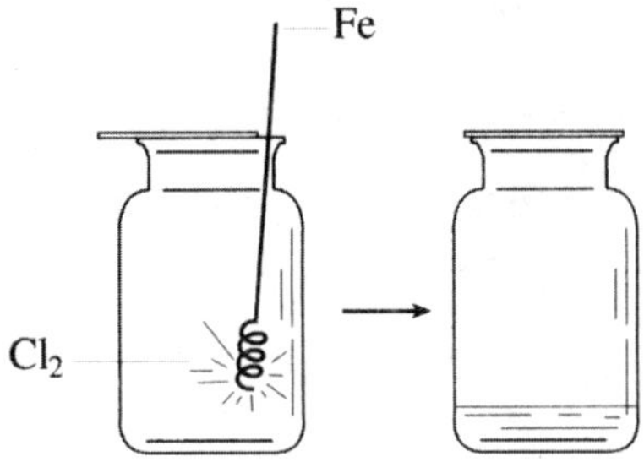

图 6－13　铁与氯气的反应

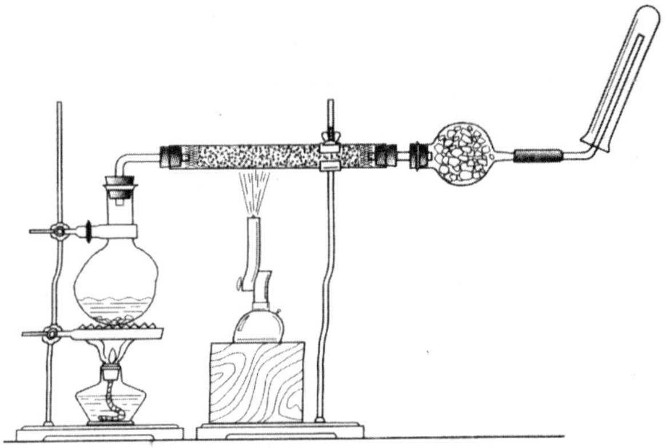

图 6－14　铁与水蒸气的反应

3. 铁与盐溶液反应

铁与比它不活泼的金属的盐溶液起反应时，能置换出这种金属。例如，把铁放入 $CuSO_4$ 或 $CuCl_2$ 溶液中时，铁被氧化成离子进入溶液，铜离子被还原成铜从溶液中析出，反应的离子方程式为

$$Fe + Cu^{2+} \xlongequal{} Fe^{2+} + Cu$$

4. 铁与酸反应

铁与盐酸、稀硫酸反应时，铁被氧化为 +2 价的铁，酸中的 H^+ 被还原为 H_2：

$$Fe + 2H^+ \xlongequal{} Fe^{2+} + H_2\uparrow$$

但在常温下，铁遇到浓硫酸、浓硝酸时，则发生钝化，生成致密的氧化物薄膜，这层薄膜可阻止内部金属进一步被氧化。

知识库

铁的相关知识

人类使用铁的历史可以追溯到四千五百多年以前，不过那时的铁是从天而降的陨铁（其中含铁 90% 以上）。我国在商代就开始用铁，在河北、北京、河南的某些地区出土过用陨铁打制的铁刃铜钺。我国最早的人工冶铁制品是甘肃灵台出土的春秋初年秦国的铜柄铁剑，这说明春秋初年我国已掌握了冶铁技术。

钢铁工业是国家工业的基础,新中国成立以后,我国的钢铁工业得到了飞速发展。1949年我国的钢产量仅居世界第26位,1996年,我国钢产量超过1亿吨,跃居世界首位。

铁在地壳中的含量仅次于氧、硅和铝,居第四位。它是一种历史悠久、应用最广泛、用量最大的金属。

在元素周期表中,铁位于第四周期第Ⅷ族。铁原子的最外电子层只有2个电子,在化学反应中容易失去这2个电子而变为亚铁离子:

$$Fe - 2e^- \longrightarrow Fe^{2+}$$

铁原子也能失去3个电子,生成带3个单位正电荷的铁离子:

$$Fe - 3e^- \longrightarrow Fe^{3+}$$

所以,铁通常显+2价或+3价。

铁的化学性质比较活泼,它能与许多物质发生化学反应。例如,它能与氧气及某些非金属单质反应,与水、酸、盐溶液反应。

二、铁的重要化合物

1. 铁的氧化物

铁的氧化物有氧化亚铁(FeO)、氧化铁(Fe_2O_3)和四氧化三铁(Fe_3O_4)等。铁的氧化物都不溶于水,也不与水起反应。

- FeO 是一种黑色粉末,它不稳定,在空气里加热,就迅速被氧化成 Fe_3O_4。
- Fe_2O_3 是一种红棕色粉末,俗称铁红,它可用做油漆的颜料。
- Fe_3O_4 是一种复杂的化合物,它是具有磁性的黑色晶体,俗称磁性氧化铁。

FeO 和 Fe_2O_3 能与酸起反应,分别生成亚铁盐和铁盐。

$$FeO + 2H^+ = Fe^{2+} + H_2O$$

$$Fe_2O_3 + 6H^+ = 2Fe^{3+} + 3H_2O$$

2. 铁的氢氧化物

铁的氢氧化物有氢氧化铁〔$Fe(OH)_3$〕和氢氧化亚铁〔$Fe(OH)_2$〕,它们可分别由相对应的可溶性盐与碱溶液起反应而制得。

【实验6-15】 在试管里注入少量新制备的 $FeSO_4$ 溶液,用胶头滴管吸取 NaOH 溶液,将滴管尖端插入试管里溶液底部,慢慢挤出 NaOH 溶液,观察发生的现象(见图6-15)。实验后应立即用盐酸、蒸馏水洗净滴管。

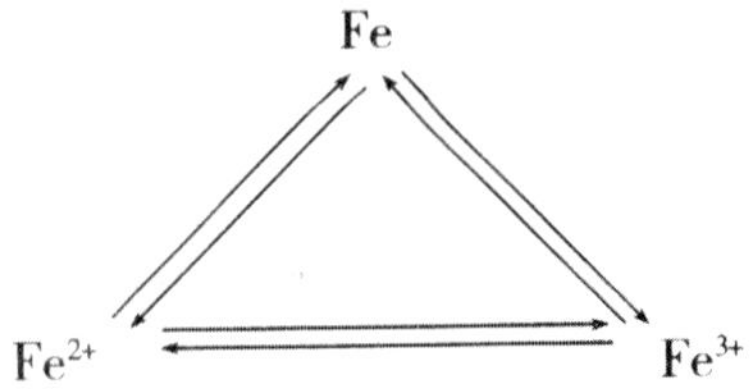

图6-15 氢氧化亚铁的生成

通过实验可以看到,挤入 NaOH 溶液后,开始时析出一种白色的絮状沉淀,这是氢氧化亚铁。

$$Fe^{2+} + 2OH^- = Fe(OH)_2\downarrow$$

生成的白色沉淀迅速变成灰绿色，最后变成红褐色。这是因为白色的 $Fe(OH)_2$（为 +2 价铁）被空气里的氧气氧化成了红褐色的 $Fe(OH)_3$（为 +3 价铁）。

$$4Fe(OH)_2 + O_2 + 2H_2O = 4Fe(OH)_3$$

$Fe(OH)_2$ 和 $Fe(OH)_3$ 都是不溶性碱，它们能与酸反应，分别生成亚铁盐和铁盐。

$$Fe(OH)_2 + 2H^+ = Fe^{2+} + 2H_2O$$

$$Fe(OH)_3 + 3H^+ = Fe^{3+} + 3H_2O$$

【实验 6-16】 在试管里加入少量 $FeCl_3$ 溶液，再逐滴滴入 NaOH 溶液。观察发生的现象。

从实验可以看到，溶液里立即生成了红褐色的 $Fe(OH)_3$ 沉淀。

$$Fe^{3+} + 3OH^- = Fe(OH)_3\downarrow$$

加热 $Fe(OH)_3$ 时，它就失去水而生成红棕色的 Fe_2O_3 粉末。

$$2Fe(OH)_3 \overset{\triangle}{=} Fe_2O_3 + 3H_2O\uparrow$$

3. 铁化合物和亚铁化合物的相互转变

- 三价铁的化合物遇到较强的还原剂时，会被还原成亚铁化合物。例如，$FeCl_3$ 溶液遇 Fe 等还原剂时，能被还原生成 $FeCl_2$。

$$2Fe^{3+} + Fe = 3Fe^{2+}$$

- 亚铁化合物在较强的氧化剂的作用下会被氧化成三价铁的化合物。例如，$FeCl_2$ 溶液与 Cl_2 起反应，立即被氧化成 $FeCl_3$。

$$2Fe^{2+} + Cl_2 = 2Fe^{3+} + 2Cl^-$$

以上事实说明，Fe^{2+} 和 Fe^{3+} 在一定条件下是可以相互转变的。

三、Fe^{3+} 的检验

【实验 6-17】 在两支试管里分别加入 5 mL $FeCl_2$ 溶液和 $FeCl_3$ 溶液，各滴入几滴 KSCN 溶液。观察发生的现象。

通过实验看到，Fe^{3+} 遇到 KSCN 溶液变成红色，Fe^{2+} 遇 KSCN 溶液不显红色。可以利用这一反应检验 Fe^{3+} 的存在。

$$Fe^{3+} + 3SCN^- = Fe(SCN)_3$$

第五节 硬水及其软化

一、硬水和软水

水是日常生活和工农业生产中不可缺少的物质。水质的好坏直接影响人类的生活和生产。天然水跟空气、岩石和土壤等长期接触，溶解了许多杂质，如无机盐类、某些可溶性有机物以及气体等。天然水中通常含有 Ca^{2+}，Mg^{2+} 等阳离子和 HCO_3^-，CO_3^{2-}，Cl^-，SO_4^{2-}，NO_3^- 等阴离子。不同地区的天然水里含有这些离子的种类和数量有所不同。

【实验 6-18】 在 2 个烧杯里各加入蒸馏水或天然水 30 mL，再分别注入少量肥皂水，搅拌，观察发生的现象。

通过实验，可以看到盛蒸馏水的烧杯里泡沫很多，没有沉淀产生。盛有天然水的烧杯里泡沫较少，并出现絮状沉淀。这是因为天然水含有 Ca^{2+} 和 Mg^{2+}，它们与肥皂起反应生成了不溶于水的物质。各种天然水里所含的离子的种类和数量不同，一般地说，地下水、泉水中含 Ca^{2+}、Mg^{2+} 较多，而雨水、河水、湖水中含的少一些。

1. 硬水和软水

通常按水中含 Ca^{2+}、Mg^{2+} 的多少，把天然水分为硬水和软水。含有较多 Ca^{2+} 和 Mg^{2+} 的水叫做硬水；只含有少量或不含 Ca^{2+} 和 Mg^{2+} 的水叫做软水。

如果水的硬度是由碳酸氢钙或碳酸氢镁所引起的，这种硬度叫做暂时硬度。具有暂时硬度的水经过煮沸以后，水里所含的碳酸氢盐就会分解成不溶性的碳酸盐：

$$Ca(HCO_3)_2 \xlongequal{\triangle} CaCO_3\downarrow + CO_2\uparrow + H_2O$$

$$Mg(HCO_3)_2 \xlongequal{\triangle} MgCO_3\downarrow + CO_2\uparrow + H_2O$$

继续加热煮沸时，$MgCO_3$ 就逐渐转化成更难溶的 $Mg(OH)_2$。这样，水里溶解的 Ca^{2+} 和 Mg^{2+} 就成为 $CaCO_3$ 和 $Mg(OH)_2$ 沉淀从水里析出，从而使硬度高的水得到软化。

2. 永久硬度及永久硬水

如果水的硬度是由钙和镁的硫酸盐或氯化物等引起的，这种硬度叫做永久硬度，这种水叫做永久硬水。永久硬水不能用加热的方法软化。天然水大多同时具有暂时硬度和永久硬度，因此，一般所说的水的硬度是指上述两种硬度之和。

二、硬水的软化

1. 水的硬度

水的硬度过高对生活和生产都有危害。洗涤用水如果硬度太高，不仅浪费肥皂，而且也洗不净衣物。长期使用硬水洗衣物，还会使织物变硬。长期饮用硬度过高或硬度过低的水，都不利于人体的健康。锅炉用水硬度太高（特别是暂时硬度），十分危险，因为经过长期烧煮后，水里的钙盐和镁盐会在锅炉内结成锅垢，使锅炉内金属管道的导热能力大大降低，这不但浪费燃料，而且会使管道局部过热。当超过金属允许的温度时，锅炉管道将变形或损坏，严重时会引起爆炸事故。

很多工业部门，如纺织、印染、造纸、化工等，都要求用软水。因此，对天然水进行软化，以降低或消除它的硬度是很重要的。

2. 硬水软化

硬水软化的方法通常有药剂软化法和离子交换法等。这里只简单介绍离子交换法。

离子交换法是用离子交换剂软化水的一种现代的方法。离子交换剂中的阳离子跟水中的 Ca^{2+}，Mg^{2+} 起离子交换作用，从而使硬水得到软化。

【实验 6－19】 如图 6－16 所示，使天然硬水通过阳离子交换柱。用试管取 5 mL 软化后的水，加入少量肥皂水振荡，检验水的硬度。

通过实验看到，软化后的水中加入肥皂水振荡时，泡沫很多，也没有沉淀产生。

用离子交换法软化硬水，具有质量高、设备简单、占地面积小、操作方便等优点，目前使用得比较普遍。

硬水软化的方法还有很多，例如离子膜法、电渗析法等，这里不再一一介绍。

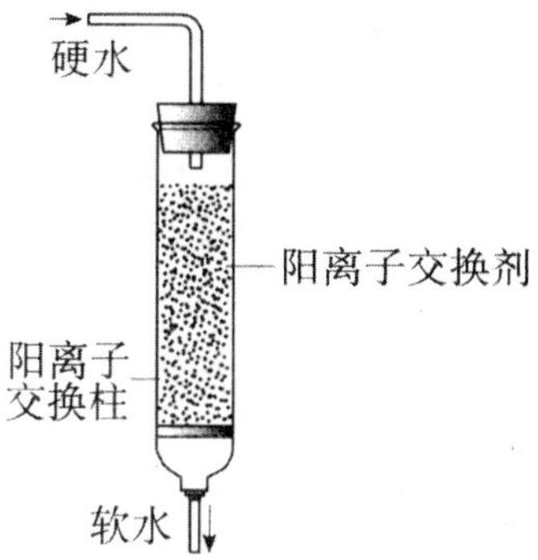

图 6－16　用阳离子交换剂软化硬水

知识拓展总结

主干知识梳理

1. 金属的分类

对于金属,可以按照不同的分类标准,从不同的角度进行分类。

(1)冶金工业上的分类方法:黑色金属:铁、铬、锰。有色金属:除上述三种金属以外的其他金属。如常见的铝、铜等。

(2)根据金属的密度不同分类:轻金属:密度小于 $4.5\ g \cdot cm^{-3}$ 的金属。如铝、钠、钾、镁、钙等。重金属:密度大于 $4.5\ g \cdot cm^{-3}$ 的金属。如铁、铜、银、镉、汞等。

2. 金属键

金属晶体中,金属阳离子和自由电子之间存在较强的相互作用,这种强烈的相互作用就是金属键。金属键也是化学键的一种。影响金属键强弱的因素有:

(1)金属的原子半径:一般来说,其他条件相同时,金属的原子半径越大,单位体积内自由电子的数目越少,金属键越弱。

(2)金属原子的价电子数:一般来说,其他条件相同时,金属的价电子数越多,单位体积内自由电子的数目越多,金属键越强。

(3)其他因素:如金属晶体中金属离子的堆积方式等。

3. 金属元素的相似性

(1)金属的物理通性。

①常温下均呈固态(汞除外)。金属键属于化学键的范畴,作用力较强,因此金属晶体的熔点较高,金属晶体常温下大都以固态的形态存在。

②都有金属光泽,不透明。金属晶体中有自由电子,自由电子运动过程中会不断吸收和释放能量。这样,照射到金属表面的光线都被金属中的自由电子吸收,所以金属都不透明。吸收了能量的自由电子还会把一部分能量以光的形式放出来,这就形成了金属光泽。

③都能导电、传热。导电是自由电子在外电场作用下定向移动的结果。自由电子在温度较高的区域吸收能量后,运动加快,这样的自由电子在运动过程中通过与金属离子的碰撞,将能量传给对方。通过这种不断的碰撞传递,就将能量从一个区域传递到另一个区域。因此,金属都容易导热。

④都有延展性和一定的韧性。当金属离子间的位置在外力的作用下发生轻微的位移时,金属键(没有方向性)仍然存在,所以金属晶体都有一定的延展性和韧性。

(2)金属的活动性。金属活动性顺序表：

K Ca Na Mg Al Zn Fe Sn Pb (H) Cu Hg Ag Pt Au
→

①从左到右，金属单质的还原性逐渐减弱。

②从左到右，金属阳离子的氧化性逐渐增强（但 $Fe^{3+} > Cu^{2+} > Fe^{2+}$）。

4. 金属的冶炼

(1)在自然界中少数能以游离态存在的金属，其化学性质不活泼；在自然界中总是以化合态存在的金属，其化学性质比较活泼。

(2)冶金的实质是用还原方法，使金属离子变为金属单质。冶金一般需要经过三个步骤：第一步矿石的采集；第二步冶炼；第三步精炼。

(3)用热还原法进行金属冶炼的一般原理是：在一定条件下，用还原剂把金属氧化物还原成金属单质。

(4)热分解法主要用于不活泼金属的冶炼，例如 $2HgO \xlongequal{\triangle} 2Hg + O_2\uparrow$；热还原法常用于在金属活动性顺序中位于 Zn 与 Cu 之间的大多数金属，例如 $Fe_2O_3 + 3CO \xlongequal{\triangle} 2Fe + 3CO_2$；电解法一般用于还原性较强的金属的冶炼，例如 $2Al_2O_3 \xlongequal{电解} 4Al + 3O_2\uparrow$。

5. 金属的回收和资源保护

(1)产生大量废旧金属的主要原因是金属制品在使用过程中会被腐蚀或损坏，同时由于生产力的发展，新产品不断代替旧产品。废旧金属的产生除了造成资源损耗浪费外，还会造成一些严重的社会问题，如环境污染。

(2)对于产生的废旧金属，最好的处理方法是回收废旧金属。

一、钠的性质和用途

1. 钠的物理性质

钠是一种银白色、有金属光泽的金属，具有良好的导电、导热性。

质软——可以用小刀切割。

密度小——浮在水面，但比煤油的密度大。

熔点低——易熔化。

2. 钠的化学性质

(1)与非金属反应。

①与氧气反应：常温下能与空气中的氧气化合使其表面变暗。

$4Na + O_2 \xlongequal{} 2Na_2O$（不稳定）

在空气或氧气中燃烧，生成淡黄色固体。

$2Na + O_2 \xlongequal{燃烧} Na_2O_2$（有黄色火焰）（稳定）

②与硫反应：$2Na + S \xlongequal{} Na_2S$（研磨易爆炸）。

③与卤素反应：$2Na + Cl_2 \xlongequal{点燃} 2NaCl$。

(2)与水反应。钠与水剧烈反应，放出氢气并生成氢氧化钠，滴加酚酞，溶液呈红色。

$2Na + 2H_2O \xlongequal{} 2NaOH + H_2\uparrow$

注意：a. 钠与水（加酚酞）反应有以下现象：①浮在水面上（密度比水小）；②熔化成光亮的小球（反应放热，钠熔点低）；③迅速游动（产生氢气），并听到“嘶嘶”声；④溶液呈红色（生成的 NaOH 遇酚酞变红）。

b. 反应实质：与水电离出的 H^+ 反应。

（3）与酸反应。钠与酸的反应比与水的反应更剧烈，极易爆炸，要特别小心。

$2Na + 2HCl \xlongequal{} 2NaCl + H_2\uparrow$

钠不足，直接与酸反应；钠过量，先与酸反应再与水反应。

（4）与盐溶液反应。钠与盐溶液反应，先考虑 Na 与水反应生成 NaOH，再考虑 NaOH 是否与盐反应。

①投入 NaCl 溶液中，只有 H_2 放出。

$2Na + 2H_2O \xlongequal{} 2NaOH + H_2\uparrow$

②投入饱和 NaCl 溶液中，有 H_2 放出，还有 NaCl 晶体析出（温度不变）。

③投入 NH_4Cl 溶液中，只有 H_2 和 NH_3 逸出。

$2Na + 2NH_4Cl \xlongequal{} 2NaCl + 2NH_3\uparrow + H_2\uparrow$

④投入 $CuSO_4$ 溶液中，有气体放出和蓝色沉淀生成。

$2Na + 2H_2O + CuSO_4 \xlongequal{} Cu(OH)_2\downarrow + Na_2SO_4 + H_2\uparrow$

3. 钠的重要用途

（1）利用钠的强还原性，在实验室中用做生氢剂；在工业上用来制取 Na_2O_2；在冶金工业上用来制取稀有金属，如 $TiCl_4 + 4Na \xlongequal{高温} Ti + 4NaCl$。

（2）钠、钾合金（钾的质量分数为 50% ~80%）在常温下呈液态，可做原子反应堆的导热剂。

（3）新型电光源——高压钠灯，具有射程远、透雾能力强的优点。

二、氧化钠和过氧化钠的比较

氧化钠和过氧化钠的比较，见表 6-6。

表 6-6 氧化钠和过氧化钠的比较

物质	氧化钠（Na_2O）	过氧化钠（Na_2O_2）
色、态	白色固体	淡黄色固体
类别	碱性氧化物	过氧化物
氧的价态	-2 价	-1 价
化合物类型	离子化合物	离子化合物
热稳定性	不稳定（加热时被氧气氧化） $2Na_2O + O_2 \xlongequal{\triangle} 2Na_2O_2$	相对稳定
与水反应	$Na_2O + H_2O \xlongequal{} 2NaOH$	$2Na_2O_2 + 2H_2O \xlongequal{} 4NaOH + O_2\uparrow$
与 CO_2 反应	$Na_2O + CO_2 \xlongequal{} Na_2CO_3$	$2Na_2O_2 + 2CO_2 \xlongequal{} 2Na_2CO_3 + O_2$
与酸反应	$Na_2O + 2HCl \xlongequal{} 2NaCl + H_2O$	$2Na_2O_2 + 4HCl \xlongequal{} 4NaCl + 2H_2O_2$ $\rightarrow 2H_2O + O_2\uparrow$
保存	隔绝空气，密封保存	隔绝空气、远离易燃物，密封保存

三、碳酸钠与碳酸氢钠

碳酸钠与碳酸氢钠，见表 6－7。

表 6－7　碳酸钠与碳酸氢钠

物质	碳酸钠	碳酸氢钠
俗名	纯碱或苏打	小苏打
颜色、状态	白色粉末	细小白色晶体
溶解性	易溶于水	易溶于水
与强酸反应的离子方程式	$CO_3^{2-}+2H^+ = CO_2\uparrow+H_2O$	$HCO_3^-+H^+ = CO_2\uparrow+H_2O$
与强碱反应的离子方程式	不反应	$HCO_3^-+OH^- = CO_3^{2-}+H_2O$
相互转化的方程式	$Na_2CO_3 \underset{①固(加热)②液(NaOH)}{\overset{CO_2+H_2O}{\rightleftharpoons}} NaHCO_3$	
用途	玻璃、造纸、制肥皂、洗涤剂	发酵、医药、灭火器

四、碱金属的性质

1. 碱金属的物理性质

$\xrightarrow{\text{Li Na K Rb Cs}}$

(1)色态：银白色金属(Cs 略带金色光泽)。

(2)硬度：$\xrightarrow{\text{大　　小}}$，柔软，有延展性。

(3)密度：$\xrightarrow{\text{大　　小}}$，Li，Na，K＜1；Rb，Cs＞1(Na＞K)。

(4)熔、沸点：$\xrightarrow{\text{高　　低}}$，Na 略低于水的沸点；K 稍高于人的体温；Cs 低于人的体温，除汞外，金属中铯的熔点最低。

(5)导热、导电性：热、电的良导体。

2. 碱金属元素单质的化学性质

(1)相似性。碱金属元素在原子结构上的相似性，决定了锂、钠、钾、铷、铯在性质上的相似性，碱金属都有强还原性，性质活泼。具体体现在都能与 O_2、Cl_2、水、稀酸溶液反应，生成含 R^+(R 为碱金属)的离子化合物；它们的最高价氧化物对应的水化物均是强碱。

(2)递变性。随着原子序数的增加，电子层数递增，原子半径渐大，失电子渐易，还原性渐强，又决定了它们的性质上的递变性。具体表现在：

①与 O_2 反应越来越剧烈，产物越来越复杂。Li：常温或燃烧时均生成 Li_2O；Na：常温时生成 Na_2O，燃烧时生成 Na_2O_2；K：常温时生成 K_2O_2，燃烧时则生成 KO_2(超氧化钾)；Rb，Cs 室温时遇到空气会立即燃烧，生成比过氧化物、超氧化物更复杂的氧化物。

②与 H_2O 反应越来越剧烈。锂与水反应比较缓和，钠比较剧烈，钾更剧烈，并且反应放出的热可以使 H_2 燃烧，并发生轻微的爆炸，Rb，Cs 遇水立即燃烧，甚至爆炸。

③随着核电荷数的增加，其最高价氧化物对应的水化物的碱性增强。

CsOH＞RbOH＞KOH＞NaOH＞LiOH

五、镁及其化合物

1. 镁的性质

(1)物理性质:银白色金属,密度较小,熔点较高,硬度不大,有良好的导热、导电和延展性。

(2)化学性质。镁的化学性质见表6-8。

表6-8 镁的化学性质

与非金属反应	$2Mg + O_2 \xlongequal{点燃} 2MgO$ $Mg + Cl_2 \xlongequal{点燃} MgCl_2$ $Mg + S \xlongequal{\triangle} MgS$
与酸反应	$Mg + 2H^+ \xlongequal{} Mg^{2+} + H_2\uparrow$ $Mg + 2H_2SO_4(浓) \xlongequal{} MgSO_4 + SO_2\uparrow + 2H_2O$
与水反应	$Mg + 2H_2O \xlongequal{\triangle} Mg(OH)_2 + H_2\uparrow$
与碱反应	不反应
与氧化物反应	$2Mg + CO_2 \xlongequal{点燃} 2MgO + C$
与盐溶液反应	$Mg + Cu^{2+} \xlongequal{} Cu + Mg^{2+}$

2. 镁的化合物

(1)氧化物。氧化镁属于高熔点、高硬度的氧化物,常做耐火材料。它可以缓慢地与 H_2O 反应生成 $Mg(OH)_2$;是碱性氧化物,只和酸反应,不和碱反应。如 $MgO + 2H^+ \xlongequal{} Mg^{2+} + H_2O$。

(2)氢氧化镁。氢氧化镁是白色固体,难溶于水,属二元中强碱,与酸反应。如 $Mg(OH)_2 + 2HCl \xlongequal{} MgCl_2 + 2H_2O$。

3. 镁盐

Mg^{2+} 可水解生成少量 H^+,故镁盐溶液可显弱酸性,Mg^{2+} 可与 OH^- 反应生成 $Mg(OH)_2$ 沉淀,Mg^{2+} 最好的沉淀剂为 OH^-。

六、铝及其化合物

1. 铝的性质

(1)物理性质。银白色金属,熔点为660 ℃,沸点为2 467 ℃,密度小,硬度小,导热、导电性良好。

(2)化学性质。

①常温下稳定。常温下 Al 和 O_2 发生反应,表面形成一层致密的氧化物保护膜,阻止了内部金属被进一步氧化。

②还原性。还原性见表6-9。

表6-9 铝的还原性

与非金属反应	$4Al + 3O_2 \xlongequal{\triangle} 2Al_2O_3$ $2Al + 3Cl_2 \xlongequal{\triangle} 2AlCl_3$ $2Al + 3S \xlongequal{\triangle} Al_2S_3$
与酸反应	$2Al + 6H^+ \xlongequal{} 2Al^{3+} + 3H_2\uparrow$
与水反应	$2Al + 6H_2O \xlongequal{\triangle} 2Al(OH)_3 + 3H_2\uparrow$
与碱反应	$2Al + 2NaOH + 6H_2O \xlongequal{} 2Na[Al(OH)_4] + 3H_2\uparrow$
与氧化物反应	$2Al + Fe_2O_3 \xlongequal{高温} 2Fe + Al_2O_3$
与盐溶液反应	$2Al + 3Cu^{2+} \xlongequal{} 2Al^{3+} + 3Cu$

2. 氧化铝

Al_2O_3 是高熔点、高硬度的氧化物,常做耐火材料,难溶于水。Al_2O_3 是典型的两性氧化物,既可与酸反应,又可与碱反应。

$Al_2O_3 + 6H^+ = 2Al^{3+} + 3H_2O$ $Al_2O_3 + 2OH^- + 3H_2O = 2[Al(OH)_4]^-$

3. $Al(OH)_3$ 的两性

$Al(OH)_3$ 是典型的两性氢氧化物

$Al(OH)_3$ 与强酸反应生成铝盐:$Al(OH)_3 + 3H^+ = Al^{3+} + 3H_2O$

$Al(OH)_3$ 与强碱反应生成四羟基合铝酸盐:$Al(OH)_3 + OH^- = [Al(OH)_4]^-$

Al^{3+} 只存在于酸性溶液中,$[Al(OH)_4]^-$ 只存在于碱性溶液中,即 Al^{3+} 与 OH^-,$[Al(OH)_4]^-$ 与 H^+ 不能大量共存,因为它们可发生下列反应:

$Al^{3+} + 3OH^- = Al(OH)_3\downarrow$ $H^+ + [Al(OH)_4]^- = Al(OH)_3\downarrow + H_2O$

Al^{3+} 和 $[Al(OH)_4]^-$ 不能大量共存,因为两者可发生双水解反应:$Al^{3+} + 3[Al(OH)_4]^- = 4Al(OH)_3\downarrow$

4. $Al(OH)_3$ 的生成

(1)铝盐与碱反应。

① 铝盐与强碱反应:这种方法应特别注意严格控制加入碱的量,因为强碱过量会使制得的 $Al(OH)_3$ 转化为四羟基合铝酸盐:$Al(OH)_3 + OH^- = [Al(OH)_4]^-$。所以,一般不采用这种方法制 $Al(OH)_3$。

②铝盐与氨水反应:实验室常用铝盐与氨水反应制 $Al(OH)_3$,反应方程式为:

$Al^{3+} + 3NH_3 \cdot H_2O = Al(OH)_3\downarrow + 3NH_4^+$

(2)四羟基合铝酸盐与酸反应:一般用向四羟基合铝酸盐溶液中通入 CO_2 的方法制取 $Al(OH)_3$。

当 CO_2 不足或适量时:$2[Al(OH)_4]^- + CO_2 = 2Al(OH)_3\downarrow + CO_3^{2-} + H_2O$

CO_2 过量时:$[Al(OH)_4]^- + CO_2 = Al(OH)_3\downarrow + HCO_3^-$

说明:一般不用强酸,因为强酸的量控制不当会使制得的 $Al(OH)_3$ 溶解:

$[Al(OH)_4]^- + H^+ = Al(OH)_3\downarrow + H_2O$

$Al(OH)_3 + 3H^+ = Al^{3+} + 3H_2O$

(3)互促水解:$Al^{3+} + 3[Al(OH)_4]^- = 4Al(OH)_3\downarrow$

$Al^{3+} + 3HCO_3^- = Al(OH)_3\downarrow + 3CO_2\uparrow$

七、铁的原子结构特征

(1)位置:铁位于元素周期表第 4 周期第Ⅷ族,是过渡金属元素的代表。

(2)结构:铁的原子结构示意图为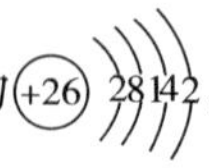。

(3)化合价:铁原子能失去最外层两个电子,又可以失去次外层一个电子,因此铁通常显 +2 价和 +3 价,且 +3 价更稳定。

八、铁的化学性质

当铁跟弱氧化剂反应时,只能失去最外层两个电子形成 Fe^{2+},当跟强氧化剂反应时,还能进一步失去次外层上的一个电子而形成 Fe^{3+}，所以铁在其化合物里通常都呈 +2 价或 +3 价。

1. 与非金属反应

$Fe + S \xrightarrow{\triangle} FeS$　$Fe + I_2 \xrightarrow{\triangle} FeI_2$　$3Fe + 2O_2 \xrightarrow{点燃} Fe_3O_4$　$2Fe + 3Cl_2 \xrightarrow{点燃} 2FeCl_3$

由此可比较非金属单质氧化性强弱：O_2、Cl_2 的氧化性比 S、I_2 强。

2. 与水反应

$3Fe + 4H_2O(g) \xrightarrow{高温} Fe_3O_4 + 4H_2$

3. 与酸反应

$Fe + 2H^+ = Fe^{2+} + H_2\uparrow$

铁与氧化性酸反应得不到氢气。如 $Fe + 4HNO_3(稀) = Fe(NO_3)_3 + NO\uparrow + 2H_2O$。

铁在冷的浓 H_2SO_4、浓 HNO_3 中钝化。

4. 与盐反应

$Fe + Cu^{2+} = Fe^{2+} + Cu$

$Fe + 2Fe^{3+} = 3Fe^{2+}$

九、铁的氧化物

铁的氧化物，见表 6－10。

表 6－10　铁的氧化物

化学式	FeO	Fe_2O_3	Fe_3O_4
俗称	—	铁红	磁性氧化铁
色态	黑色粉末	红棕色固体	黑色晶体
价态	+2 价	+3 价	$\frac{1}{3}$ +2 价，$\frac{2}{3}$ +3 价
水溶性	不溶	不溶	不溶
与酸的反应	$FeO + 2H^+ = Fe^{2+} + H_2O$，遇氧化性酸生成 Fe^{3+} 盐	$Fe_2O_3 + 6H^+ = 2Fe^{3+} + 3H_2O$	$Fe_3O_4 + 8H^+ = Fe^{2+} + 2Fe^{3+} + 4H_2O$
与 CO 的反应	$Fe_xO_y + yCO \xrightarrow{高温} xFe + yCO_2$		

十、铁的氢氧化物

铁的氢氧化物，见表 6－11。

表 6－11　铁的氢氧化物

氢氧化物	氢氧化亚铁	氢氧化铁
化学式	$Fe(OH)_2$	$Fe(OH)_3$
物理性质	白色固体，不溶于水	红褐色固体，不溶于水
化学性质	$Fe(OH)_2 \xrightarrow{H^+} Fe^{2+}$ $Fe(OH)_2 \xrightarrow{H_2O,O_2} Fe(OH)_3$	$Fe(OH)_3 \xrightarrow{H^+} Fe^{3+}$ $Fe(OH)_3 \xrightarrow{\triangle} Fe_2O_3$
制法	可溶性碱与亚铁盐溶液反应 $Fe^{2+} + 2OH^- = Fe(OH)_2\downarrow$	可溶性碱与铁盐溶液反应 $Fe^{3+} + 3OH^- = Fe(OH)_3\downarrow$

十一、Fe^{2+}、Fe^{3+}的检验

在含有 Fe^{2+} 的溶液中加入 NaOH 溶液，再露置于空气中，发生的反应有：

$Fe^{2+}+2OH^{-}\xlongequal{}Fe(OH)_2\downarrow$

$4Fe(OH)_2+O_2+2H_2O\xlongequal{}4Fe(OH)_3\downarrow$

现象有：白色沉淀→灰绿色沉淀→红褐色沉淀

在含 Fe^{3+} 的溶液中加入 KSCN 溶液，溶液呈红色，反应为：$Fe^{3+}+3SCN^{-}\xlongequal{}Fe(SCN)_3$

或加入 NaOH 溶液生成红褐色沉淀：$Fe^{3+}+3OH^{-}\xlongequal{}Fe(OH)_3\downarrow$

经典规律总结

一、金属晶体熔点高低及硬度大小的变化规律

(1)同一主族金属元素的原子，价电子数目相同，从上到下随着原子序数的递增，电子层数增多，原子半径增大，金属晶体中金属阳离子与自由电子的作用逐渐减弱，因此它们的熔点逐渐降低，硬度逐渐减小。如碱金属中熔点钠比钾高，硬度钠比钾大。

(2)同一周期金属元素的原子的电子层数相同，从左到右随着原子序数的递增，价电子数增多，原子半径减小，金属晶体中金属阳离子与自由电子的作用逐渐增强，因此它们的熔点逐渐升高，硬度逐渐增大。如第三周期中按钠、镁、铝的顺序熔点逐渐升高，硬度逐渐增大。

二、由金属活动性顺序表分析金属知识的规律

由金属活动性顺序表分析金属知识的规律，见表 6－12。

表 6－12 金属知识规律的分析

金属活动性顺序表	K Ca Na	Mg Al Zn Fe Sn Pb	(H)	Cu	Hg Ag	Pt Au
金属原子失去电子的能力（或其还原性）	强——→弱					
金属阳离子得电子能力（或其氧化性）	弱——→强					
与氧气化合	常温下易被氧化	常温下缓慢被氧化	加热被氧化			不能被氧化
置换水中的 H^+	常温下能置换	加热时能置换	—	不能置换		
置换酸中的 H^+	能置换		—	不能置换		
与盐溶液反应	先与 H_2O 反应	前面的金属能置换出位于其后面的金属				
自然界中存在	化合态	化合态和游离态				游离态
冶炼方法	电解熔融物	还原剂还原			加热法	富集

三、二氧化碳与氢氧化钠溶液反应产物的判断

二氧化碳与氢氧化钠溶液反应的有关化学方程式：

$CO_2+2NaOH\xlongequal{}Na_2CO_3+H_2O$（$CO_2$ 不足） $CO_2+Na_2CO_3+H_2O\xlongequal{}2NaHCO_3$ CO_2

$+NaOH \longrightarrow NaHCO_3$（$CO_2$ 过量）

由上述反应原理可知：

①除去 $NaHCO_3$ 溶液中混有的 Na_2CO_3，可采用通入足量二氧化碳的方法。

②用 NaOH 制备 $NaHCO_3$，可采用向 NaOH 溶液中通入过量二氧化碳的方法。

③若 $n(CO_2):n(NaOH)=1:1$ 时，其产物为 $NaHCO_3$；若 $n(CO_2):n(NaOH)=1:2$ 时，其产物为 Na_2CO_3；若 $1>\frac{n(CO_2)}{n(NaOH)}>\frac{1}{2}$ 时，其产物为 $NaHCO_3$ 和 Na_2CO_3 的混合物，可根据反应前后碳原子、钠离子的守恒关系，求出 $n(NaHCO_3)$ 和 $n(Na_2CO_3)$。

四、过氧化钠的强氧化性

（1）Na_2O_2 与 SO_2 反应：$Na_2O_2+SO_2 \longrightarrow Na_2SO_4$。

（2）将 Na_2O_2 投入 $FeCl_2$ 溶液中，可将 Fe^{2+} 氧化成 Fe^{3+}，同时生成 $Fe(OH)_3$ 沉淀。

（3）将 Na_2O_2 投入氢硫酸中，可将 H_2S 氧化成单质硫，溶液变浑浊。

（4）将 Na_2O_2 投入 Na_2SO_3 溶液中，可将 Na_2SO_3 氧化成 Na_2SO_4。

（5）将 Na_2O_2 投入品红溶液中，因其有氧化性，所以具有漂白性，可使品红溶液褪色。

五、焰色反应

许多金属或它们的化合物在燃烧时火焰呈特殊的颜色，这在化学上叫做焰色反应，是一种物理现象。钠是黄色；钾是紫色（透过蓝色钴玻璃）；钙是砖红色。做焰色反应的实验时应注意：①火焰本身尽可能无色；②铂丝要洁净；③用焰色反应鉴定物质的方法一般是在用其他化学方法鉴定物质无明显现象时才采用。

铝的重要化合物与铝三角的转化

在铝的重要化合物中，核心是氧化铝与氢氧化铝，它们有两性，表现在既能与强酸反应，又能与强碱反应，这可通过元素周期律及电离平衡理论进行分析。

铝三角主要是 Al^{3+}，$Al(OH)_3$，$[Al(OH)_4]^-$ 之间的关系，其相互转化关系如下：

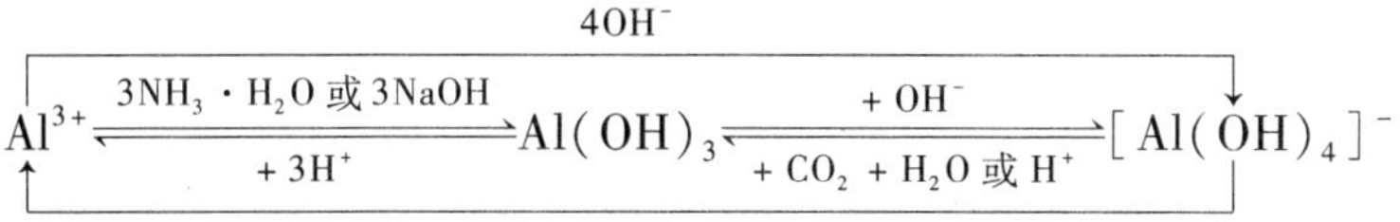

几种图像见表 6－13。

表 6－13 几种图象

<table>
<tr><td>操作</td><td>向 Al^{3+} 中滴入 NaOH 溶液至过量</td><td>向 NaOH 中滴入 Al^{3+} 溶液至过量</td></tr>
<tr><td>现象</td><td>沉淀→沉淀最大→消失</td><td>无沉淀→出现沉淀→沉淀最大</td></tr>
<tr><td>图像</td><td>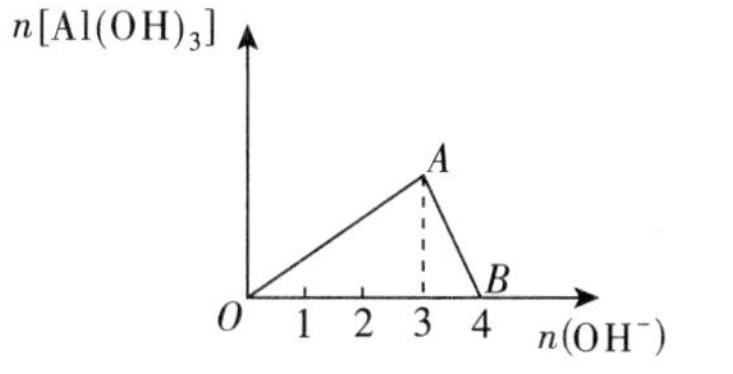
</td><td>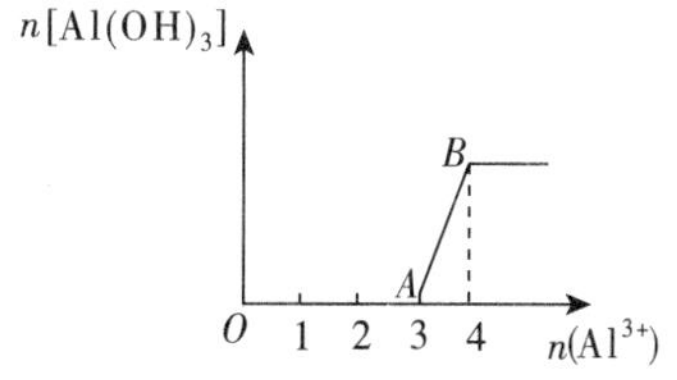
</td></tr>
<tr><td>离子反应</td><td>$Al^{3+}+3OH^- \longrightarrow Al(OH)_3\downarrow$
$Al(OH)_3+OH^- \longrightarrow [Al(OH)_4]^-$</td><td>$Al^{3+}+4OH^- \longrightarrow [Al(OH)_4]^-$
$Al^{3+}+3[Al(OH)_4]^- \longrightarrow 4Al(OH)_3\downarrow$</td></tr>
</table>

续表

操作	向$[Al(OH)_4]^-$中滴入H^+溶液至过量	向H^+中滴入$[Al(OH)_4]^-$至过量
现象	沉淀→沉淀最大→消失	无沉淀→出现沉淀→沉淀最大
图像	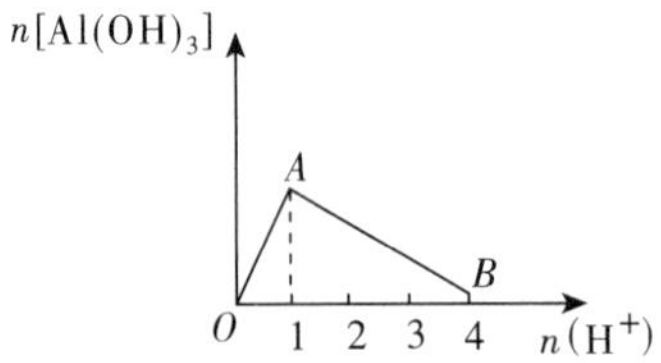	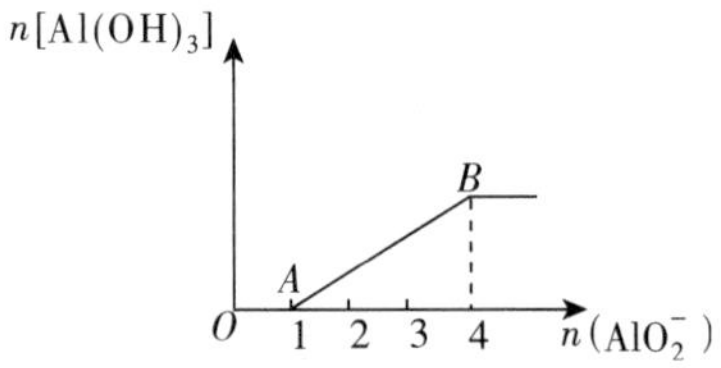
离子反应	$[Al(OH)_4]^- + H^+ \xlongequal{} Al(OH)_3\downarrow + H_2O$ $Al(OH)_3 + 3H^+ \xlongequal{} Al^{3+} + 3H_2O$	$[Al(OH)_4]^- + 4H^+ \xlongequal{} Al^{3+} + 4H_2O$ $3[Al(OH)_4]^- + Al^{3+} \xlongequal{} 4Al(OH)_3\downarrow$

六、“铁三角”

“铁三角”如图 6 - 17 所示。

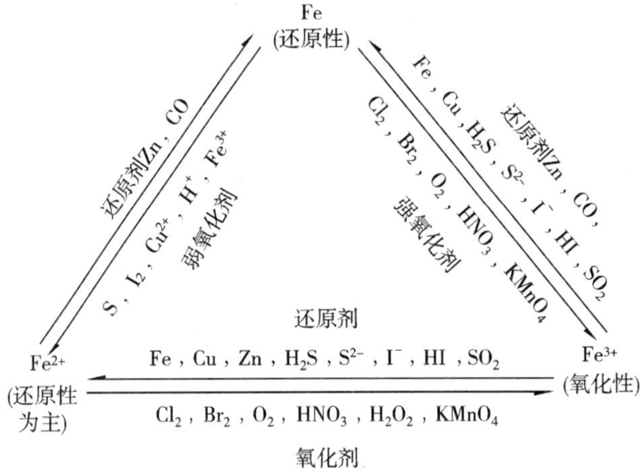

图 6 - 17　铁三角

七、铁与硝酸的反应

(1)铁与浓 HNO_3 在加热时发生反应:

$Fe + 6HNO_3(浓) \xlongequal{\triangle} Fe(NO_3)_3 + 3NO_2\uparrow + 3H_2O$

(2)铁与稀 HNO_3 反应:

$Fe + 4HNO_3 \xlongequal{} Fe(NO_3)_3 + NO\uparrow + 2H_2O$　$3Fe + 8HNO_3 \xlongequal{} 3Fe(NO_3)_2 + 2NO\uparrow + 4H_2O$

当$\frac{n(Fe)}{n(HNO_3)} \leqslant \frac{1}{4}$时,生成 Fe^{3+};当$\frac{n(Fe)}{n(HNO_3)} \geqslant \frac{3}{8}$时,生成 Fe^{2+};当$\frac{1}{4} < \frac{n(Fe)}{n(HNO_3)} < \frac{3}{8}$时,生成 Fe^{2+},Fe^{3+}。

解题一点通

一、金属与酸(或水)反应规律的应用

(1)已知一定量的金属分别与酸(或水)反应时,比较产生氢气量的大小时应注意:金属与酸反应能否产生氢气;金属是否过量;过量的金属能否与水反应又产生氢气;有时还要注意两性金属的影响。

(2)已知两种金属的混合物与酸反应产生氢气的量,可判断混合金属的成分,其方法思路是:先求出失去1 mol 电子时混合金属质量的大小,其值必定大于一种成分金属失去 1 mol 电子时的质量,小于另一种成分金属失去 1 mol 电子时的质量,再综合选项判断。

例题1 某不纯铁片可能含有 Mg,Al,Cu,取这种铁片 5.6 g 与足量的稀盐酸反应,得到 0.2 g 氢气,则该铁片中 ( )

A. 一定不含杂质　　B. 一定含金属铝

C. 一定含有金属铜　　D. 一定同时含有四种金属

解析 若 5.6 g 为纯铁时,正好放出 H_2 0.2 g,故不纯时一定含有铜、镁和铝中的一种或二者都有。

答案 C

例题2 下列各组金属混合物的质量相同,将它们分别与足量的盐酸反应,在相同状况下产生 H_2 的体积也相同。则其中含铝的质量最少的是 ( )

A. Fe 和 Al　　B. Zn 和 Al　　C. Mg 和 Al　　D. Na 和 Al

解析 该题即比较质量相同的 Fe、Zn、Mg、Na 与盐酸反应放出氢气的多少,放出氢气多者,需铝的含量就少。

答案 C

二、金属活动性顺序的应用

金属活动性顺序表虽是初中学习的内容,但它的应用涉及高中知识。考试说明指出"掌握若干常见金属的活动性顺序",因而高考题中时常出现此类题目。包括①判断金属和酸(H^+)能否发生置换反应[如排在氢前面的金属可以从酸(H^+)中置换出氢]。②判断金属在某些盐溶液中能否发生置换反应(如在金属活动性顺序表中排在前面的金属可以从盐溶液中把排在其后面的金属置换出来)。③判断金属与水的反应能否进行(如钾、钙、钠与冷水反应,镁与热水反应,其余难与水反应)。④判断原电池的正负极。原电池中比较活泼的金属为负极,较不活泼的金属为正极。⑤判断电解池中的阳离子在阴极上的放电顺序。活泼的金属易失电子,其阳离子难得电子。⑥判断金属的冶炼方法(如冶炼活泼金属从钠到铝用电解法,冶炼较活泼金属从锌到铜用还原法,冶炼汞及其以后的不活泼金属用加热法)。此类题除考查一些基本规律的应用外,还会涉及一些特殊性质。如 Fe^{3+} 的氧化性比 Hg^{2+} 弱却比 Cu^{2+} 强,钠、钙、钾在水溶液中不能做电极,镁在常温下可与某些水解呈酸性的盐溶液反应放出 H_2 等。解这类题的方法思路是:应用金属活动性顺序表和元素周期表的递变规律解题。有时还可利用金属活动性顺序表进行反推。

例题3 X、Y、Z、M、N 代表五种金属,有以下化学反应:

①水溶液中:$X + Y^{2+} = X^{2+} + Y$

②$Z+2H_2O(冷)═══Z(OH)_2+H_2\uparrow$

③M,N 为电极,与 N 的盐溶液组成原电池,发生的电极反应为 $M-2e^-═══M^{2+}$

④Y 可以溶于稀 H_2SO_4 中,M 不被稀 H_2SO_4 氧化

则这五种金属的活动性由弱到强的顺序是 ( )

A. $M<N<Y<X<Z$ B. $N<M<X<Y<Z$

C. $N<M<Y<X<Z$ D. $X<Z<N<M<Y$

解析 根据金属活动性强弱的判断规律:①能在水溶液中发生置换反应,$X>Y$;②与冷水反应放出 H_2,为活泼金属;③原电池中做负极的金属活泼,则 $M>N$;④Y 可与稀 H_2SO_4 反应,M 不能,则 $Y>M$。

答案 C

1. 利用 Na_2O_2 的性质解题

例题4 过氧化钠可与 CO_2 作用:$2Na_2O_2+2CO_2═══2Na_2CO_3+O_2$,当 0.2 mol Na_2O_2 完全反应后,生成 Na_2CO_3 的质量为 ( )

A. 21.2 g B. 21.6 g C. 22.0 g D. 22.4 g

解析 Na_2O_2 与 CO_2 发生的是歧化反应,Na_2O_2 中的氧一半化合价由 -1 价变为 0 价,生成了 O_2,另一半由 -1 价变为 -2 价,转入了 Na_2CO_3 中。由 Na_2O_2 生成的 Na_2CO_3 的相对分子质量为 108。

答案 B

例题5 将 2.1 g 由 CO 和 H_2 组成的混合气体(平均相对分子质量为 7.2)在足量的氧气中充分燃烧后,立即通入足量的 Na_2O_2 固体中,固体增加的质量是 ( )

A. 2.1 g B. 3.6 g C. 4.2 g D. 7.2 g

解析

$$CO\xrightarrow{\frac{1}{2}O_2}CO_2\xrightarrow{Na_2O_2}\begin{cases}\frac{1}{2}O_2\\ Na_2CO_3——Na_2O_2\cdot CO\end{cases}$$

$$H_2\xrightarrow{\frac{1}{2}O_2}H_2O\xrightarrow{Na_2O_2}\begin{cases}2NaOH——Na_2O_2\cdot 2H\\ \frac{1}{2}O_2\end{cases}$$

因此,固体增加的质量就是 CO 和 H_2 的质量之和。

答案 A

2. 利用碱金属的性质解题

例题6 钠和铯都是碱金属元素,下列关于铯及其化合物的叙述中不正确的是 ( )

A. 硫酸铯的化学式为 Cs_2SO_4

B. 氢氧化铯是一种强碱

C. 可以电解熔融的氯化铯制取铯

D. 碳酸铯加热易分解为二氧化碳和氧化铯

解析 化合态的碱金属元素只显 +1 价,故 A 正确;其氢氧化物的碱性从上到下逐渐增强,故 B 正确;碱金属单质都易与水反应,只能电解其熔融盐才能制取,故 C 正确。

答案 D

3. 利用差量法解题

例题7 200 ℃时，11.6 g CO_2 和 H_2O 的混合气与足量的 Na_2O_2 充分反应后，固体质量增加了 3.6 g，则原混合气体的平均相对分子质量是 （　　）

A. 5.8　　B. 21.6　　C. 23.2　　D. 46.4

解析 氧气的质量为 11.6 g − 3.6 g = 8 g，即物质的量为 1/4 mol，由化学方程式知，混合气体物质的量为氧气的 2 倍，所以混合气体为 1/2 mol，平均相对分子质量为 11.6 ÷ 1/2 = 23.2。

答案 C

例题8 在密闭容器中放入 $(NH_4)_2CO_3$ 和 NaOH 两种固体共 a g，将容器加热至 200 ℃，经充分反应后，排除其中的气体，冷却，称得剩余固体的质量为 b g，求容器中 $(NH_4)_2CO_3$ 和 NaOH 各多少克？

解析 本题中有 a g $(NH_4)_2CO_3$ 与 NaOH 的混合物，在加热时 $(NH_4)_2CO_3$ 与 NaOH 要发生反应，因而存在反应物过量问题，但不知哪种反应物过量，故需讨论。

设混合物中含 $(NH_4)_2CO_3$ 的质量为 x，则 NaOH 的质量为 $(a-x)$。

①若 NaOH 过量，则根据反应式有：

$$(NH_4)_2CO_3 + 2NaOH \xlongequal{\triangle} Na_2CO_3 + 2NH_3\uparrow + 2H_2O \quad \Delta m$$

96	80	106	70
x			$a-b$

所以 $\frac{96}{x}=\frac{70}{a-b}$　　$x=\frac{48}{35}(a-b)$ g

NaOH 的质量为 $a-x=a-\frac{48}{35}(a-b)=\frac{48}{35}b-\frac{13}{35}a$ g

②若 $(NH_4)_2CO_3$ 过量，剩余的 $(NH_4)_2CO_3$ 在加热时还要分解生成 NH_3，H_2O 和 CO_2 气体，故此时 b g 固体全部是 Na_2CO_3。根据钠元素质量守恒有

$(a-x)=\frac{b}{106}\times 2\times 40=\frac{40b}{53}$ g

所以 $x=\frac{53a-40b}{53}$ g

答案 $(NH_4)_2CO_3$ 的质量为 $\frac{48}{35}(a-b)$ g 或 $\frac{53a-40b}{53}$ g，NaOH 的质量为 $\frac{48b-13a}{35}$ g 或 $\frac{40b}{53}$ g。

4. 利用图像解题

例题9 将 NaOH 加入到 $AlCl_3$ 溶液中，得到0.78 g沉淀，若原溶液中的 $AlCl_3$ 与生成的 $Al(OH)_3$ 沉淀的物质的量之比为2∶1（见图 6－18），则加入的 NaOH 与原溶液中 $AlCl_3$ 的物质的量之比是 （　　）

A. 2∶3　　B. 3∶2　　C. 3∶1　　D. 7∶2

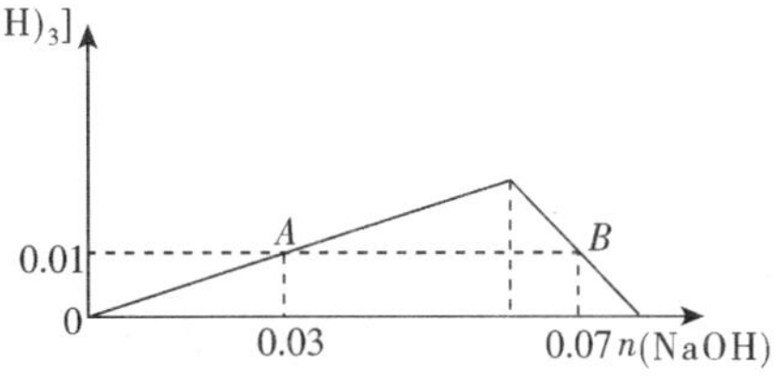

图 6－18　例题 9 图

解析 由图像可知,经计算得 A 点时,$n(NaOH):n(AlCl_3)=3:2$,B 点时为 7:2。

答案 BD

例题10 向 $MgCl_2$ 和 $AlCl_3$ 的混合溶液中加入 a 或 b 溶液时,沉淀的物质的量 y(mol)与加入的 a 或 b 溶液的体积 x(mL)的关系如图 6-19 所示。以下结论不正确的是 ( )

A. 混合溶液中 $c(AlCl_3):c(MgCl_2)=1:1$

B. $c(AlCl_3):c(MgCl_2)=3:1$

C. t 之前加 NaOH 溶液,t 之后加盐酸

D. 盐酸与 NaOH 溶液的物质的量浓度相同

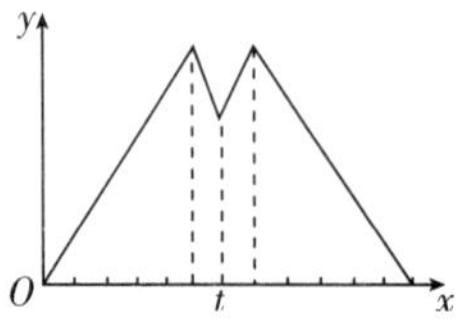

图 6-19 例题 10 图

解析 依题意及图示,溶解 $Al(OH)_3$ 的 NaOH 和与 $Na[Al(OH)_4]$ 反应重新生成 $Al(OH)_3$ 的盐酸体积相同,从反应 $Al(OH)_3+OH^-=[Al(OH)_4]^-$ 和 $[Al(OH)_4]^-+H^+=Al(OH)_3\downarrow+H_2O$ 可知,NaOH 溶液和盐酸物质的量浓度相同。所以 C、D 都正确。设 $AlCl_3$ 浓度为 m,$MgCl_2$ 浓度为 n。

$Al^{3+}+3OH^-=Al(OH)_3\downarrow$

m $3m$ m

$Mg^{2+}+2OH^-=Mg(OH)_2\downarrow$

n $2n$

$Al(OH)_3+OH^-=[Al(OH)_4]^-$

m m

由题中图示可得 $\dfrac{3m+2n}{m}=5:1$

即 $m:n=1:1$。

答案 B

5. 利用合金性质解题

例题11 铝硅合金(含 Si 13.5%)在凝固时收缩率很小,因而,这种合金适合铸造。在下列三种晶体①铝、②硅、③铝硅合金中,熔点从低到高的顺序是 ( )

A. ①③② B. ②①③

C. ③②① D. ③①②

解析 首先明确要比较的三种物质的晶体类型,铝、铝硅合金属于金属晶体,而硅是原子晶体,熔点最高,又因合金的熔点比各成分熔点都低,从而选出正确答案 D。

答案 D

6. 利用镁、铝性质解题

例题12 甲、乙两烧杯中各盛有 100 mL 3 $mol\cdot L^{-1}$ 的盐酸和氢氧化钠溶液,向两烧杯中分别加入等质量的铝粉,反应结束后测得甲、乙烧杯中生成的气体体积比为1:2,则加入铝粉的质量为 ( )

A. 5.4 g B. 3.6 g C. 2.7 g D. 1.8 g

解析 铝和盐酸反应的方程式：$2Al+6HCl \xlongequal{} 2AlCl_3+3H_2\uparrow$，铝与 NaOH 溶液反应的方程式：$2Al+2NaOH+6H_2O \xlongequal{} 2Na[Al(OH)_4]+3H_2\uparrow$。若在等物质的量的盐酸和 NaOH 溶液中分别投入足量的铝粉，则产生的 H_2 体积之比为 1∶3。若铝粉均完全反应，则产生的 H_2 体积之比为 1∶1。现在产生氢气的量为1∶2，说明铝粉的量对盐酸来说是过量的，对氢氧化钠是不足的。所以不难计算与盐酸反应的铝粉是 2.7 g，与 NaOH 溶液反应的铝粉是 5.4 g，故本题应选 A。

答案 A

7. 利用守恒法解题

例题13 某些化学试剂可用于净水。水处理中使用的一种无机高分子混凝剂的化学式可表示为$[Al_2(OH)_nCl_m \cdot yH_2O]_x$，式中 m 等于 （ ）

A. $3-n$　　B. $6-n$　　C. $6+n$　　D. $3+n$

解析 尽管混凝剂$[Al_2(OH)_nCl_m \cdot yH_2O]_x$ 在中学课本中未出现过，但对于任意一个化学式来说，各元素正负化合价的代数和均为零，即 $n+m=2\times3=6$，$m=6-n$，选 B。

答案 B

例题14 由锌、铁、铝、镁四种金属中的两种组成的混合物 10 g 与足量的盐酸反应产生的氢气在标准状况下为 11.2 L，则混合物中一定含有的金属是 （ ）

A. 锌　　B. 铁　　C. 铝　　D. 镁

解析 本题所涉及的反应有：$Mg+2H^+ \xlongequal{} Mg^{2+}+H_2\uparrow$，$2Al+6H^+ \xlongequal{} 2Al^{3+}+3H_2\uparrow$，$Fe+2H^+ \xlongequal{} Fe^{2+}+H_2\uparrow$，$Zn+2H^+ \xlongequal{} Zn^{2+}+H_2\uparrow$，由此可见，每产生 0.5 mol H_2，需 Mg 0.5 mol，即 12 g；需 Al $\frac{1}{3}$ mol，即 9 g；需 Fe 0.5 mol，即 28 g；需 Zn 0.5 mol，即 32.5 g。因此，两种金属的混合物 10 g 与盐酸反应生成0.5 mol H_2 时，铝必定为其中的组分之一。

答案 C

第七章 来自化石能源的基本化工原料——烃

本章概述

煤、石油和天然气统称为化石能源,它们除用做燃料外,也是十分重要的有机化工原料。

从这一章起,我们将学习有机化合物的知识。绝大多数的含碳化合物,都是有机化合物(简称有机物)。组成有机物的元素除碳外,通常还有氢、氧、氮、硫、卤素、磷等。仅含碳和氢两种元素的有机物称为碳氢化合物,又称烃。根据组成和结构的不同,烃可分为烷烃、烯烃、炔烃、芳香烃等。在这一章里,我们将学习甲烷、乙烯、乙炔和苯等几种有代表性的烃。

教学目标

1. 熟悉并掌握甲烷及烷烃的结构性质。
2. 掌握同分异构现象及同分异构体。
3. 掌握乙烯、乙炔及烯烃和炔烃的相关性质。
4. 了解苯的相关性质。

第一节 天然气

燃料的使用,给人们的生活带来了很多方便,但是,也伴随着大气环境污染的问题。在化石燃料中,天然气对大气环境影响最小,被视为"清洁燃料"能源。

一、甲烷

城镇的许多家庭使用管道天然气做饭和炒菜,在农村,利用沼气可解决生活用燃料问题,你知道管道天然气、沼气的主要成分是什么吗?

天然气、沼气的主要成分是甲烷。甲烷的分子式是 CH_4,是无色、无味的气体,极难溶于水。下面来了解甲烷的主要化学性质。

1. 燃烧

甲烷是一种很好的燃料,在空气里容易燃烧,发出淡蓝色的火焰,生成二氧化碳和水,同时放出大量的热。

$$CH_4 + 2O_2 \xrightarrow{点燃} CO_2 + 2H_2O(放热反应)$$

小锦囊

如果点燃甲烷与空气的混合物(甲烷的体积分数为5.3%～14%),就会发生爆炸。因此,当天然气发生泄漏时,应杜绝一切火源、火星,以防发生爆炸。

我国的天然气主要分布在中西部的四川、重庆、甘肃、青海、新疆等地区及沿海海底,我国建设的“西气东输”工程,就是将新疆等地的天然气,通过管道输送到我国东部地区,以解决东部地区化工资源短缺问题,并改善我国东部的能源结构。

2. 取代反应

把盛有氯气和甲烷的混合气体的集气瓶放在光亮的地方,可以观察到瓶中氯气的颜色会逐渐变浅的现象。这是因为在光照的条件下,甲烷与氯气发生了反应,这个反应是分步进行的,甲烷分子中的氢原子逐个被氯原子取代,可以生成四种取代产物。上述反应分别表示如下:

$$CH_4 + Cl_2 \xrightarrow{光} \underset{一氯甲烷}{CH_3Cl} + HCl$$

$$CH_3Cl + Cl_2 \xrightarrow{光} \underset{二氯甲烷}{CH_2Cl_2} + HCl$$

$$CH_2Cl_2 + Cl_2 \xrightarrow{光} \underset{三氯甲烷}{CHCl_3} + HCl$$

$$CHCl_3 + Cl_2 \xrightarrow{光} \underset{\substack{四氯甲烷\\(四氯化碳)}}{CCl_4} + HCl$$

有机物分子里的某些原子或原子团被其他原子或原子团所代替的反应叫做取代反应。

知识库

可燃冰

20世纪末,科学家发现海底存在大量天然气水合物晶体。这种晶体的主要气体成分是甲烷,因而又称甲烷水合物。它的外形像冰,而且在常温常压下会迅速分解释放出甲烷,因而又称“可燃冰”。

在天然气水合物晶体中,有甲烷、乙烷等,它们在水合物晶体里是装在几个水分子构成的笼内,这类化合物称作笼状化合物(见图7－1)。估计全球的海底和冰川底部共计有1×10^{23} t天然气藏在天然气水合物晶体里,总量超过煤、石油和天然气等化石燃料的总和,是巨大的潜在能源。

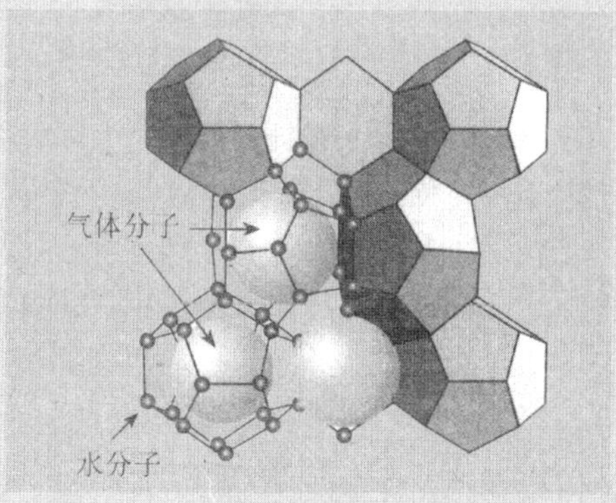

图7－1 天然气分子藏在水分子笼内

二、烷烃

1. 烷烃的结构和性质

(1)结构 碳原子的最外电子层有4个电子，常以共价键和氢原子结合形成共价化合物。例如，甲烷的分子式是CH_4，在甲烷分子中，碳原子以最外电子层上的4个电子分别与4个氢原子的电子形成4个共价键。甲烷的电子式可以表示为

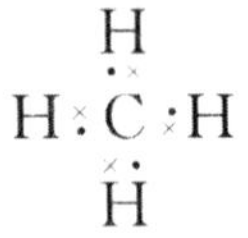

甲烷的分子结构可以表示为

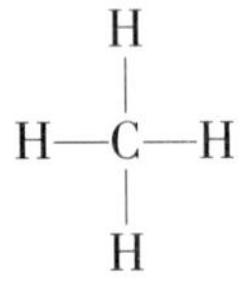

这种用短线来表示一对共用电子的图式叫做结构式。

(2)性质 实验证明，甲烷分子里的碳原子和4个氢原子不在同一平面内，分子呈正四面体形结构，碳原子位于正四面体的中心，4个氢原子分别位于正四面体的4个顶点上(见图7－2)。图7－3所示是两种常用的甲烷分子的模型。

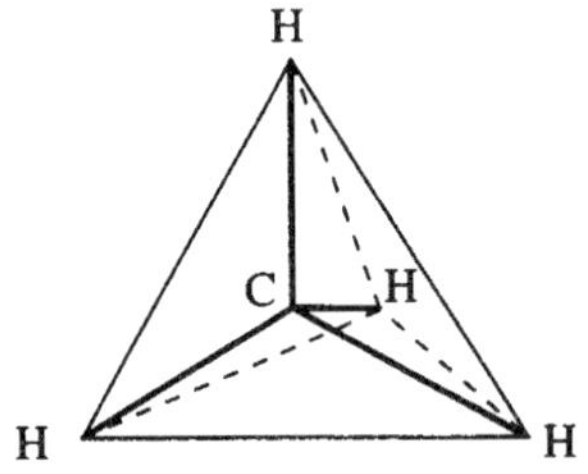

图7－2 甲烷分子结构示意图

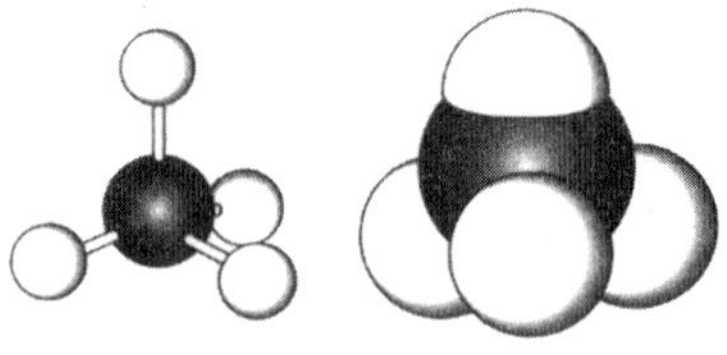

图7－3 甲烷分子的模型

(a)球棍模型；(b)比例模型

除甲烷外，在有机化合物里，还有一系列结构和性质与甲烷很相似的烃，如乙烷(C_2H_6)、丙烷(C_3H_8)、丁烷(C_4H_{10})等。它们的结构式分别表示如下：

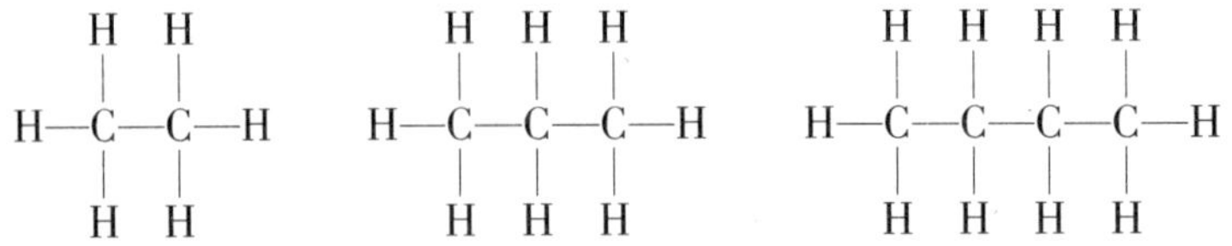

在这些烃的分子里，碳原子之间都以碳碳单键结合成链状，同甲烷一样，碳原子剩余的价键全部跟氢原子相结合。这样的结合使每个碳原子的化合价都已充分利用，都达到“饱和”。

这样的烃叫做饱和烃，又叫烷烃。见种烷烃的球棍模型，如图 7－4 所示。

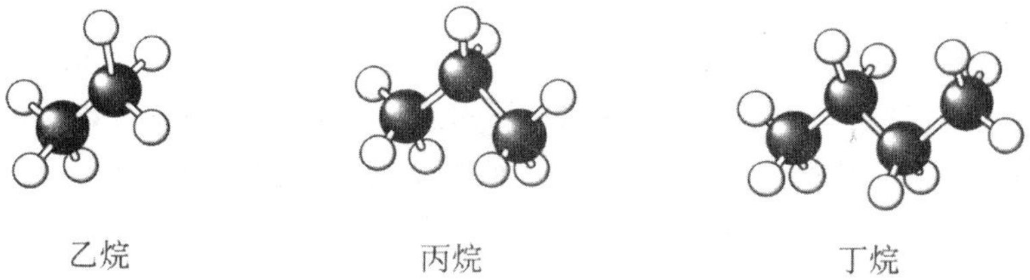

图 7－4　几种烷烃的球棍模型

观察图 7－2、图 7－3 和图 7－4 所示的 C 与 H 的空间位置关系。试用原子结构拼插模型（或用橡皮泥、黏土、泡沫塑料、牙签、火柴棍等代用品），制作甲烷、乙烷和丙烷的分子模型。

为了书写方便，有机物除用结构式表示外，还可以用结构简式表示，如乙烷和丙烷的结构简式分别为 CH_3CH_3 和 $CH_3CH_2CH_3$。烷烃的种类很多，表 7－1 中列出了几种烷烃的物理性质。

表 7－1　几种烷烃的物理性质

名称	结构简式	常温时状态	熔点/℃	沸点/℃	相对密度*
丙烷	$CH_3CH_2CH_3$	气	－188.0	－42.1	0.500 5
丁烷	$CH_3(CH_2)_2CH_3$	气	－138.4	－0.5	0.578 8
戊烷	$CH_3(CH_2)_3CH_3$	液	－129.7	36.0	0.626 2
十七烷	$CH_3(CH_2)_{15}CH_3$	固	22.0	302.2	0.776 7

*在未特别指明的情况下，本书中的相对密度均指 20℃ 时某物质的密度与 4℃ 时水的密度的比值。

从表 7－1 中可以看出，烷烃的物理性质随着分子里碳原子数的增加，呈现规律性的变化。例如，常温下，它们的状态由气态到液态又到固态；它们的沸点逐渐升高，相对密度逐渐增大。

这些烃的化学性质与甲烷相似。通常状况下，它们很稳定，在空气里能点燃，在光照条件下，都能与氯气发生取代反应。

分析表 7－1 中烷烃的结构简式可以发现，相邻两个烷烃在组成上都相差一个“CH_2”原子团。如果把烷烃中的碳原子数定为 n，烷烃中的氢原子数就是 $2n+2$，所以烷烃的分子式可以用通式 C_nH_{2n+2} 来表示。像这样结构相似、在分子组成上相差一个或若干个 CH_2 原了团的物质互相称为同系物，如烷烃中的甲烷、乙烷、丁烷等互为同系物。

2. 烷烃及其命名

烷烃分子失去一个氢原子后剩余的原子团就叫烷基，一般用“R—”表示。例如，甲烷分子失去 1 个氢原子后剩余的“$—CH_3$”部分叫做甲基，乙烷分子失去 1 个氢原子后剩余的“$—CH_2CH_3$”部分叫做乙基等。

烷烃可以根据分子里所含碳原子的数目来命名,碳原子数在 10 以下的,用甲,乙,丙,丁,戊,己,庚,辛,壬,癸来表示;碳原子数在 10 以上的,就用数字来表示,如 C_5H_{12} 叫戊烷,$C_{17}H_{36}$ 叫十七烷。这种命名方法叫做习惯命名法。习惯命名法在实际应用上有很大的局限性。所以,在有机化学中广泛采用系统命名法。下面简要介绍系统命名法的命名步骤。

● 选定分子中最长的碳链为主链,按主链中碳原子数目称作"某烷"。

● 选主链中离支链最近的一端为起点,用 1,2,3 等阿拉伯数字依次给主链上的各个碳原子编号定位,以确定支链在主链中的位置。

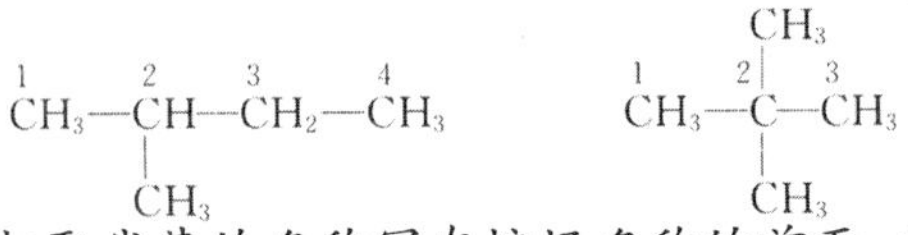

● 把支链作为取代基,把取代基的名称写在烷烃名称的前面,在取代基的前面用阿拉伯数字注明它在烷烃主链上所处的位置,并在数字与取代基名称之间用一短线隔开。例如:

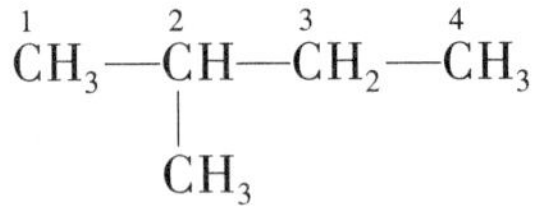

● 如果主链上有相同的取代基,可以将取代基合并起来,用二、三等数字表示取代基的个数,用于表示取代基位置的阿拉伯数字之间需用","隔开。下面以 2,3 - 二甲基己烷为例,对烷烃的命名图析如下:

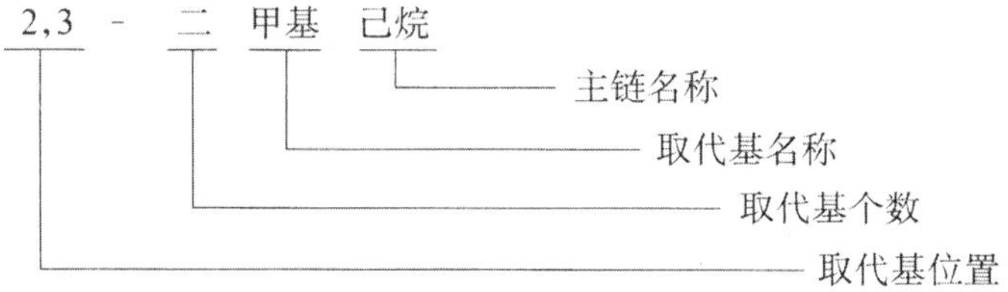

● 如果主链上有几个不同的取代基,把简单的写在前面,把复杂的写在后面。例如 2 - 甲基 -4 - 乙基庚烷:

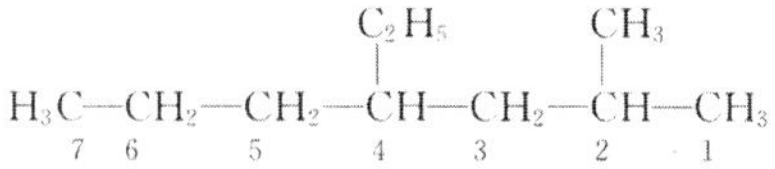

三、同分异构现象和同分异构体

1. 同分异构现象和同分异构体

人们在研究物质的分子组成和性质时发现,很多分子组成相同的有机物,性质却并不相同。例如,组成同为 C_4H_{10} 的物质,包含着两种性质明显不同的"丁烷",见表 7 - 2。

表 7 - 2　正丁烷和异丁烷的某些物理性质

名称	熔点/℃	沸点/℃	相对密度
正丁烷	-138.4	-0.5	0.578 8
异丁烷	-159.6	-11.7	0.557

化合物分子组成相同、分子结构不同的现象,叫做同分异构现象。具有同分异构现象的化合物互称为同分异构体。正丁烷和异丁烷就是丁烷的两种同分异构体。

2. 产生原因

产生这种差异的原因是它们有着不同的分子结构，一种分子里的碳原子相互结合形成直链，人们把它称为正丁烷；另一种分子里的碳原子却带有支链，人们称它为异丁烷。这两种丁烷的结构式分别是

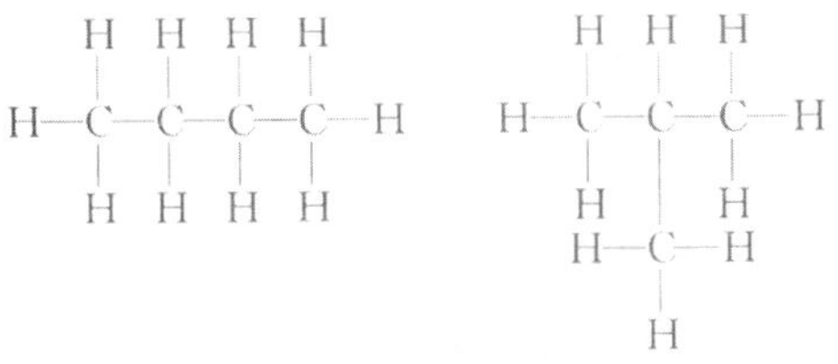

正丁烷　　异丁烷

其球棍模型如图 7－5 所示。

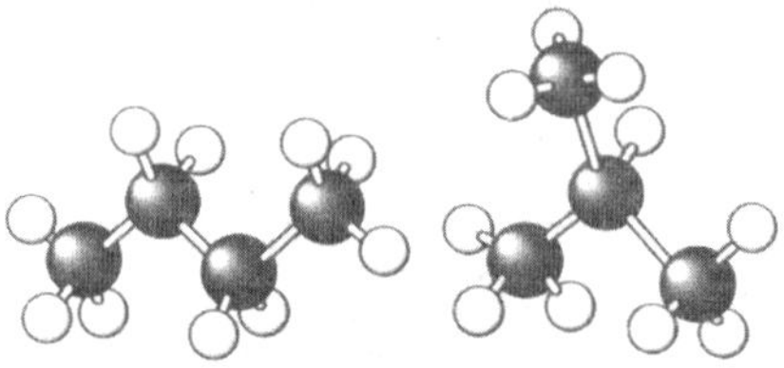

正丁烷　　异丁烷

图 7－5　丁烷、异丁烷的球棍模型

知识库

有机物的种类繁多的原因

碳原子最外层有 4 个电子，在有机化合物中，每个碳原子不仅能与其他原子形成 4 个共价键，而且碳原子与碳原子之间也能相互形成共价键，不仅可以形成单键，还可以形成双键或三键；多个碳原子可以相互结合形成长长的碳链，也可以形成碳环（见图 7－6）。所以一个有机物的分子可能只含一个碳原子，也可能含有几千甚至上万个碳原子；而含有相同原子种类和数目的分子又可能具有不同的结构。这就是造成有机物种类和数目繁多的主要原因。

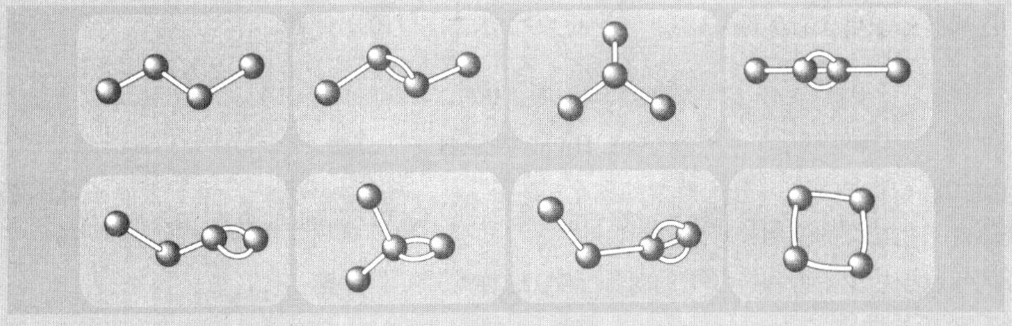

图 7－6　4 个碳原子相互结合的几种方式

第二节 乙烯和乙炔

一、乙烯

1. 日常生活中的乙烯

在日常生活中，把青香蕉和几个熟橘子放在同一个塑料袋里，或者把青西红柿和熟苹果放在一起，可以促进青香蕉和青西红柿的成熟，你知道这是什么原因吗？

水果在成熟的过程中，自身能放出一种叫做乙烯的气体，乙烯能够催熟水果（见图 7－7）。这就是成熟水果和青水果放在一起，青水果能够成熟更快的原因。在长途运输中，为了避免途中果实发生腐烂，常常运输尚未完全成熟的果实，运到目的地后，再向存放果实的库房混入少量乙烯，你知道这是为什么吗？

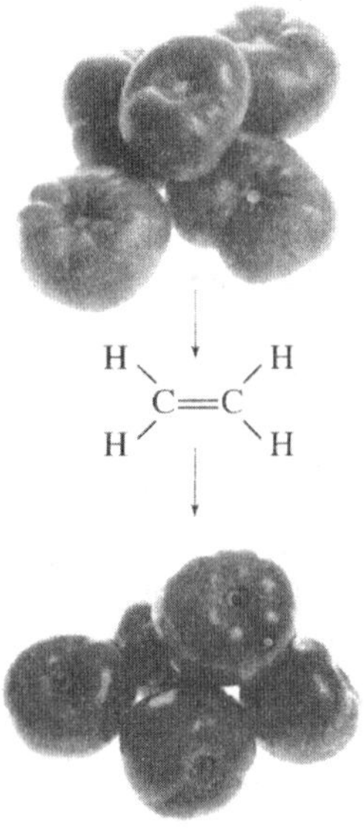

图 7－7 乙烯作为水果的催熟剂

乙烯的分子里含有碳碳双键（$>C=C<$），它的分子式是 C_2H_4，结构式是

$$\begin{array}{c} \text{H}\quad\text{H} \\ |\quad\;\; | \\ \text{H—C═C—H} \end{array}$$

结构简式是 $CH_2=CH_2$，其分子模型如图 7－8 所示。在碳氢化合物中，除了碳原子之间都以碳碳单键相互结合的饱和链烃之外，还有许多烃的分子里含有碳碳双键或碳碳三键，碳原子所结合的氢原子数少于饱和链烃里的氢原子数，这样的烃叫做不饱和烃。

2. 乙烯的性质

在通常状况下，乙烯是一种无色、稍有气味的气体，难溶于水。

乙烯的分子里含有碳碳双键，与只含碳碳单键的烷烃相比，双键的存在会对乙烯的化学性

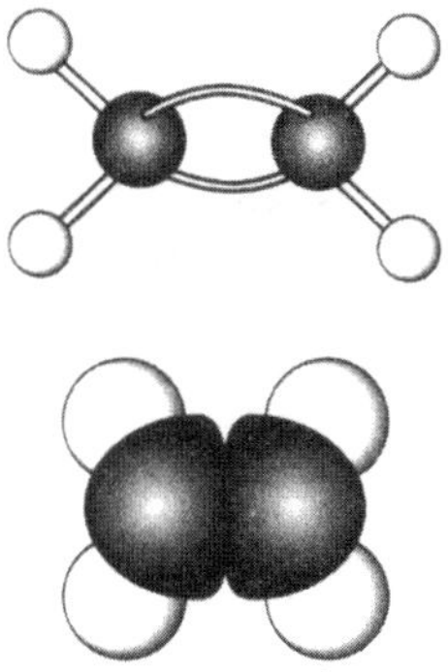

图 7－8 乙烯的分子模型

质产生什么影响呢?

(1)氧化反应 跟烷烃一样,乙烯在空气中也能燃烧,火焰明亮并伴有黑烟,生成二氧化碳和水:

$$CH_2=CH_2+3O_2\xrightarrow{\text{点燃}}2CO_2+2H_2O$$

乙烯含碳的质量分数比较高,燃烧时由于碳没有得到充分燃烧,所以有黑烟产生。

如图 7－9 所示,把乙烯通入盛有 $KMnO_4$ 酸性溶液的试管中,可以看到 $KMnO_4$ 酸性溶液的紫色很快褪去。这说明乙烯能被氧化剂 $KMnO_4$ 氧化,它的化学性质比烷烃活泼。利用这个反应可以区别甲烷和乙烯,因为甲烷不能被 $KMnO_4$ 酸性溶液氧化而使其紫色褪去。

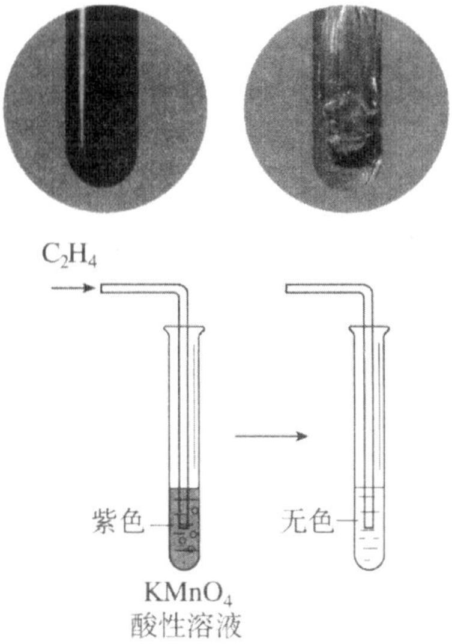

图 7－9 乙烯使高锰酸钾酸性溶液褪色

(2)加成反应 如图 7－10 所示,把乙烯通入盛有溴的四氯化碳溶液的试管中,可以看到溴的红棕色很快褪去,说明乙烯与溴发生了反应。乙烯也能使溴水褪色。

在这个反应中,乙烯双键中的一个键断裂,2 个溴原子分别加在两个价键不饱和的碳原子上,生成无色的 1,2－二溴乙烷:

$$CH_2=CH_2+Br—Br\longrightarrow CH_2Br—CH_2Br$$

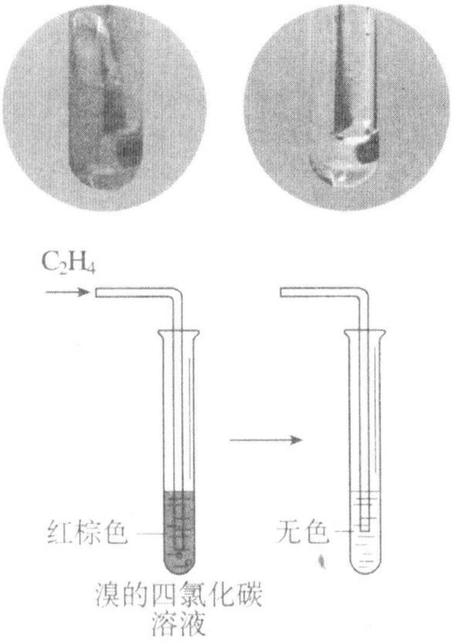

图 7－10 乙烯使溴的四氯化碳溶液褪色

像这样有机物分子中双键(或三键)中的一个键断裂,两端的碳原子与其他原子或原子团直接结合生成新的化合物的反应,叫做加成反应。

(3)聚合反应 在适宜的温度、压强和有催化剂存在的条件下,乙烯的碳碳双键中的一个键断裂,分子间通过碳原子的相互结合能形成很长的碳链,生成聚乙烯。聚乙烯是一种重要的塑料,在工农业生产和日常生活中有广泛应用。这个反应可以用下式表示:

$$nCH_2=CH_2 \longrightarrow \text{[}CH_2-CH_2\text{]}_n$$

乙烯 聚乙烯

由相对分子质量小的化合物分子互相结合成相对分子质量大的高分子的反应叫做聚合反应。

乙烯是石油化学工业最重要的基础原料,它主要用于制造塑料、合成纤维、有机溶剂等。一个国家乙烯工业的发展水平,成为衡量这个国家石油化学工业水平的重要标志之一。

二、烯烃

分子中含有碳碳双键的一类链烃叫做烯烃。烯烃的通式是 C_nH_{2n}。乙烯是最简单的烯烃。表 7－3 列出了几种烯烃的物理性质。

表 7－3 几种烯烃的物理性质

名称	结构简式	常温时状态	沸点/℃	相对密度
丙烯	$CH_3CH=CH_2$	气	－47.4	0.519 3
1－丁烯*	$CH_3CH_2CH=CH_2$	气	－6.3	0.595 1
1－戊烯	$CH_3(CH_2)_2CH=CH_2$	液	30	0.640 5
1－己烯	$CH_3(CH_2)_3CH=CH_2$	液	63.3	0.673 1

* 丁烯前面的“1”表示双键位于第一个碳原子和第二个碳原子之间。

讨论

根据表7－3中几种烯烃的物理性质，你能归纳出烯烃的物理性质有什么变化规律吗？

从表7－3中可以看出：烯烃的物理性质一般也随碳原子数目的增加而呈现规律性的变化，如沸点逐渐升高、相对密度逐渐增大等。

烯烃的化学性质跟乙烯相类似，容易发生加成反应、氧化反应等，能使溴的四氯化碳溶液及高锰酸钾酸性溶液褪色。烯烃也可以使溴水褪色，因此，常用溴水代替溴的四氯化碳溶液来检验烯烃。

三、乙炔

在化学性质上，乙炔也表现出不饱和烃的性质——容易发生加成反应、氧化反应等。

1. 加成反应

把纯净的乙炔通入盛有溴的四氯化碳溶液的试管，可以看到乙炔也能使溴的四氯化碳溶液褪色。乙炔与溴的反应是分步进行的：

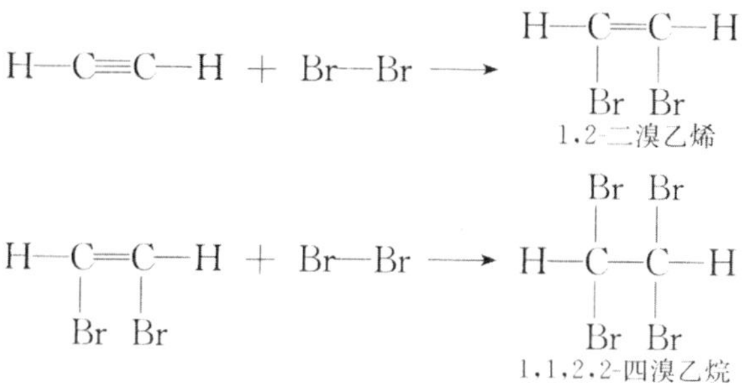

在150～160 ℃和氯化汞作为催化剂的条件下，乙炔能与氯化氢发生加成反应，生成氯乙烯：

$$HC\equiv CH+HCl\xrightarrow[\triangle]{催化剂}CH_2=CHCl$$

氯乙烯

氯乙烯是制备聚氯乙烯的原料，聚氯乙烯是一种重要的合成树脂，用于制备塑料和合成纤维。

2. 氧化反应

乙炔燃烧时，火焰明亮而带浓烟，这是由于乙炔分子里含碳量很高，碳没有完全燃烧。乙炔燃烧的反应可表示如下：

$$2C_2H_2+5O_2\xrightarrow{点燃}4CO_2+2H_2O$$

用乙炔和纯氧进行气焊或气割时，产生的氧炔焰的温度可达3 000 ℃以上。

把乙炔通入盛有$KMnO_4$酸性溶液的试管中，可以看到$KMnO_4$酸性溶液的紫色很快褪去。这说明乙炔也容易被高锰酸钾等氧化剂氧化。

小锦囊

乙炔的相关性质

纯净的乙炔是无色、无味的气体。但工业上所用由电石产生的乙炔常混有杂质而有特殊难闻的臭味。乙炔微溶于水，易溶于有机溶剂。

乙炔的分子式是C_2H_2。在乙炔分子里的碳原子间有三个共用电子对:H∶C⋮⋮C∶H,通常把它称为三键。乙炔的结构式是H—C≡C—H或简写成HC≡CH。科学实验证明,乙炔分子里的两个碳原子和两个氢原子处在一条直线上。其分子模型如图7-11所示。

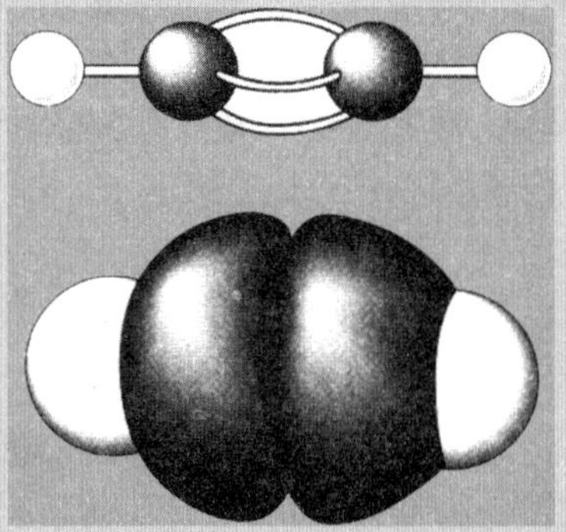

图7-11 乙炔分子的模型

四、炔烃

分子里含有碳碳三键的一类链烃叫做炔烃。如丙炔($CH_3CH \equiv CH$)、1-丁炔($CH_3CH_2C \equiv CH$)等,乙炔是最简单的炔烃。炔烃的通式是C_nH_{2n-2}。

与烷烃和烯烃相似,炔烃的物理性质也是随着碳原子数目的增加而递变。

由于炔烃中都含有碳碳三键,炔烃的化学性质与乙炔相似,如容易发生加成反应、氧化反应等,使溴的四氯化碳溶液、高锰酸钾酸性溶液褪色。炔烃也可以使溴水褪色。因此,常用溴水代替溴的四氯化碳溶液来检验炔烃。

试一试

"冰块"着火

在冰块(如饭盒大小)上挖几个凹坑,分别放入蚕豆大小电石各一块。用燃着的木条在冰块上(靠近电石)依次点燃,冰块立即着火,火焰明亮似一排冰灯。随着冰块融化,火焰越来越旺,直至电石耗尽火焰才熄灭。

电石(碳化钙)与水反应,反应的化学方程式是

$$CaC_2 + H_2O \longrightarrow C_2H_2\uparrow + Ca(OH)_2$$

你知道"冰块"为什么会着火吗?

第三节 苯

一、苯的相关知识

人们从煤制备出煤气之后,剩下的一种油状液体却长期无人问津。法拉第(M. Faraday,1791—1867)是第一位对这种油状液体感兴趣的科学家,他用蒸馏的方法将这种油状液体进行分离,得到了另一种液体——苯。自从石油工业发展以来,大量的苯又可以从石油工业获得。

苯是没有颜色、带有特殊气味的易挥发液体,比水轻,不溶于水。苯的沸点为80.1 ℃,熔

点为5.5 ℃。

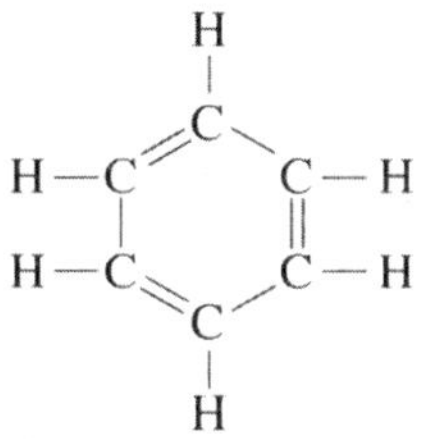

可简写为  。

苯的分子式是C_8H_6，苯的结构式（称凯库勒式）可以表示为 

从苯的结构式来看，你认为苯可以和烯烃一样使高锰酸钾酸性溶液或溴水褪色吗？

- 向试管中加入少量苯，再加入溴水，振荡后，观察现象。
- 向试管中加入少量苯，再加入高锰酸钾酸性溶液，振荡后，观察现象。

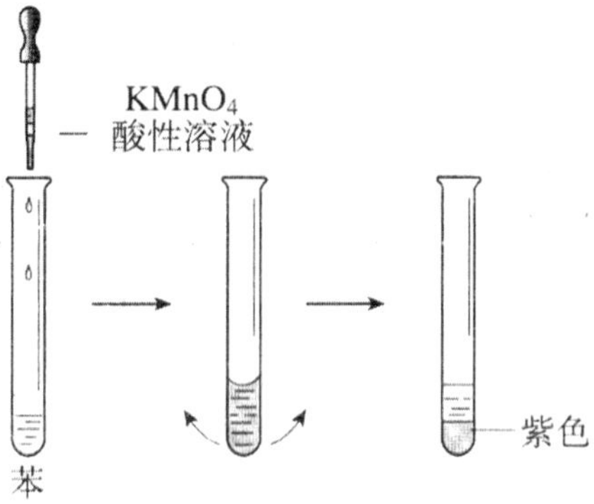

图7－12　苯不能使高锰酸钾酸性溶液褪色

通过实验可知，苯不能使高锰酸钾酸性溶液和溴水褪色（见图7－2）。这说明苯与高锰酸钾酸性溶液和溴水都不发生反应。由此可知，苯跟一般烯烃在性质上有很大差别。这是为什么呢？

事实上，苯分子里6个碳原子之间的化学键完全相同，是一种介于单键和双键之间的独特的键。苯分子里的6个碳原子和6个氢原子都在同一平面上。为了表示苯分子的这一特点，也可以用结构简式  来表示苯。其分子模型如图7－13所示。

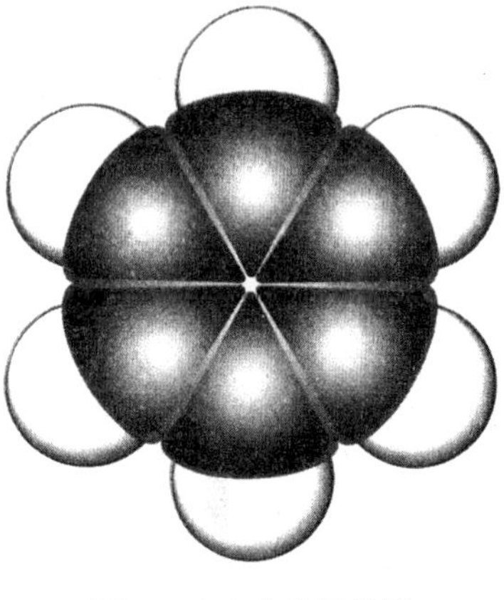

图7－13　苯分子模型

在有机化合物中，有很多分子里含有一个或多个苯环的碳氢化合物，这类化合物都有自己独特的气味，把它们称作芳香烃，简称芳烃。苯是最简单的芳烃。

凯库勒和苯分子的结构

德国化学家凯库勒是一位极富想象力的学者。1865 年，他根据实验事实和对不饱和烯烃认识间的矛盾，悟出闭合链的形式是解决苯分子结构的关键，他以苯的（Ⅰ）式（见图 7 - 14）表示这一结构。1866 年他又提出苯分子是一个由 6 个碳原子以单、双键相互交替结合而成的环状链（Ⅱ）式，后简化为（Ⅲ）式，也就是我们所说的凯库勒式。

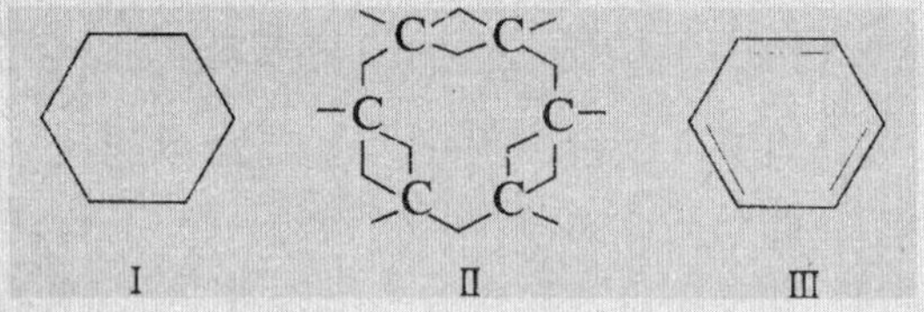

图 7 - 14　凯库勒提出的苯分子的几种结构式

关于凯库勒悟出苯分子的环状结构的经过，一直是化学史上的一个趣闻。据他自己说这来自于一个梦。一天夜晚，他在书房中打起了瞌睡，眼前又出现了旋转的碳原子。碳原子的长链像蛇一样盘绕卷曲，忽见一条蛇抓住了自己的尾巴，并旋转不停。他像触电般猛地惊醒，整理苯环结构的假说。

应该指出的是，凯库勒能够从梦中得到启发，成功地提出重要的结构学说，并不是偶然的，和他善于独立思考、善于捕捉直觉形象有关；加之以事实为依据，以严肃的科学态度进行多方面的分析和探讨。这一切都为他取得成功奠定了基础。

二、苯的化学性质

苯的化学性质比烯烃、炔烃稳定。但是在一定条件下，苯也能发生如下化学反应。

1. 燃烧

苯可以在空气中燃烧，生成二氧化碳和水。

$$2C_6H_6 + 15O_2 \xrightarrow{点燃} 12CO_2 + 6H_2O$$

苯燃烧时发生明亮并带有浓烟的火焰，这是苯分子里含碳量很大，碳未能充分燃烧的缘故。

2. 取代反应

（1）苯的磺化反应　苯与浓硫酸共热至 70 ~ 80 ℃时发生反应，生成苯磺酸。

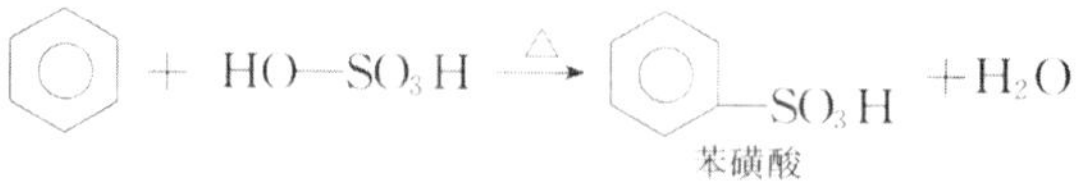

在这个反应中，苯分子里的氢原子被硫酸分子里的磺酸基（$—SO_3H$）取代，这样的反应叫做磺化反应。

（2）苯的硝化反应　苯与浓硝酸和浓硫酸的混合物共热至 55 ~ 60℃ 发生反应，苯环上的氢原子被硝基（$—NO_2$）取代，生成硝基苯：

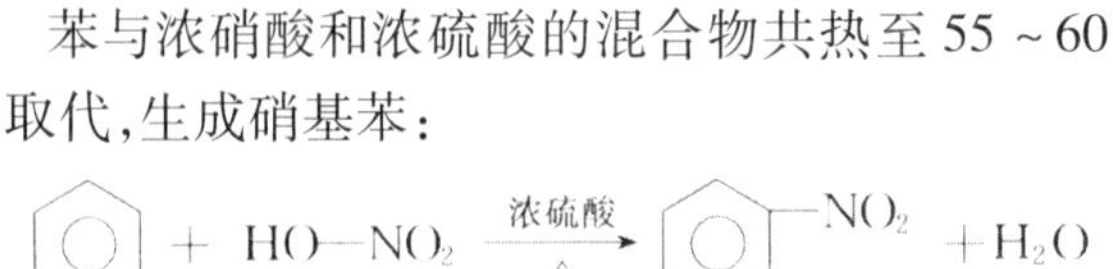

苯分子里的氢原子被—NO_2 所取代的反应，叫做硝化反应。“—NO_2”原子团叫做硝基。

3. 苯的加成反应

虽然苯不具有典型的碳碳双键所应有的加成反应的性质，但在特定的条件下，苯仍然能发生加成反应。例如，在镍催化剂存在和 180～250℃的条件下，苯可以与氢气发生加成反应，生成环己烷（C_6H_{12}）。

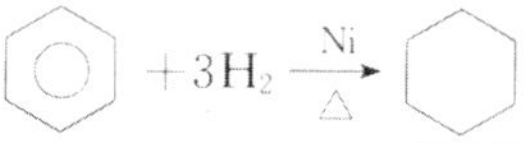

环己烷

苯是一种重要的化工原料，它广泛用来生产合成纤维、合成橡胶、塑料、农药、医药、染料和香料等。苯也常用做有机溶剂。

苯对人体有一定的毒害作用，长期吸入苯蒸气能损坏造血器官和神经系统。储存和使用苯的场所应加强通风，操作时应注意采取保护措施。

知识库

苯的毒性

苯的挥发性强，暴露于空气中后很容易扩散。长期吸入苯蒸气或皮肤直接接触苯，会引起急性和慢性苯中毒。人在短时间内吸收高浓度的苯，会出现中枢神经系统麻痹症状，轻者会出现头晕、头痛、恶心、呕吐、意识模糊等，重者会出现昏迷以致呼吸系统衰竭而死亡。长期接触苯会对血液造成极大伤害，引起慢性苯中毒，导致出现再生障碍性贫血。

日常生活中的苯主要来源于室内装修材料，作为一种常用的有机溶剂，苯通常被用做油漆、涂料、填料的“稀料”，黏合剂也是苯的主要来源。尽管国家对化工产品中的苯含量有严格的规定和限制，但是市场一些劣质的化工材料往往含有大量苯。

知识拓展总结

主干知识梳理

1. 烷烃

（1）物理性质：

① 有机物一般为分子晶体，在有机同系物中，随着 C 原子数增加，相对分子质量增大，分子间作用力增大，熔、沸点逐渐升高。如气态烃 C_xH_y（一般 $x \leq 4$）。

②分子式相同的烃，支链越多，熔、沸点越低。如沸点 $CH_3(CH_2)_3CH_3 > (CH_3)_2CHCH_2CH_3 > C(CH_3)_4$。

（2）化学性质：烷烃的化学性质一般比较稳定，在通常状况下跟酸、碱和氧化剂都不起反应，也不能跟其他物质化合，但在特定条件下也能发生下列反应：

①氧化反应：烷烃燃烧通式为

$$C_nH_{2n+2} + \frac{3n+1}{2}O_2 \xrightarrow{\text{点燃}} nCO_2 + (n+1)H_2O$$

②取代反应：乙烷能与 Cl_2 发生取代反应生成一氯乙烷、二氯乙烷（2 种）、三氯乙烷（2 种）、四氯乙烷（2 种）、五氯乙烷（1 种）、六氯乙烷和 HCl。

③分解反应(裂解反应):

$$\underset{\text{十六烷}}{C_{16}H_{34}} \xrightarrow[\text{加热、加压}]{\text{催化剂}} \underset{\text{辛烷}}{C_8H_{18}} + \underset{\text{辛烯}}{C_8H_{16}}$$

2. 烯烃

(1)烯烃概述:分子中含有碳碳双键的一类链烃叫做烯烃,单烯烃通式是 C_nH_{2n}($n \geqslant 2$)。在烯烃分子里碳原子所结合的氢原子数少于同碳原子数饱和链烃里的氢原子数,烯烃分子中 C ═C 键里的一个键容易断裂,C ═C 键里的碳原子还可以结合其他的原子或原子团,所以 C ═C 键是烯烃的官能团。

(2)物理性质:烯烃随碳原子数的增加,其熔点、沸点一般增加,并由气态变为液态、固态,其中 C 原子数小于或等于 4 的是气态。

(3)化学性质:

①加成反应:

$$CH_3—CH═CH_2 + Br_2 \longrightarrow CH_3—CHBr—CH_2Br$$

②氧化反应:烯烃都能使 $KMnO_4$ 溶液褪色。

燃烧通式为

$$C_nH_{2n} + \frac{3n}{2}O_2 \xrightarrow{\text{点燃}} nCO_2 + nH_2O$$

③加聚反应:

$$nCH_3—CH═CH_2 \longrightarrow \left[\underset{}{\overset{\overset{\displaystyle CH_3}{|}}{CH}}—CH_2 \right]_n$$

3. 炔烃

(1)链烃分子里含有碳碳三键的不饱和烃叫炔烃。炔烃的官能团是碳碳三键(—C≡C—),炔烃的通式为 C_nH_{2n-2}($n \geqslant 2$),分子里碳原子数目相同的炔烃和二烯烃互为同分异构体。

(2)炔烃的通性:①炔烃的物理性质一般随着分子里碳原子数目的增加而递变;②化学性质是能发生加成反应、氧化反应和聚合反应等,但比烯烃困难些。

炔烃燃烧通式为

$$C_nH_{2n-2} + \left(\frac{3n-1}{2}\right)O_2 \xrightarrow{\text{点燃}} nCO_2 + (n-1)H_2O$$

4. 苯及其同系物

(1)苯的结构和芳香烃:苯的分子式为 C_6H_6,结构简式为  或  ,苯分子具有平面正六边形结构,键角为 120°。苯分子中不存在一般的碳碳双键,6 个碳原子之间的键完全相同,是一种介于单键和双键之间的独特的键。

分子里含有一个或多个苯环的碳氢化合物属于芳香烃。

注意:苯的二元邻位取代物只有一种结构,说明苯分子中的碳碳键不是单双键交替结构。

(2)苯的性质:苯是无色、有特殊气味的液体,有毒,不溶于水,密度比水小,熔点仅为 5.5 ℃。

苯分子的特殊结构决定了苯兼有饱和烃和不饱和烃的化学性质,即易取代、能加成、难氧化。

①取代反应:卤代反应:

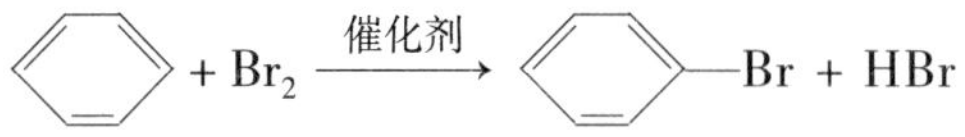

硝化反应：

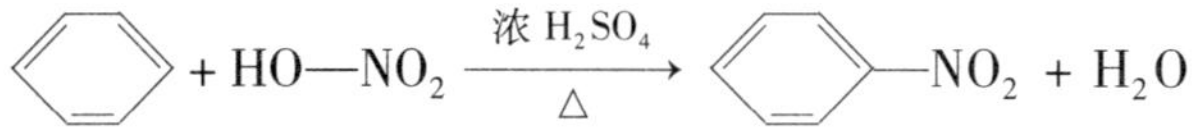

②加成反应：

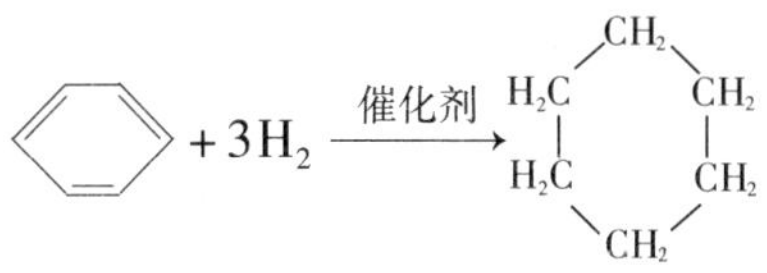

③氧化反应：

$2C_6H_6 + 15O_2 \xrightarrow{\text{点燃}} 12CO_2 + 6H_2O$

苯不能使酸性 $KMnO_4$ 溶液褪色。

(3)苯的同系物的性质：侧链使苯环上的氢原子变得活泼而容易发生取代反应；由于苯环上的侧链易被氧化，苯的同系物能使酸性 $KMnO_4$ 溶液褪色，但含 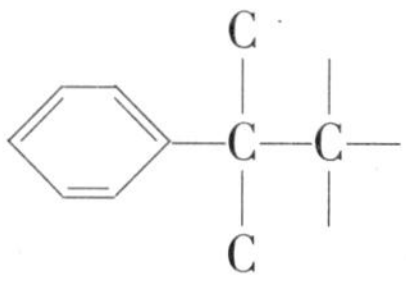 结构的不能。

①氧化反应：燃烧通式为

$C_nH_{2n-6} + \frac{3n-3}{2}O_2 \longrightarrow nCO_2 + (n-3)H_2O$

苯的同系物一般可以被酸性 $KMnO_4$ 溶液氧化为苯甲酸。

②取代反应：

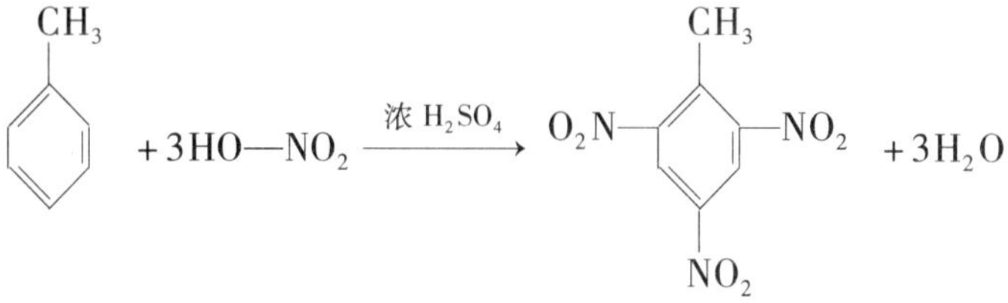

注意：苯的同系物与 Cl_2 发生取代反应时，若在光照条件下，发生在侧链上；若有催化剂时，发生在苯环上。

经典规律总结

一、三个代表物

1. 甲烷

(1)甲烷的组成和结构：甲烷的分子式为 CH_4，电子式为 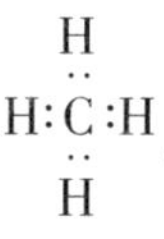，结构式为 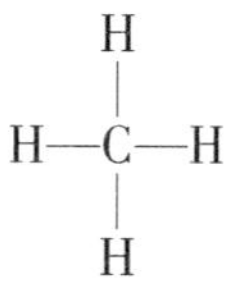，为

正四面体结构,键角为109°28′。

(2)甲烷的性质:甲烷是无色、无味、密度比空气小、极难溶于水的气体。甲烷具有如下化学性质:

①氧化反应:甲烷不与酸性高锰酸钾等强氧化剂反应,也不与强酸、强碱反应,但可在氧气中燃烧:

$$CH_4 + 2O_2 \xrightarrow{\text{点燃}} CO_2 + 2H_2O$$

②取代反应:甲烷与氯气在光照条件下发生取代反应,可生成4种有机取代产物:CH_3Cl,CH_2Cl_2,$CHCl_3$,CCl_4,其中CH_3Cl常温下为气体,其余为液体。

$$CH_4 + Cl_2 \xrightarrow{\text{光}} CH_3Cl + HCl$$

……

$$CHCl_3 + Cl_2 \xrightarrow{\text{光}} CCl_4 + HCl$$

③分解反应:隔绝空气高温条件下:

$$CH_4 \xrightarrow{\text{高温}} C + 2H_2$$

2. 乙烯

(1)乙烯的结构:乙烯是最简单的烯烃,分子式为C_2H_4,结构式为

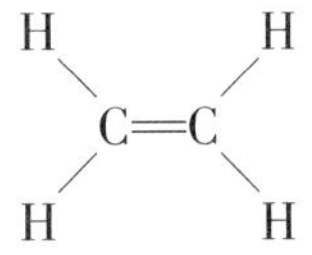

,是平面型结构,键角为120°。

根据乙烯的结构,可以推测其他烯烃的结构,如C_6H_{12}中6个C在同一平面上,结构简式为

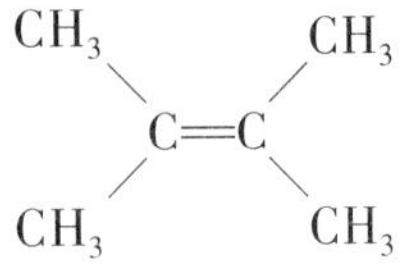

。

(2)乙烯的性质:乙烯是无色气体,稍有气味,密度比空气小,难溶于水。

①氧化反应:乙烯能够燃烧,也能使酸性$KMnO_4$溶液褪色。$CH_2{=}CH_2 + 3O_2 \xrightarrow{\text{点燃}} 2CO_2 + 2H_2O$

燃烧通式:$C_nH_{2n} + \frac{3n}{2}O_2 \xrightarrow{\text{点燃}} nCO_2 + nH_2O$

②加成反应:

$$CH_2{=}CH_2 + H_2 \xrightarrow{\text{Ni}} CH_3{-}CH_3$$

$CH_2{=}CH_2 + Br_2 \longrightarrow$ 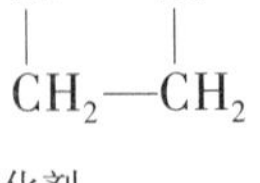

$$CH_2{=}CH_2 + H_2O \xrightarrow[\text{加热、加压}]{\text{催化剂}} CH_3CH_2OH$$

$$CH_2{=}CH_2 + HCl \longrightarrow CH_3{-}CH_2Cl$$

3. 乙炔

(1)乙炔的结构：乙炔的分子式为 C_2H_2，电子式为 $H:C\vdots\vdots C:H$，结构式为 $H—C\equiv C—H$，是直线型分子，键角为 180°。

(2)乙炔的物理性质：纯净的乙炔是无色、无臭的气体，密度比空气小，微溶于水，易溶于有机溶剂。

(3)乙炔的化学性质：

①加成反应：

$CH\equiv CH + 2Br_2 \longrightarrow CHBr_2CHBr_2$(使溴水褪色)

$CH\equiv CH + 2H_2 \xrightarrow{Ni} CH_3CH_3$

$CH\equiv CH + HCl \xrightarrow{催化剂} CH_2=CHCl$(氯乙烯)

$nCH_2=CHCl \xrightarrow{催化剂} [CH_2—CHCl]_n$

②氧化反应：

$2C_2H_2 + 5O_2 \xrightarrow{点燃} 4CO_2 + 2H_2O$

$CH\equiv CH$ 也能使酸性 $KMnO_4$ 溶液褪色。

(4)用途：重要的有机原料，常用于制取氯乙烯。

二、重要的有机实验

1. 甲烷的取代反应

实验：把甲烷和 Cl_2 的混合气体放在光亮的地方，Cl_2 的黄绿色逐渐变浅，集气瓶壁上出现无色油状液滴，这是因为 CH_4 和 Cl_2 发生取代反应，生成了 $CH_3Cl(g)$，$CH_2Cl_2(l)$，$CHCl_3(l)$ 和 $CCl_4(l)$，同时还有氯化氢气体生成，打开集气瓶盖时瓶口有白雾产生，这是因为氯化氢气体与空气中的水蒸气结合成盐酸小液滴的缘故。

$CH_4 + Cl_2 \xrightarrow{光} CH_3Cl + HCl$

$CH_3Cl + Cl_2 \xrightarrow{光} CH_2Cl_2 + HCl$

$CH_2Cl_2 + Cl_2 \xrightarrow{光} CHCl_3 + HCl$

$CHCl_3 + Cl_2 \xrightarrow{光} CCl_4 + HCl$

2. 乙烯的实验室制法

(1)反应方程式(消去反应)：

$$\underset{\boxed{H\quad\ \ OH}}{CH_2—CH_2} \xrightarrow[170\ ℃]{浓\ H_2SO_4} CH_2=CH_2\uparrow + H_2O$$

(CH_3CH_2OH 与浓 H_2SO_4 体积比为 1:3，浓 H_2SO_4 过量，以提高乙烯产量)

(2)制取乙烯采用的装置。装置如图 7－15 所示。

(3)预先向烧瓶中加几片碎玻璃片(或碎瓷片)的目的。这是为了防止暴沸(防止混合液在受热时剧烈跳动)。

(4)温度计的水银球位置和作用。温度计的水银球位于混合液液面下，用于测混合液的

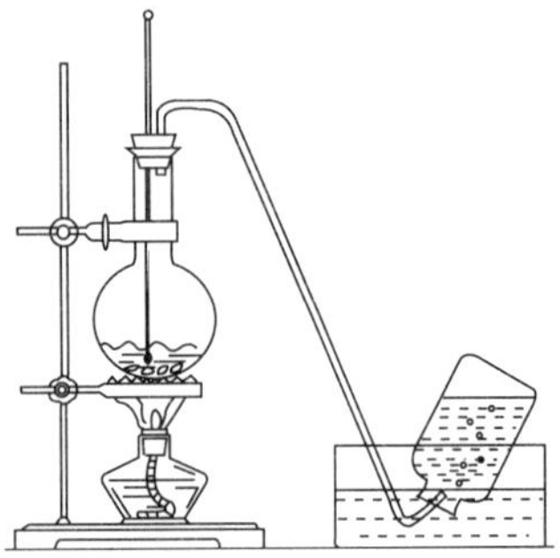

实验室制乙烯

图 7－15

温度(控制温度)。

(5)浓 H_2SO_4 有何作用。

浓 H_2SO_4 起着催化剂、脱水剂的作用。

3. 乙炔的实验室制法

(1)反应方程式(水解):

$CaC_2 + 2H_2O \longrightarrow Ca(OH)_2 + CH \equiv CH \uparrow$

(2)此实验能否用启普发生器,为何? 不能。因为:①CaC_2 吸水性强,与水反应剧烈,若用启普发生器,不易控制它与水的反应速率;②反应放热,而启普发生器是不能承受过高温度的。

(3)能否用长颈漏斗? 为何? 不能。用它不易控制 CaC_2 与水的反应速率。

(4)用饱和食盐水代替水,这是为何? 用以得到平稳的乙炔气流(食盐与 CaC_2 不反应)。

(5)简易装置中在试管口附近放一团疏松的棉花,其作用如何? 防止生成的泡沫从导管中喷出。

(6)实验中先将乙炔通入溴水,再通入 $KMnO_4(H^+)$ 溶液中,最后点燃(见图 7－16)。这有何道理? 乙炔与空气(或 O_2)的混合气体点燃会爆炸,这样做可使收集到的乙炔气体纯净,防止点燃发生爆炸。

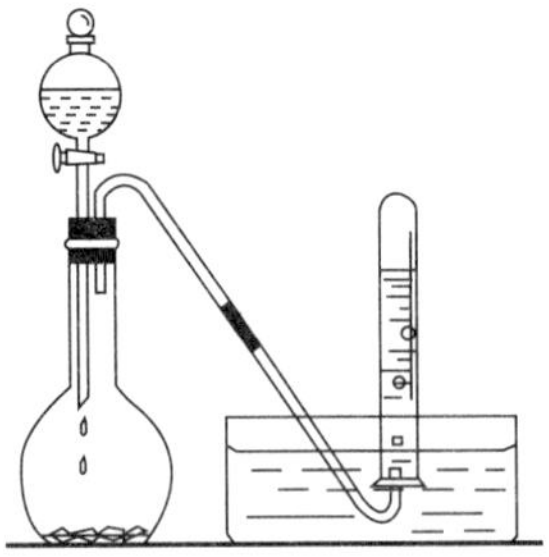

实验室制乙炔

图 7－16

4. 石油的蒸馏实验(见图 7－17)

(利用石油中各成分的沸点不同,将其分馏为沸点范围不同的馏分,馏分也是混合物)

(1)分馏是物理变化还是化学变化? 根据其沸点不同的原理而设计,发生物理变化。

(2)在原油中加几片碎瓷片或碎玻璃片,其作用是防暴沸。

(3)温度计的水银球的位置和作用如何？位于蒸馏烧瓶支管口处，用以测定蒸气的温度。

(4)蒸馏装置由几部分构成？各部分的名称如何？中间的冷凝装置中冷却水的水流方向如何？蒸馏装置有四部分：蒸馏烧瓶、冷凝管、接受器、锥形瓶。冷却水从下端的进水口进入，从上端的出水口流出。

(5)收集到的直馏汽油能否使酸性 $KMnO_4$ 溶液褪色？能否使溴水褪色？为何？不能使酸性 $KMnO_4$ 溶液褪色，但能使溴水因萃取而褪色。因为蒸馏是物理变化，蒸馏出的各种馏分仍是由各种烷烃、环烷烃及芳香烃组成的。

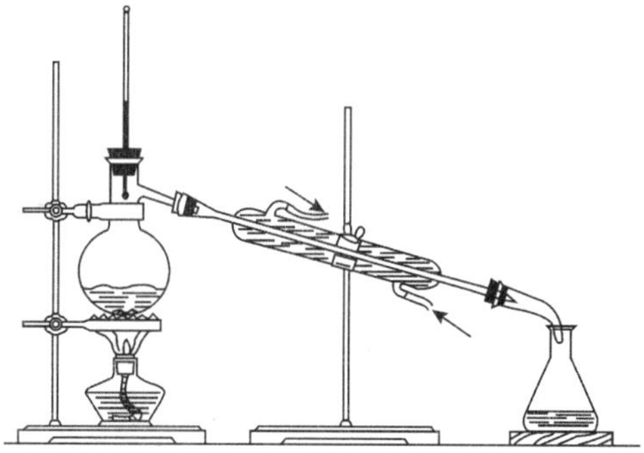

图 7-17 实验室蒸馏石油

三、有机物完全燃烧时的规律

(1)等物质的量的烃(C_xH_y)完全燃烧时，$x+\frac{y}{4}$的值越大，耗氧量越大。

(2)等质量的烃(C_xH_y)完全燃烧时，$\frac{y}{x}$的值越大，耗氧量越大。

推导：$C_xH_y+\left(x+\frac{y}{4}\right)O_2 \longrightarrow xCO_2+\frac{y}{2}H_2O$

设烃的质量为 m。

$$n(C_xH_y)=\frac{m}{12x+y}$$

$$n(O_2)=\frac{\left(x+\frac{y}{4}\right)m}{12x+y}=\frac{m}{4}\times\frac{4x+y}{12x+y}=\frac{m}{4}\times\frac{12x+y-8x}{12x+y}=\frac{m}{4}\times\left(1-\frac{8x}{12x+y}\right)=\frac{m}{4}\times\left(1-\frac{8}{12+\frac{y}{x}}\right)$$

所以$\frac{y}{x}$的值越大，耗氧量越大。

(3)最简式相同的烃不论它们以何种比例混合，只要总质量一定，完全燃烧时所消耗的氧气以及燃烧后生成的二氧化碳和水的量均为定值。

(4)n 相等时，C_nH_{2n} 和 $C_nH_{2n+2}O$ 或 C_nH_{2n-2} 和 $C_nH_{2n}O$ 两物质(在计算耗氧量时，2 个 H 原子与 1 个 O 原子等价于 1 个水分子)，不论它们以何种比例混合，只要总物质的量一定，完全燃烧时所消耗的氧气的量为定值。

(5)在 1×10^5 Pa,温度高于 100 ℃时,烃 C_xH_y 完全燃烧,若 $y<4$,燃烧后物质的量减少;若 $y=4$,燃烧前后物质的量相等;若 $y>4$,燃烧后物质的量增加。

(6)若不同的有机物中碳的质量分数相同(其最简式可相同,也可不同),它们以任意比混合,只要总质量一定,完全燃烧后生成的 CO_2 的量为定值。

(7)当有机物完全燃烧时产生的 CO_2 大于消耗的 O_2 的物质的量时,该有机物可设为 $(C_xO_y)_n(H_2O)_m$;当有机物完全燃烧时产生的 CO_2 小于消耗的 O_2 的物质的量时,该有机物可设为 $(C_xH_y)_n(H_2O)_m$。

解题一点通

1.利用烃的命名规则解题

例题1 某烯烃与氢气加成后得到 2,2-二甲基丁烷,该烯烃的名称是 ( )

A. 2,2-二甲基-3-丁烯

B. 2,2-二甲基-2-丁烯

C. 2,2-二甲基-1-丁烯

D. 3,3-二甲基-1-丁烯

解析 先写出 2,2-二甲基丁烷的结构简式:$CH_3—C(CH_3)_2—CH_2—CH_3$。从其结构简式可以看出凡是两个碳原子均连有氢原子的 C—C 键都可以由原来的 C═C 键加成而来,则原烯烃的结构简式为 $CH_3—C(CH_3)_2—CH═CH_2$,利用烯烃的命名方法进行命名,为 3,3-二甲基-1-丁烯。

答案 D

2.利用烷烃的性质解题

例题2 下列有关烷烃的化学性质的叙述中不正确的是 ( )

A.烷烃能与氯气、溴蒸气在光照和适当的温度下发生取代反应

B.烷烃中除甲烷外,很多都能使酸性 $KMnO_4$ 溶液的紫色褪去

C.烷烃失去一个或几个氢原子后能形成显正电性或负电性的粒子

D.烷烃受热易分解,可生成相对分子质量更小的烃和氢气

解析 可由烷烃的通性分析选项 A,B,D,A,D 正确,B 错误。对于选项 C,由于烷烃分子本身呈电中性,失去的氢原子也呈电中性,则剩余部分一定也呈电中性。

答案 BC

例题3 下列叙述中正确的是 ( )

A.含不同碳原子数的烷烃一定是互为同系物的关系

B.结构对称的烷烃,其一卤取代产物必定只有一种结构

C.相对分子质量相同、结构不同的化合物一定互为同分异构体

D.分子通式相同且组成上相差一个或多个 CH_2 原子团的物质互为同系物

解析 结构对称的烷烃,其一卤取代产物的结构可能不只一种,如烷烃 $(CH_3)_3CH—CH(CH_3)_2$ 的一卤代物就有 2 种;同分异构体应该分子式相同而结构不同,相对分子质量相同的化合物其分子式可能不相同,如 $CH_3—CH_3$ 与 HCHO 就是相对分子质量相同的不同有机物,它们的分子式不同,不可能互为同分异构体;同系物除满足分子通式相同且组成上相差一个或多个 CH_2

原子团外,还必须同时满足同类别且结构相似的条件,如 $CH_2=CH_2$ 与 $\begin{matrix}CH_2—CH_2\\ \diagdown\ \diagup \\ CH_2\end{matrix}$ 的分子通式均为 C_nH_{2n},分子组成相差一个 CH_2,但结构不相似,前者属烯烃,后者属环烷烃,两者之间不是同系物关系。

答案 A

3. 利用有机实验知识解题

例题4 实验室制取乙烯,常因温度过高而使乙醇和浓 H_2SO_4 反应生成少量的 SO_2。有人设计图7－18所示实验以确定上述混合气体中有乙烯和二氧化硫。试回答下列问题。

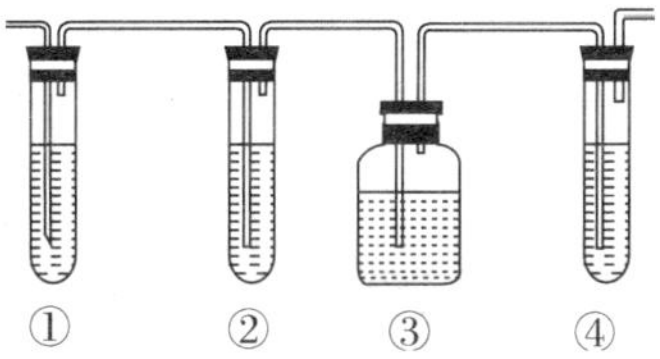

图7－18 实验装置

(1)图中①②③④装置盛放的试剂是:

①________;②________;③________;④________。(将下列有关试剂的序号填入空格内)

A. 品红溶液　　B. NaOH 溶液

C. 浓 H_2SO_4　　D. 酸性 $KMnO_4$ 溶液

(2)能说明 SO_2 气体存在的实验现象是________________________。

(3)使用装置②的目的是____________________。

(4)使用装置③的目的是____________________。

(5)确认含有乙烯的现象是____________________。

解析 乙烯和 SO_2 都能使溴水和酸性 $KMnO_4$ 溶液褪色。利用乙烯不与 NaOH 溶液反应而 SO_2 能跟 NaOH 溶液反应的性质可除去 SO_2 气体。用品红溶液是否褪色可检验 SO_2 气体是否存在。除去 SO_2 后,可利用酸性 $KMnO_4$ 溶液来确定乙烯是否存在。

答案 (1)A　B　A　D

(2)装置①中品红溶液褪色

(3)除去 SO_2 气体,以免干扰乙烯的性质实验

(4)检验 SO_2 气体是否除尽

(5)装置③中品红溶液不褪色,装置④中的酸性 $KMnO_4$ 溶液褪色

例题5 下列是有关实验室制取乙炔实验的问题,按要求回答。

(1)为了控制水与电石的反应速率并得到平稳的气流,采取的措施是____________________。

(2)用试管制取少量乙炔时,在试管口部放置一团疏松的棉花,其作用是____________________。

(3)实验室制取下列气体时,不能使用启普发生器的是______(填序号)。

A. 用大理石和盐酸反应制 CO_2

B. 用电石和水反应制 C_2H_2

C. 用锌粒和稀硫酸反应制 H_2

D. 用亚硫酸钠和浓硫酸反应制 SO_2

不能使用的理由是____。

解析 中学阶段能用启普发生器制取的气体有 CO_2, H_2, H_2S 三种，其他的如 O_2, Cl_2, HCl, SO_2, NO, NO_2, CH_4, C_2H_4, C_2H_2 等气体不能用启普发生器制取。

答案 (1)用饱和食盐水代替水 (2)避免产生的泡沫冲出导气管 (3)BD 对于 B，反应生成的 $Ca(OH)_2$ 会堵塞反应容器，使水面难以升降，另外，此反应放出大量的热，会损坏启普发生器；对于 D，亚硫酸钠易溶于水，且生成的 SO_2 也易溶于水

4. 利用烃的燃烧规律解题

例题6 120 ℃时，某气态烃 C_xH_y 与足量氧气混合，完全燃烧后恢复到原来状况，①若反应前混合气体的体积（$V_{前}$）等于反应后混合气体的体积（$V_{后}$），则此烃具有的特点是____________；②若 $V_{前} > V_{后}$，则此烃具有的特点是____________；③若 $V_{前} < V_{后}$，则此烃具有的特点是____________；④若温度小于 100 ℃，则 $V_{前}$ 与 $V_{后}$ 的关系是______。

解析 $C_xH_y + (x+\frac{y}{4})O_2 \xrightarrow{点燃} xCO_2 + \frac{y}{2}H_2O$

在 120 ℃时，水为气态。

$V_{前} = 1 + x + \frac{y}{4}$　$V_{后} = x + \frac{y}{2}$

$V_{前} - V_{后} = 1 - \frac{y}{4}$

①若 $V_{前} = V_{后}$，则 $1 - \frac{y}{4} = 0$，$y = 4$。

②若 $V_{前} > V_{后}$，则 $1 - \frac{y}{4} > 0$，$y < 4$。

③若 $V_{前} < V_{后}$，则 $1 - \frac{y}{4} < 0$，$y > 4$。

④温度小于 100 ℃时，水为液态。

$V_{前} - V_{后} = 1 + x + \frac{y}{4} - x = 1 + \frac{y}{4}$

因为 y 为正数，则 $1 + \frac{y}{4} > 0$，

所以 $V_{前} > V_{后}$。

即反应后体积恒减小。

答案 ①$y = 4$　②$y < 4$　③$y > 4$　④$V_{前} > V_{后}$

5. 利用十字交叉法解题

例题7 常温下一种烷烃 A 和一种烯烃 B 组成混合气体，A 和 B 分子中最多只含 4 个碳原子，且 B 分子中的碳原子数比 A 分子中的多。该混合气体 1 L 充分燃烧生成 2.5 L CO_2，A 和 B 的可能组合及其体积比为　　　　（　　）

A. CH_4 与 C_3H_6,体积比为 1∶3

B. CH_4 与 C_4H_8,体积比为 1∶1

C. C_2H_6 与 C_3H_6,体积比为 2∶1

D. C_2H_6 与 C_4H_8,体积比为 1∶3

解析 由十字交叉法验证,设平均分子式为$C_{2.5}H_x$,A 项:$\begin{array}{ccccc} 1 & & & & 0.5 \\ & \diagdown & & \diagup & \\ & & 2.5 & & \\ & \diagup & & \diagdown & \\ 3 & & & & 1.5 \end{array}$ $\frac{0.5}{1.5}=\frac{1}{3}$,符合;B 项:$\begin{array}{ccccc} 1 & & & & 1.5 \\ & \diagdown & & \diagup & \\ & & 2.5 & & \\ & \diagup & & \diagdown & \\ 4 & & & & 1.5 \end{array}$ $\frac{1.5}{1.5}=\frac{1}{1}$,符合;C 项:$\begin{array}{ccccc} 2 & & & & 0.5 \\ & \diagdown & & \diagup & \\ & & 2.5 & & \\ & \diagup & & \diagdown & \\ 3 & & & & 0.5 \end{array}$ $\frac{0.5}{0.5}=\frac{1}{1}$,不符;D 项:$\begin{array}{ccccc} 2 & & & & 1.5 \\ & \diagdown & & \diagup & \\ & & 2.5 & & \\ & \diagup & & \diagdown & \\ 4 & & & & 0.5 \end{array}$ $\frac{1.5}{0.5}=\frac{3}{1}$,不符。

答案 AB

第八章 烃的衍生物及高分子合成材料

本章概述

烃的衍生物从组成上说，除含有C、H元素外，还有O、X(卤素)、N、S等元素中的一种或几种，如初中化学里学过的甲醇(CH_3OH)、乙醇(C_2H_5OH)、乙酸(CH_3COOH)及上一章已提到的一氯甲烷(CH_3Cl)、硝基苯($C_6H_5NO_2$)、苯磺酸($C_6H_5SO_3H$)等都属于烃的衍生物。这些化合物，从结构上说，都可以看成是烃分子里的氢原子被其他原子或原子团取代而衍变成的，因此叫做烃的衍生物(derivative of hydrocarbon)。

烃的衍生物的种类很多，本章将分别以乙醇、乙醛、乙酸等为代表物，着重介绍醇、醛、羧酸等衍生物的一些性质和用途。

教学目标

1. 了解并掌握乙酚、苯酚、乙酸、乙酸乙酯的相关性质。
2. 熟悉葡萄糖、蔗糖;淀粉、纤维素的相关性质。
3. 了解蛋白蛋的相关性质。

第一节 乙醇 苯酚

乙醇俗称酒精，是我们比较熟悉的一种有机物，在初中化学里已经学过乙醇的一些性质，这里我们将进一步学习乙醇的化学性质。

乙醇可以看做是乙烷分子里的一个氢原子被羟基(—OH)取代后的产物，乙醇的结构式是 $\begin{array}{c} \quad\ \ H\quad H \\ \quad\ \ |\quad\ \ | \\ H—C—C—OH \\ \quad\ \ |\quad\ \ | \\ \quad\ \ H\quad H \end{array}$ ，简写为CH_3CH_2OH或C_2H_5OH。

一、乙醇的化学性质

1. 乙醇与钠的反应

【实验8－1】 在大试管里注入2 mL左右无水乙醇，再放入2小块新切下并用滤纸擦干的金属钠，迅速用一配有导管的单孔塞塞住试管口，用一小试管倒扣在导管上(如图8－1)，收集反应中放出的气体并验纯。确定气体的纯度后，在导管口点燃，观察气体燃烧的现象；然后把一个凉的干燥小烧杯罩在火焰上方(见图8－1)，片刻后可看到烧杯壁上出现水滴，迅速倒转烧杯，向烧杯内注入少量澄清的石灰水，振荡，观察石灰水的变化。

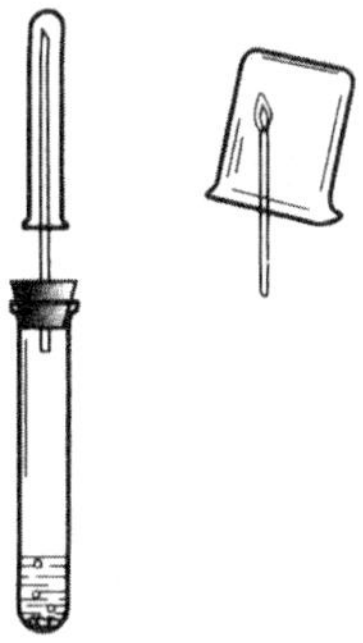

（a）　（b）

图 8－1　乙醇与金属钠的反应

通过实验可知，反应放出的气体可在空气中安静地燃烧，火焰呈淡蓝色；烧杯壁上有水滴生成，而且加入烧杯中的澄清的石灰水不变浑浊，说明反应生成的气体是氢气。在这个反应里，金属钠置换出了羟基中的氢，生成了乙醇钠，反应的化学方程式是

$$2CH_3CH_2OH + 2Na \longrightarrow 2CH_3CH_2ONa + H_2\uparrow$$

这个反应类似于水与钠的反应，因此，乙醇可以看做是水分子里的氢原子被乙基取代的产物。乙醇与钠的反应比水与钠的反应要缓和得多，这说明乙醇羟基中的氢原子不如水分子中的氢原子活泼。

2. 消去反应

我们已经知道，乙醇在有浓硫酸作催化剂的条件下，加热到 170 ℃即生成乙烯。其反应的化学方程式是

$$\begin{matrix} & & H & & H & & \\ & & | & & | & & \\ H & — & C & — & C & — & H \\ & & | & & | & & \\ & & H & & OH & & \end{matrix} \xrightarrow[170℃]{\text{浓硫酸}} CH_2=CH_2\uparrow + H_2O$$

在这个反应里，每一个乙醇分子脱去了一个水分子。像这样，有机化合物在一定条件下，从一个分子中脱去一个小分子（如 H_2O，HBr 等），而生成不饱和（含双键或三键）化合物的反应，叫做消去反应（elirnination reaction）。

从乙醇的上述两个反应可以看出，羟基比较活泼，它决定着乙醇的主要化学性质。

3. 氧化反应

乙醇除了燃烧时能生成二氧化碳之外，在加热和有催化剂（Cu 或 Ag）存在的条件下，也能与氧气发生氧化反应，生成乙醛：

$$2CH_3CH_2OH + O_2 \xrightarrow[\triangle]{\text{催化剂}} 2CH_3CHO + 2H_2O$$

工业上根据这个原理，由乙醇制取乙醛。

小锦囊

官能团

在烃的衍生物中，取代氢原子的其他原子或原子团，影响着烃的衍生物的性质，使其具有了不同于相应的烃的特殊性质。例如，乙烷是不溶于水的无色气体，沸点较低；但乙醇却

是可与水无限混溶的液体，沸点相对较高。在化学性质方面，乙醇与乙烷相比，也有其明显的特性。这种决定化合物特殊性质的原子或原子团叫做官能团(functional group)。羟基(—OH)、羧基(—COOH)、硝基(—NO_2)等都是官能团，烯烃和炔烃中分别含有的碳碳双键和碳碳三键也是官能团。

二、乙醇的用途

乙醇的用途很广泛可用做内燃机和实验室的燃料，用乙醇作燃料可减少对空气的污染；可用于制造饮料和香精；乙醇还是一种重要的有机化工原料和溶剂，如用乙醇制造乙酸、乙醚等，可用于溶解树脂，制造涂料等。医疗上常用的消毒酒精含乙醇体积分数为70% ~75%。

知识库

酒精的消毒作用

乙醇溶液能用来消毒，是因为乙醇具有很大的渗透能力。能够渗透到细菌体内，使蛋白质凝固。学校里的一些生物标本在浸制过程中常常要用酒精，就是因为在酒精里细菌无法生存和繁殖，标本不会腐烂。

消毒用的酒精并不是纯的酒精。这是因为用纯酒精消毒时，由于酒精浓度高，会一下子就使细菌表面的蛋白质凝固，结果在细菌表面形成一层硬膜。这层硬膜对细菌会产生保护作用，阻止酒精进一步渗入，反而起不到消毒的作用。

除乙醇外，还有一些在结构和性质上跟乙醇很相似的物质，如甲醇(CH_3OH)、丙醇($CH_3CH_2CH_2OH$)等。在它们的分子里都含有跟链烃基相结合的羟基。我们把这一类烃的衍生物统称为醇。

三、苯酚

1. 苯酚

如果羟基与苯环上的碳原子直接相连，其化合物就不属于醇，而是酚。苯分子里只有一个氢原子被羟基取代的生成物是最简单的酚，叫做苯酚，通常简称为酚。苯酚的分子式是C_6H_6O，结构式是

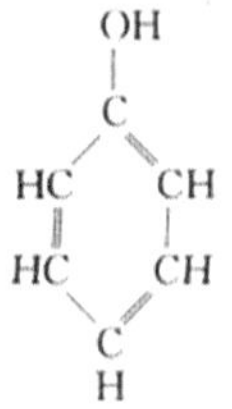

简写为或C_6H_5OH。

2. 用途

苯酚是一种重要的化工原料，主要用于制造酚醛树脂(俗称电木)等，还广泛用于制造合成纤维、药物、合成香料、染料、农药等。苯酚有毒，它的浓溶液对皮肤有强烈的腐蚀性，使用时要小心，如不慎沾到皮肤上，应立即用酒精洗涤。化工系统和炼焦工业的废水中常含有酚类，在排放之前也必须经过处理。但是苯酚的稀溶液可直接用做防腐剂和消毒剂，如日常所用的

药皂中就掺入了少量苯酚。

3. 性质

纯净的苯酚是无色的晶体，露置在空气里会因小部分发生氧化而呈粉红色。苯酚具有特殊的气味，熔点为43 ℃，在水中的溶解度不大，当温度高于65 ℃时，则能与水混溶。苯酚易溶于乙醇等有机溶剂。

苯酚分子里羟基与苯环直接相连，二者会相互影响，使得酚中羟基上的H比醇中羟基上的H活泼；酚中苯环上的H也比芳烃苯环上的H活泼。如乙醇不能与碱反应生成盐，苯酚则可与NaOH溶液反应生成苯酚钠：

苯酚的酸性比碳酸弱，不能使指示剂变色。

再如，在常温下，不需要催化剂，苯酚就能很容易地与溴发生取代反应，生成白色的三溴苯酚沉淀：

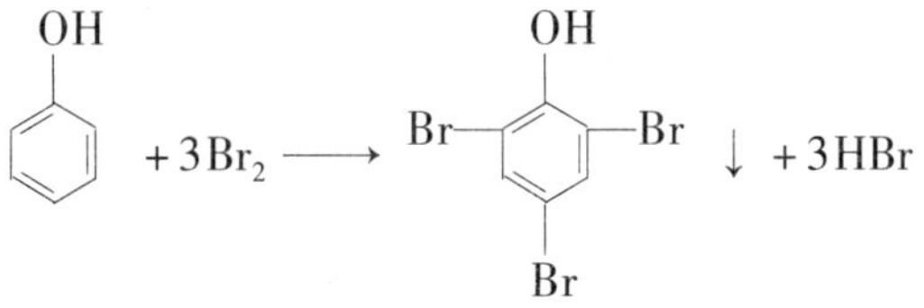

自制甜酒酿

称取糯米1 kg，淘洗干净，用清水浸泡一昼夜，沥干后，蒸熟，冷却到约40 ℃。将10 g酒曲（含有糖化酶、酒化酶等催化剂）研成粉末，加入少量冷开水调成浑浊液，分数次加入糯米饭中，搅拌均匀，装入经过开水灭菌的容器中，轻轻压实，再在中间掏一个圆形小洞直至容器底部（以免发酵时中间温度过高，影响反应），然后将容器盖好，放在30 ~40 ℃的环境中。经过2天后，发酵过程基本完成，即可食用。酿制成功的酒酿香甜可口，且有浓郁酒香。

判断酒后驾车的方法

司机酒后驾车容易肇事，因此交通法规禁止酒后驾车。怎样判断驾车人是否为酒后驾车呢？一种科学、简便的检测方法是使驾车人呼出的气体接触载有经过硫酸酸化处理的强氧化剂三氧化铬（CrO_3）的硅胶，如果呼出的气体中含有乙醇蒸气，乙醇会被三氧化铬氧化成乙醛，同时，三氧化铬被还原为硫酸铬。

三氧化铬与硫酸铬的颜色不同，通过颜色的变化，即可知驾车人是否喝了酒。

第二节 乙醛 丙酮

在学习乙醇的化学性质时，曾经提到过乙醛，它是乙醇氧化后的一种产物。乙醛的分子式

是 C_2H_4O，结构式是：

$$\begin{array}{ccccc} & H & & O & \\ & | & & \| & \\ H— & C & — & C & —H \\ & | & & & \\ & H & & & \end{array}$$

简写为 CH_3CHO，其分子比例模型如图 8－2 所示。

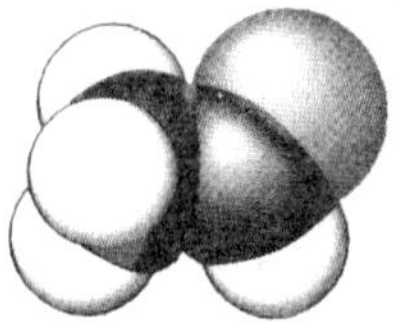

图 8－2 乙醛分子的比例模型

一、乙醛的性质

乙醛是无色、具有刺激性气味的液体，密度比水小，沸点是 20.8 ℃。乙醛易挥发，易燃烧，能跟水、乙醇、氯仿等互溶。

从结构上乙醛可以看成是甲基跟醛基（$\overset{\overset{\displaystyle O}{\|}}{—C—H}$）相连而构成的化合物。由于醛基比较活泼，乙醛的化学性质主要由醛基决定。例如，乙醛的加成反应和氧化反应，都发生在醛基上。

1. 氧化反应

在有机化学反应中，通常把有机物分子中加入氧原子或失去氢原子的反应叫做氧化反应。乙醛易被氧化，如在一定温度和催化剂存在的条件下，乙醛能被空气中的氧气氧化成乙酸：

$$2CH_3—\overset{\overset{\displaystyle O}{\|}}{C}—H + H_2 \xrightarrow[\triangle]{\text{催化剂}} 2CH_3COOH$$

在工业上，可以利用这个反应制取乙酸。

乙醛不仅能被 O_2 氧化，还能被弱氧化剂所氧化。

2. 加成反应

乙醛分子中的碳氧双键上能够发生加成反应。例如，使乙醛蒸气和氢气的混合气体通过热的镍催化剂，乙醛与氢气即发生加成反应：

$$CH_3—\overset{\overset{\displaystyle O}{\|}}{C}—H + H_2 \xrightarrow[\triangle]{\text{催化剂}} CH_3CH_2OH$$

在有机化学反应中，通常把有机物分子中加入氢原子或失去氧原子的反应叫做还原反应。乙醛与氢气的加成反应就属于还原反应。

【实验 8－2】 在洁净的试管里加入 1 mL 2% 的 $AgNO_3$ 溶液，然后一边摇动试管，一边逐滴滴入 2 % 的稀氨水，至最初产生的沉淀恰好溶解为止（这时得到的溶液叫做银氨溶液）。再滴入 3 滴乙醛，振荡后把试管放在热水浴中温热并观察现象。

不久可以看到，试管内壁上附着一层光亮如镜的金属银，如图 8－3 所示。

在这个反应里，硝酸银与氨水生成的银氨溶液中含有 $Ag(NH_3)_2OH$（氢氧化二氨合银），这是一种弱氧化剂，它能把乙醛氧化成乙酸，乙酸又与氨反应生成乙酸铵，而 Ag^+ 被还原成金

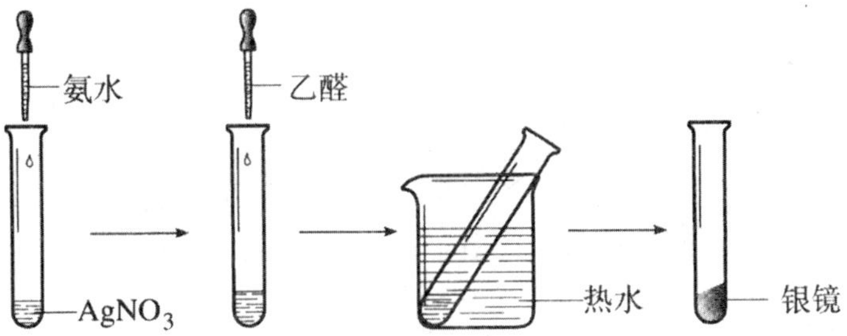

图 8－3 乙醛的银镜反应

属银：

$$CH_3CHO + 2Ag(NH_3)_2OH \xrightarrow{\triangle} \underset{\text{乙酸铵}}{CH_3COONH_4} + 2Ag\downarrow + 3NH_3 + H_2O$$

还原生成的银附着在试管壁上，形成银镜，所以，这个反应叫做银镜反应（silver mirror reaction）。

银镜反应常用来检验醛基的存在。工业上可利用这一反应原理，把银均匀地镀在玻璃上制镜或保温瓶胆（生产上常用含有醛基的葡萄糖作为还原剂）。

此外，另一种弱氧化剂即新制的 $Cu(OH)_2$ 也能使乙醛氧化。

【实验 8－3】 在试管里加入 10% 的 NaOH 溶液 2 mL，滴入 2% 的 $CuSO_4$ 溶液 4 ~6 滴，振荡后加入乙醛溶液 0.5 mL（见图 8－4），加热至沸腾，观察现象。

图 8－4 乙醛与 $Cu(OH)_2$ 反应

可以看到，溶液中有红色沉淀产生。该红色沉淀是 Cu_2O，它是由反应中生成的 $Cu(OH)_2$ 被乙醛还原产生的：

$$Cu^{2+} + 2OH^- = Cu(OH)_2\downarrow$$

$$CH_3CHO + 2Cu(OH)_2 \xrightarrow{\triangle} CH_3COOH + Cu_2O\downarrow + 2H_2O$$

这个反应也可以用来检验醛基的存在。

在有机化合物中，还有许多在分子结构和化学性质上跟乙醛相似的物质，如甲醛（HCHO）（质量分数为 35% ~ 40% 的甲醛水溶液俗称福尔马林）、丙醛（CH_3CH_2CHO）、丁醛（$CH_3CH_2CH_2CHO$）等，像这种由烃基与醛基相连（甲醛例外）而构成的有机化合物称为醛（aldetlyde）。由于醛的分子里都含有醛基，它们的化学性质很相似。例如，它们都能被还原成醇，被氧化成羧酸，都能起银镜反应等。

由于醛基很活泼，可以发生很多反应，因此醛在有机合成中占有重要的地位。在工农业生产上和实验室中，醛被广泛用做原料和试剂；有些醛本身就可用做药物和香料。

二、丙酮的性质

丙酮的分子式是 C_3H_6O，它的结构式是 $CH_3-\overset{\overset{\displaystyle O}{\|}}{C}-CH_3$ ，简写为 CH_3COCH_3。

丙酮是一种无色、有气味的液体，密度小于水，易挥发、易燃烧；可与水、乙醇及乙醚等以任意比互溶。

丙酮是一种重要的有机溶剂，能溶解脂肪、树脂、橡胶等很多有机物。

由于丙酮分子中没有醛基，丙酮没有还原性，不能起银镜反应。丙酮在催化剂存在的条件下，可以跟氢气起加成反应，生成醇。

第三节 乙酸 乙酸乙酯

一、乙酸的化学性质

1. 乙酸的结构

乙酸又名醋酸，它是食醋的主要成分，是日常生活中经常接触的一种有机酸。乙酸的分子式是 $C_2H_4O_2$，结构式是

$$CH_3-\overset{\overset{\displaystyle O}{\|}}{C}-OH$$

简写为 CH_3COOH。

乙酸从结构上可以看成是甲基和羧基 $-\overset{\overset{\displaystyle O}{\|}}{C}-OH$ （或—COOH）相连而构成的化合物。乙酸的化学性质主要由羧基决定。

2. 乙酸的酸性

如图 8－5 所示，乙酸与 Na_2CO_3 反应。

图 8－5 乙酸与 Na_2CO_3 的反应

二、乙酸乙酯

乙酸乙酯是无色透明、有果香味的液体，易挥发，密度小于水，可与乙醇、丙酮等混溶。

酯的重要性质是在一定条件下能够跟水发生水解反应（hydrolysis reaction）。在酸（或碱）存在的条件下，乙酸乙酯发生水解反应生成乙酸和乙醇（见图 8－6）：

$$CH_3COOC_2H_5 + H_2O \xrightleftharpoons{\text{无机酸}} CH_3COOH + C_2H_5OH$$

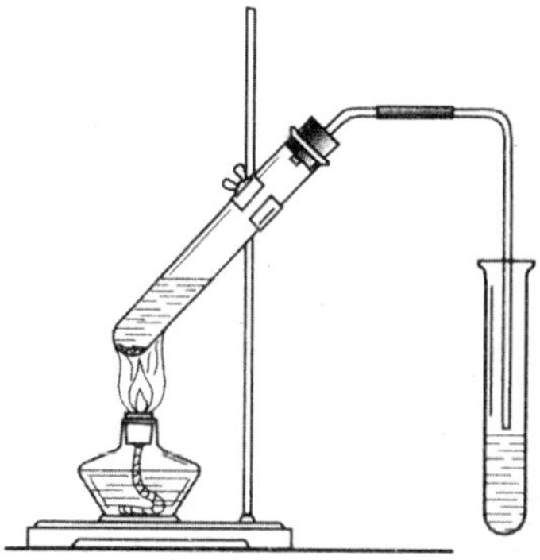

图 8-6 生成乙酸乙酯的反应

乙酸乙酯主要用做清漆的稀释剂，以及人造革、硝酸纤维素、塑料等的溶剂，也是制造香料、染料和药物等的原料。

三、肥皂及合成洗涤剂

1. 合成洗涤剂

合成洗涤剂是根据肥皂去污原理合成的分子中具有亲水基和憎水基的物质(见图 8-7)。它分固态的洗衣粉和液态的洗涤剂两大类。它的主要成分一般是烷基苯磺酸钠或烷基磺酸钠等。根据不同的需要，采用不同的配比和添加剂，可以制得不同性能、不同用途、不同品种的合成洗涤剂。例如在洗衣粉中加入蛋白酶，可以提高对血渍、奶渍等蛋白质污物的去污能力。

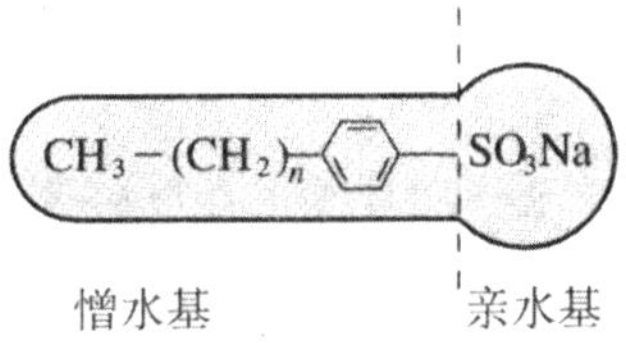

图 8-7 合成洗涤剂分子结构示意图

跟肥皂比较，合成洗涤剂有显著的优点。

● 肥皂不适合在硬水中使用，而合成洗涤剂的使用不受水质限制。因为硬水中的钙、镁离子会跟肥皂生成高级脂肪酸钙、镁盐类沉淀，使肥皂丧失去污能力；而合成洗涤剂在硬水中生成的钙、镁盐类能够溶于水，不会丧失去污能力。

● 合成洗涤剂去污能力更强，并且适合洗衣机使用。

● 合成洗涤剂的原料便宜。制造合成洗涤剂的主要原料是石油，而制造肥皂的主要原料是油脂，石油比油脂更价廉易得。

由于合成洗涤剂有上述优点，因此它发展很快。但是随着合成洗涤剂的大量使用，含有合成洗涤剂的废水大量排放到江河中，造成了水体污染。原因是有的洗涤剂十分稳定，难于被细菌分解，污水积累，使水质变坏。有的洗涤剂含有磷元素，造成水体富营养化，促使水生藻类大量繁殖，水中的溶解氧降低，也使水质变坏。目前，合成洗涤剂导致的水体污染已引起人们极大的关注，并正积极研制无磷等新型洗涤剂，以减轻对环境的污染。

2. 肥皂

肥皂的有效成分是高级脂肪酸的钠盐。高级脂肪酸是指含碳原子数较多的羧酸，如硬脂

酸 $C_{17}H_{35}COOH$，其钠盐就是 $C_{17}H_{35}COONa$。

肥皂去污是高级脂肪酸钠起作用。从结构上看，它的分子可以分为两部分，一部分是—COONa 或—COO^-，它可以溶于水，叫亲水基；另一部分是链状的烃基—R，这一部分不溶于水，叫做憎水基。憎水基具有亲油的性质。在洗涤的过程中，污垢中的油脂跟肥皂接触后，高级脂肪酸钠分子的烃基就插入油污内，而易溶于水的羧基部分伸在油污外面，插入水中。这样油污就被包围起来(见图 8－8)。再经摩擦、振动，大的油污便分散成小的油珠，最后脱离被洗的纤维织品，而分散到水中形成乳浊液，从而达到洗涤的目的。

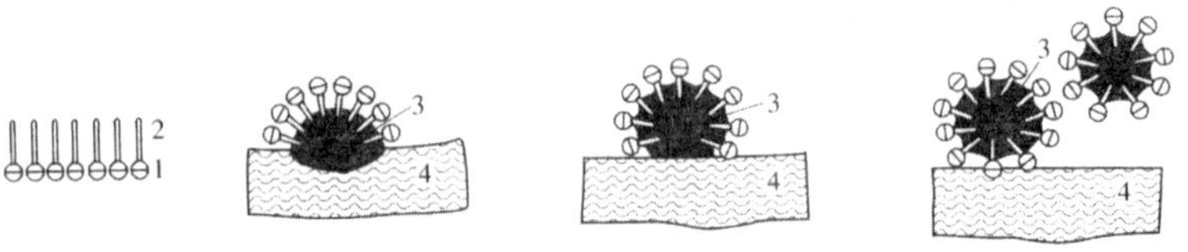

图 8－8　肥皂去污原理示意图

1－亲水基；2－憎水基；3－油污；4－纤维织品

巧除水垢

家中烧开水的壶和盛放开水的暖瓶或凉瓶，使用时间长了易结水垢，利用乙酸的酸性可有效除去水垢且不会对容器造成污染。方法是：取少量醋(最好使用浓度较大的“醋精”)加入需要除垢的容器中，缓慢转动容器使水垢与醋充分接触，浸泡一段时间，再用水清洗即可。如果水垢较厚，可反复多次转动、浸泡，或者多换几次醋并适当增加浸泡时间。

第四节　葡萄糖　蔗糖

一、葡萄糖

葡萄糖是自然界中分布最广的单糖。葡萄糖存在于葡萄和其他带甜味的水果里。蜂蜜里也含有葡萄糖。淀粉等食用糖类在人体中能转化为葡萄糖而被吸收，正常人的血液里约含 0.1% 的葡萄糖，叫做血糖。

葡萄糖的分子式是 $C_6H_{12}O_6$，它是白色晶体，有甜味，能溶于水。

【实验 8－4】　在 1 支洁净的试管里配制 2 mL 银氨溶液，加入 1 mL 10% 的葡萄糖溶液，振荡，然后在水浴里加热约 5 min，观察现象。

【实验 8－5】　在试管里加入 2 mL 10% NaOH 溶液，滴加 5 滴 5% $CuSO_4$ 溶液，再加入 2 mL10% 的葡萄糖溶液，加热，观察现象。

从实验 8－4 可以看到有银镜生成，从实验 8－5 可以看到有红色沉淀生成，它是 Cu_2O。

根据上述实验现象，分析葡萄糖分子中含有什么官能团，葡萄糖具有什么性质？

$$CH_2OH—CHOH—CHOH—CHOH—CHOH—CHO$$

它是一种多羟基醛。

葡萄糖是一种重要的营养物质，它在人体组织中进行氧化反应，放出热量，以维持人体生命活动所需要的能量。

$$C_6H_{12}O_6(s)+6O_2(g)\longrightarrow 6CO_2(g)+6H_2O(l)$$

1 mol 葡萄糖完全氧化，放出约 2 804 kJ 的热量。

葡萄糖用于制镜业、糖果制造业，还可以用于医药工业。葡萄糖可不经过消化过程而直接为人体所吸收，因此，体弱和血糖过低的患者可利用静脉注射葡萄糖溶液的方式来迅速补充营养。

知识库

糖的相关知识

糖类是绿色植物光合作用的产物，是动植物所需能量的重要来源。根据我国居民的食物构成，人们每天摄取的热能中大约有75%来自糖类。

糖类(carbohydrate)是由 C，H，O 三种元素组成的一类有机化合物。从前曾把糖类叫做碳水化合物，理由是当时发现它们的组成符合通式 $C_n(H_2O)_m$(n 与 m 可以相同，也可以不同)。随着化学科学的发展，现在发现碳水化合物的名称没有正确反映糖类化合物的组成、结构特征。糖类中的氢原子和氧原子的个数比并不都是2∶1，也并不以水分子的形式存在，如鼠李糖 $C_6H_{12}O_5$；而有些符合 $C_n(H_2O)_m$ 通式的物质也不是碳水化合物，如甲醛 CH_2O、乙酸 $C_2H_4O_2$ 等。所以碳水化合物这个名称虽然仍然沿用，但已失去原来的意义。

糖类根据其能否水解以及水解产物的多少，可以分为单糖、二糖和多糖等几类。单糖不能水解成更简单的糖；二糖能水解，1 mol 二糖水解后产生 2 mol 单糖；多糖也能被水解，1 mol 多糖水解后可产生许多摩尔单糖。

单糖中最重要的是葡萄糖，二糖中最重要的是蔗糖和麦芽糖，多糖中最重要的是淀粉和纤维素。

二、蔗糖和麦芽糖

蔗糖的分子式是 $C_{12}H_{22}O_{11}$。蔗糖为无色晶体，溶于水，是重要的甜味食物。蔗糖存在于不少植物体内，以甘蔗(含糖 11% ~17%)和甜菜(含糖 14% ~26%)的含量最高。日常生活中所食用的白糖、冰糖、红糖的主要成分都是蔗糖。

【实验 8－6】 在 2 支洁净的试管里各加入 20% 的蔗糖溶液 1 mL，并在其中 1 支试管里加入 3 滴稀硫酸(1∶ 5)。振荡，把 2 支试管都放在水浴中加热 5 min。然后向已加入稀硫酸的试管中滴加 NaOH 溶液，至溶液刚好呈碱性。最后再向 2 支试管里各加入 2 mL 新制银氨溶液，振荡，在水浴中加热约 5min，然后观察现象。

用新制的 $Cu(OH)_2$ 代替银氨溶液做上述实验，观察现象。

讨论

实验说明蔗糖分子中是否含有醛基？蔗糖溶液加酸并加热后，反应产物中是否含有醛基？

从实验中可以看到，蔗糖不发生银镜反应，也不能还原新制的 $Cu(OH)_2$。这说明它的分子结构中不含有醛基，因此不显还原性。在硫酸的催化作用下，蔗糖发生水解反应，生成葡萄糖和果糖：

$$C_{12}H_{22}O_{11} + H_2O \xrightarrow{\text{催化剂}} C_6H_{12}O_6 + C_6H_{12}O_6$$

蔗糖　　　　　　葡萄糖　　果糖

因此蔗糖水解后能发生银镜反应，也能还原新制的 $Cu(OH)_2$。

麦芽糖的分子式是 $C_{12}H_{22}O_{11}$。麦芽糖是白色晶体（常见的麦芽糖是糖膏），易溶于水，有甜味。麦芽糖分子中含有醛基，因此有还原性。在硫酸等催化剂作用下，麦芽糖发生水解反应，1 mol 麦芽糖水解生成 2 mol 葡萄糖。

$$C_{12}H_{22}O_{11} + H_2O \xrightarrow{\text{催化剂}} 2C_6H_{12}O_6$$

麦芽糖　　　　　　葡萄糖

麦芽糖可用做甜味食物。通常食用的饴糖（如高粱饴），其主要成分就是麦芽糖。

三、食品添加剂与人体健康

食品添加剂是用于改善食品品质、延长食品保存期、增加食品营养成分的一类化学合成或天然物质。一些常见的食品添加剂见表 8－1。

表 8－1　一些常见的食品添加剂

类别	功　能	品　种
食品色素	调节食品色泽，改善食品外观	胡萝卜素（橙红色）、番茄红素（红色）、胭脂红酸（红色）、苋菜红（紫红色）、靛蓝（蓝色）、姜黄色素（黄色）、叶绿素（绿色）、柠檬黄（黄色）
食用香料	赋予食品香味，引人愉悦	花椒、茴香、桂皮、丁香油、柠檬油、水果香精
甜味剂	赋予食品甜味，改善口感	各种糖类、糖精（其甜味是蔗糖的 300 ~ 500 倍）、木糖醇（可供糖尿病患者食用）
鲜味剂	使食品呈现鲜味，引起食欲	味精（谷氨酸钠）
防腐剂	阻抑细菌繁殖，防止食物腐败	食盐、糖、醋酸、苯甲酸及其钠盐、山梨酸及其盐、丙酸钙
抗氧化剂	抗氧化，阻止空气中的氧气使食物氧化变质	抗坏血酸（维生素 C）、维生素 E、丁基羟基茴香醚
营养强化剂	补充食物中缺乏的营养物质或微量元素	食盐加碘、粮食制品中加赖氨酸、食品中加维生素或硒、锗等微量元素

对于什么物质可以作食品添加剂，以及食品添加剂的使用量，卫生部门都有严格的规定。在规定范围内使用食品添加剂，一般认为对人体健康无害。如果违反规定将一些不能作为食品添加剂的物质当做食品添加剂，或者超量使用食品添加剂，均会损害人体健康。例如使用一些不能食用的染料给食品染色，或配制饮料，就有可能危害人体健康或引起食物中毒。又如为了使腌制肉类食品的颜色更为鲜红，超量使用添加剂硝酸盐或亚硝酸盐，将会使肉类食品中产生亚硝胺。它是一种致癌物质，有诱发人体患癌症的危险。

第五节 淀粉 纤维素

多糖是能水解生成多个单糖分子的糖类。淀粉和纤维素是最重要的多糖，它们的通式是$(C_6H_{10}O_5)_n$，但它们的分子里所包含的单糖单元($C_6H_{10}O_5$)的数目不同，即n值不同。不仅如此，它们的结构也不相同。

一、淀粉

淀粉主要存在于植物的种子或块根里，其中谷类含淀粉较多。例如，大米约含淀粉80%，小麦约含70%，马铃薯约含20%。

淀粉分子中含有几百个到几千个单糖单元，也就是说，淀粉的相对分子质量很大，从几万到几十万，属于天然有机高分子化合物。

1. 淀粉的物理和化学性质

淀粉是白色、无气味、无味道的粉末状物质，不溶于冷水，在热水里淀粉颗粒会膨胀破裂，有一部分淀粉溶解在水里，另一部分悬浮在水里，形成胶状淀粉糊，这一过程称为糊化作用。糊化是淀粉食品加热烹制时的基本变化，也就是常说的食物由生到熟。

通常淀粉不显还原性，但它在催化剂(如酸)存在和加热条件下可以逐步水解，生成一系列比淀粉分子小的化合物，最后生成还原性单糖——葡萄糖。

$$\underset{\text{淀粉}}{(C_6H_{10}O_5)_n} + nH_2O \xrightarrow{\text{催化剂}} n\underset{\text{葡萄糖}}{C_6H_{12}O_6}$$

【实验8-7】 在试管1和试管2里各放入0.5 g淀粉，在试管1里加入4 mL 20%的H_2SO_4溶液，在试管2里加入4 mL水，都加热约4 min。用碱液中和试管1里的H_2SO_4溶液，把一部分液体倒入试管3。在试管2和试管3里都加入碘溶液，观察有没有蓝色出现。在试管1里加入银氨溶液，稍加热后，观察试管内壁上有无银镜出现。

通过上述实验可以看到，淀粉用酸催化可以发生水解，生成能发生银镜反应的葡萄糖。而在没加酸的试管中加碘溶液呈现蓝色，说明淀粉没有发生水解。

我们知道，淀粉是没有甜味的，但为什么在吃米饭或馒头时，多加咀嚼就会感到有甜味？原来淀粉在人体内也进行水解。人们在咀嚼米饭或馒头时，一部分淀粉受唾液所含淀粉酶(一种蛋白质)的催化作用，开始水解，生成了麦芽糖；余下的淀粉在小肠里，在胰脏分泌出的淀粉酶的作用下，继续进行水解，生成麦芽糖。麦芽糖在肠液中麦芽糖酶的催化下，水解为人体可吸收的葡萄糖，供人体组织的营养需要。

2. 淀粉的用途

淀粉是食物的一种重要成分，是人体能量的主要来源。它也是一种工业原料，可以用来制造葡萄糖和酒精等。淀粉在淀粉酶的作用下，先转化为麦芽糖，再转化为葡萄糖。葡萄糖受到酒曲里的酒化酶的作用，转化为乙醇。其反应可以简略表示如下：

$$C_6H_{12}O_6 \xrightarrow{\text{催化剂}} 2C_2H_5OH + 2CO_2$$

二、纤维素

1. 纤维素的物理和化学性质

纤维素是白色、无气味、无味道，具有纤维状结构的物质，不溶于水，也不溶于一般有机溶剂。

跟淀粉一样，纤维素也不显还原性，可以发生水解，但比淀粉困难，一般需要在浓酸中或用稀酸在加压下才能进行。纤维素水解的最终产物是否具有还原性呢？

【实验 8－8】 把一小团棉花或几小片滤纸放入试管中，加入几滴 90% 的浓硫酸，用玻璃棒把棉花或滤纸捣成糊状。小火微热，使其成亮棕色溶液。稍冷，滴入 3 滴 5% 的 $CuSO_4$ 溶液，并加入 10% 的 NaOH 溶液中和溶液至出现 $Cu(OH)_2$ 沉淀。加热煮沸，观察现象。

可以看到实验中有红色 Cu_2O 沉淀生成。这说明纤维素水解生成了具有还原性的物质。

纤维素水解的最终产物也是葡萄糖：

$$\underset{\text{纤维素}}{(C_6H_{10}O_5)_n} + nH_2O \xrightarrow[\triangle]{\text{催化剂}} \underset{\text{葡萄糖}}{nC_6H_{12}O_6}$$

纤维素分子是由很多单糖单元构成的，每一个单糖单元有 3 个醇羟基，因此纤维素能够表现出醇的一些性质，如生成硝酸酯、乙酸酯等。

小锦囊

生活中的纤维素

纤维素是构成植物细胞壁的基础物质，因此一切植物中均含有纤维素。各种植物含纤维素多少不一，棉花是含纤维素很丰富的植物，其质量分数可达 92%～95%，亚麻中含纤维素达 80%，木材中的纤维素约占木材质量的 1/2。

纤维素是一种复杂的多糖，它的分子中大约含有几千个单糖单元，相对分子质量约为几十万至百万，因此它也是天然有机高分子化合物。纤维素跟淀粉结构不同，性质也有差异。

2. 纤维素的用途

纤维素的用途十分广泛。棉麻纤维大量用于纺织工业。其他一些富含纤维素的物质，如木材、稻草、麦秸、蔗渣等，可以用来造纸。除此之外，纤维素可以用来制造纤维素硝酸酯、纤维素乙酸酯和黏胶纤维等。

- 纤维素硝酸酯俗名硝酸纤维。工业上把酯化比较完全、含氮量高的纤维素硝酸酯叫做火棉，把含氮量低的纤维素硝酸酯叫做胶棉。火棉可用来制造无烟火药，作为枪弹的发射药。胶棉可用来制造赛璐珞（一种塑料）和油漆。
- 纤维素乙酸酯俗名醋酸纤维，它不易着火，可用于制造电影胶片的片基，也可作纺织工业原料。
- 黏胶纤维是植物茎秆、棉绒等富含纤维素的物质，经过氢氧化钠和二硫化碳等处理后，得到的一种纤维状物质。黏胶纤维中的长纤维俗称人造丝，短纤维俗称人造棉，都可供纺织之用。
- 食物中的纤维素在人体消化过程中也起着重要的作用。

知识库

造 纸

造纸是我国古代重大发明之一。根据出土文物考证，我国在公元前二世纪即已能用麻纤维造纸。东汉时，蔡伦总结前人的经验，改进造纸技术，造出了质量较好的纸。造纸技术从公元3世纪由我国传到了朝鲜，七世纪由朝鲜传到了日本，8世纪经中亚传到了阿拉伯，12世纪再传到了欧洲。我国造纸技术的发明，对世界文明的发展曾起过巨大的推动作用。近代造纸的原料主要用植物纤维．如木材、芦苇、稻草、麦秸、蔗渣等。为了把植物纤维制成纸浆，要用机械的方法和化学的方法处理，把纤维素原料中的非纤维素成分溶解除去，使纤维素分离出来。所得的纸浆，经过漂白、打浆、抄纸（在铜丝网上铺成薄层）、烘干等工序，即得到纸。

应该指出的是，在造纸过程中，要产生大量含有碱、木质素、酸、悬浮物的废水，这些废水如果不经处理就排放，会造成严重的水污染。小造纸厂能耗高、污染严重，因此国家明令关闭，这一措施对于改善我国水污染状况有很大意义，受到广大人民欢迎。

第六节 蛋白质

一、蛋白质的组成

蛋白质是一类非常复杂的化合物，由碳、氢、氧、氮、硫等元素组成。蛋白质的相对分子质量很大，从几万到几千万。例如，烟草斑纹病毒的核蛋白的相对分子质量就超过两千万。因此，蛋白质属于天然有机高分子化合物。

蛋白质在酸、碱或酶的作用下能发生水解，水解的最终产物是氨基酸。下面是几种氨基酸的例子：

甘氨酸 $$\underset{\displaystyle NH_2}{\underset{|}{CH_2}}—COOH$$

丙氨酸 $$CH_3—\underset{\displaystyle NH_2}{\underset{|}{CH}}—COOH$$

谷氨酸 $$HOOC—(CH_2)_2—\underset{\displaystyle NH_2}{\underset{|}{CH}}—COOH$$

因此，我们说氨基酸是蛋白质的基石。

由于氨基酸的种类很多，组成蛋白质时氨基酸的数量和排列又各不相同，所以蛋白质的结构很复杂。研究蛋白质的结构和合成，进一步探索生命现象，是生命科学研究中的重要课题。1965年我国科学家在世界上第一次用人工方法合成了具有生命活力的蛋白质——结晶牛胰岛素，对蛋白质的研究做出了重要的贡献。

小锦囊

生活中的蛋白质

蛋白质广泛存在于生物体内，是组成细胞的基础物质。动物的肌肉、皮肤、发、毛、蹄、角等的主要成分都是蛋白质。蛋白质是构成人体的物质基础，它约占人体除水分外剩余质量的一半。许多植物(如大豆、花生、小麦、稻谷)的种子里也含有丰富的蛋白质。一切重要的生命现象和生理机能，都与蛋白质密切相关。如在生物新陈代谢中起催化作用的酶，有些起调节作用的激素，运输氧气的血红蛋白，以及引起疾病的细菌、病毒，抵抗疾病的抗体等，都含有蛋白质。所以说，蛋白质是生命的基础，没有蛋白质就没有生命。

二、蛋白质的性质

蛋白质有的能溶于水，如鸡蛋白；有的难溶于水，如丝、毛等。蛋白质除了能水解为氨基酸外，还具有如下的性质。

1. 盐析

【实验8－9】 在盛有鸡蛋白溶液的试管里，缓慢地加入饱和$(NH_4)_2SO_4$或Na_2SO_4溶液，观察沉淀的析出。然后把少量带有沉淀的液体加入盛有蒸馏水的试管里，观察沉淀是否溶解，如图8－9所示。

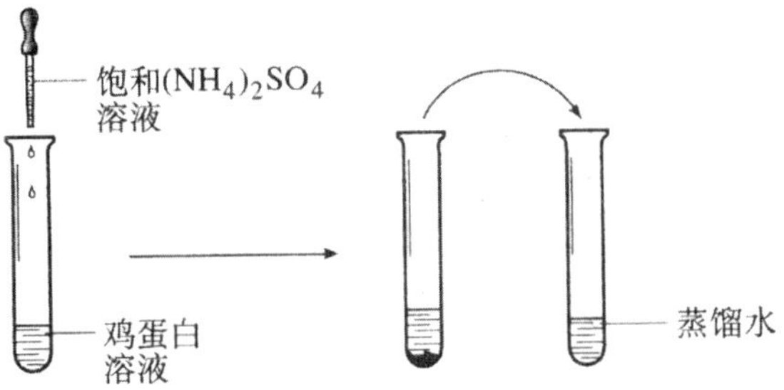

图8－9 蛋白质的盐析

向蛋白质溶液中加入某些浓的无机盐[如$(NH_4)_2SO_4$、Na_2SO_4等]溶液后，可以使蛋白质凝聚而从溶液中析出，这种作用叫做盐析(saltingout)。这样析出的蛋白质仍可以溶解在水中，而不影响原来蛋白质的性质。因此，盐析是一个可逆的过程。利用这个性质，可以采用多次盐析的方法来分离、提纯蛋白质。

2. 变性

【实验8－10】 在两支试管里各加入3 mL鸡蛋白溶液，给一支试管加热，同时向另一个试管加入少量乙酸铅溶液，观察发生的现象。把凝结的蛋白和生成的沉淀分别放入两支盛有清水的试管里，观察是否溶解。

通过实验说明，蛋白质受热达到一定温度或加入铅盐时就会凝结，这种凝结是不可逆的，即凝结后不能在水中重新溶解。我们把蛋白质的这种变化叫做变性(denaturation)。除加热以外，紫外线、X射线，强酸、强碱，铅、铜、汞等重金属的盐类以及一些有机化合物，如甲醛、酒精、苯甲酸等，均能使蛋白质发生变性。蛋白质变性后，不仅丧失了原有的可溶性，同时也失去了生理活性。

讨论

(1)为什么在农业上用波尔多液(由硫酸铜、生石灰和水制成)来消灭病虫害?

(2)为什么生物实验室用甲醛溶液(福尔马林)保存动物标本?

(3)为什么医院里用高温蒸煮、照射紫外线、在伤口处涂抹酒精溶液等方法来消毒杀菌?

3. 颜色反应

【实验 8 - 11】 在盛有 2 mL 鸡蛋白溶液的试管里,滴入几滴浓硝酸,微热,观察现象,如图 8 - 10 所示。

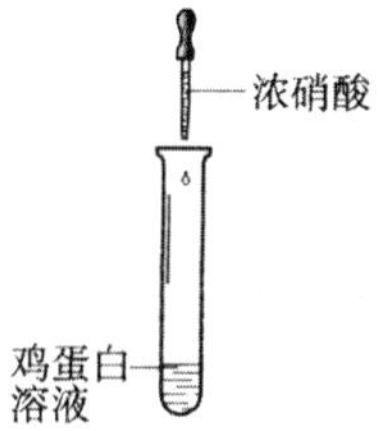

图 8 - 10 蛋白质的颜色反应

从上述实验中可以看到,鸡蛋白溶液遇浓硝酸颜色变黄。蛋白质可以跟许多试剂发生特殊的颜色反应。某些蛋白质跟浓硝酸作用会产生黄色。

此外,蛋白质被灼烧时,产生具有烧焦羽毛的气味。

三、营养与膳食平衡

人类为了维持生命与健康,除了阳光与空气外,必须摄取食物。食物的成分主要有糖类、油脂、蛋白质、维生素、无机盐和水六大类,通常称为营养素。它们和通过呼吸进入人体的氧气一起,经过新陈代谢过程,转化为构成人体的物质和维持生命活动的能量。所以,它们是维持人体的物质组成和生理机能不可缺少的要素,也是生命活动的物质基础。表 8 - 2 列出了有关人体内主要物质含量的数据。

表 8 - 2 人体内主要物质含量

化合物	占人体质量的百分数/%	化合物	占人体质量的百分数/%
蛋白质	15 ~ 18	无机盐	3 ~ 4
脂肪	10 ~ 15	水	55 ~ 67
糖类	1 ~ 2	其他	1

油脂是由多种高级脂肪酸与甘油(丙三醇,即含三个羟基的多元醇)生成的甘油酯:

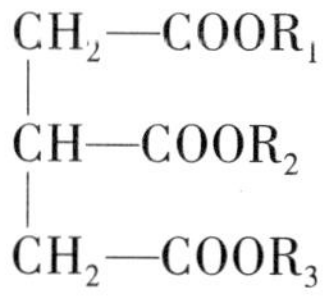

在通常情况下,油脂有呈固态的,也有呈液态的。一般呈固态的叫做脂肪,呈液态的叫做油。动物油脂通常呈固态,如猪油、牛油、羊油等;植物性油脂通常呈液态,如花生油、豆油、芝麻油等。脂肪和油统称油脂。

1. 营养素的基本知识

营养素在人体内有三方面的功能：供给人体所需的能量；供给人体生长、发育和修补组织所需的原料；调节生理功能，使机体内的物质代谢能够协调进行。

六类营养素中，以糖类、油脂、蛋白质在食物中含量较大，人体对它们的需要量较多，同时它们又是人类热能的来源。因此，将它们称为三大营养素。表8－3列出了这三类营养素的主要功能和食物来源。

表8－3　三大营养素的主要功能、食物来源

	主要功能	食物主要来源
糖类	提供热量，构成机体的主要成分	谷类、豆类、薯类、根茎类（马铃薯、红薯、芋头、藕等）
油脂	储贮存和供给热量，构成人体细胞的主要成分，维持体温	各种植物性、动物性油脂
蛋白质	构成和修补机体组织，调节生理功能，输送营养素，提供热量	肉类、蛋类、奶类、鱼类、豆类、硬果类等

2. 膳食平衡

人体对各种营养素的需要量因个体因素、环境、工作性质的不同而有所不同。营养的摄入与营养的需要要平衡，营养过多或不足都不利于身体健康。

- 营养过多会出现肥胖，且易患非传染性慢性疾病，如冠心病、高血压、糖尿病等。
- 营养不足则会造成生长迟缓，发育不良，以至形成各种营养缺乏症。
- 保持营养摄入与需要的平衡，一种简单易行的方法是适度饮食，在正常情况下，当人的食欲已得到满足时，热量需要也可满足，体重维持正常。所以，在日常生活中人们常以体重是否正常来衡量饮食是否适度是有道理的。

除注意营养的摄入与需要平衡外，膳食平衡还应注意各种营养之间的搭配平衡，即各营养素之间要保持一定的比例关系，以便于它们在机体内的利用。一般认为，糖类、油脂、蛋白质所提供的热能在膳食总热量中分别占60%～70%，20%～25%，10%～15%为宜。

另外，保持定时进餐，食物多样化、不偏食等良好饮食习惯对营养平衡也很重要。

第七节　认识高分子化合物

一、高分子化合物的结构特点

高分子化合物的相对分子质量虽然很大，但是它们的化学组成和分子构造并不复杂，都是由特定的结构单元通过共价键经多次重复连接而成的。例如，聚乙烯分子是由成千上万个结构单元“$—CH_2—CH_2—$”相互连接而成的。这种特定的结构单元叫做高分子的链节。每个高分子中链节的数目叫做聚合度，用 n 表示。显然，聚合度越大，重复排列的链节数越多，高分子的相对分子质量就越大。

有机高分子化合物的结构分为两种，即线型结构和体型（网状）结构，如图8－11所示。

例如，聚乙烯是线型结构，硫化橡胶、酚醛树脂是体型（网状）结构。

(a) (b) (c)

图 8－11 有机高分子化合物的结构类型

(a)不带支链的线型结构；(b)带支链的线型结构；(c)交联的体型（网状）结构

小锦囊

高分子化合物的相关介绍

高分子化合物简称高分子，也叫高聚物或聚合物，是相对分子质量高达 $10^4 \sim 10^6$ 的大分子化合物。例如，淀粉和纤维素的相对分子质量从几万到几十万，蛋白质的相对分子质量从几万到几百万或更高；聚氯乙烯的相对分子质量一般为几万到几十万。表 8－4 是常见低分子化合物和高分子化合物的相对分子质量的比较。

表 8－4 常见低分子化合物和高分子化合物的相对分子质量比较

低分子化合物		高分子化合物	
名称	相对分子质量	名称	相对分子质量
葡萄糖	180	低压聚乙烯	6 ~ 80
乙烯	28	聚氯乙烯	5 ~ 16
丙烯腈	53	聚丙烯腈	5 ~ 15
异戊二烯	68	天然橡胶	40 ~ 100

二、高分子化合物的基本特性

1. 溶解性

线型高分子化合物，因分子链间可以滑动，一般能溶解于适当的溶剂中。而网状结构的体型高分子化合物，由于分子链间的相对移动很困难，一般不易溶解。

2. 密度和机械强度

高分子材料虽相对密度小，但机械强度高，如玻璃钢的强度比合金钢大 1.7 倍，比钛钢大 1 倍。由于质轻、强度高、耐腐蚀、价廉，使得高分子材料在不少场合逐步取代了金属材料，全塑汽车的问世就是一个典型的例子。

3. 弹性和塑性

线型高分子化合物的分子在通常情况下是卷曲的，当受到外力作用时，可拉直伸长，当外力去掉后，分子又会卷曲收缩，这种性质叫做弹性。例如，生胶是一种线型高分子化合物，它有很大的弹性。体型高分子化合物的弹性取决于分子中长链的交联程度。交联程度越大，弹性越小，甚至会失去弹性而成坚硬的物质，如硬橡皮等。

将线型聚乙烯塑料加热到一定温度时，就会变软，这时如将其制成一定的形状，冷至室温，其形状会保持不变，这种性质叫做可塑性。体型高分子化合物因分子中的长链彼此交联，加热时不能软化，因此也就没有可塑性了，例如酚醛树脂等。

4. 电绝缘性

高分子链是原子以共价键结合而成的，一般不易导电，所以高分子材料通常是良好的绝缘材料。它们被广泛应用于电气工业上，如开关面板、电线的包皮、电插座等。

此外，有的高分子材料还具有耐化学腐蚀、耐热、耐磨、不透水、抗辐射等性能，如陶瓷等，可用于某些特殊需求的领域。但是，高分子材料也有易燃烧、易老化和废弃后不易分解等缺点。

第八节　用途广泛的高分子材料

合成高分子材料的品种很多，按用途和性能可分为高分子材料（包括塑料、合成纤维、合成橡胶、黏合剂和涂料等）、功能高分子材料和复合材料。其中，应用最为广泛的是“三大合成材料”——塑料、合成纤维和合成橡胶。

一、塑料

现在研制出的一种以淀粉为主要成分的塑料餐具，既能做餐具盛食物，又能食用，也能做饲料。即使扔在野外遇到雨水也会自行分解，不会污染环境。可以预料，用不了多久，这种可食用的塑料餐具将会日益推广应用，但目前，酚醛树脂仍在餐具市场占有优势。这是造成环境白色污染最主要的来源。

塑料的品种很多，用途也各不相同。根据受热时所表现的性能不同，塑料可分为热塑性塑料（线型高分子）和热固性塑料（体型高分子）。按照实际应用，塑料又可分为通用塑料、工程塑料、耐高温塑料和特种塑料等。几种常见塑料的性质和用途见表 8 - 5。

表 8 - 5　塑料的主要品种、性能和用途

名称	性能	用途
聚乙烯	耐寒、耐化学腐蚀，电绝缘性好，无毒；耐热性差，容易老化；不宜接触汽油、煤油，制成的器皿不宜长时间存放食油、饮料	制成薄膜，可作食品、药物等的包装材料；可制日常用品、管道、绝缘材料、辐射保护衣等
聚丙烯	机械强度好，电绝缘性好，耐化学腐蚀；低温发脆，无毒性	制薄膜、日常用品
聚氯乙烯	耐有机溶剂、耐化学腐蚀，电绝缘性好，耐磨，抗水性好；热稳定性差，遇冷变硬，透气性差，制成的薄膜不宜用来包装食品	硬聚氯乙烯：制管道、绝缘材料等 软聚氯乙烯：电线外皮、制薄膜、软管、日常用品等 聚氯乙烯泡沫塑料：制建筑材料、日常用品等
聚苯乙烯	电绝缘性好，透明度高，室温下硬脆，温度较高时变软，染色后色泽鲜艳；耐溶剂性差	制中频绝缘材料、汽车和飞机零件、电视雷达部件、医疗卫生用品以及离子交换树脂等

续表

名称	性能	用途
聚甲基丙烯酸甲酯	透光性好，质轻，耐水，耐酸碱，容易加工，不易碎裂；耐磨性较差，能溶于有机溶剂	制飞机和汽车用的玻璃、医疗器械、光学仪器、日常用品等
酚醛树脂	电绝缘性好，耐热，抗水；能被强酸、强碱腐蚀	制电工器材、仪表外壳、涂料、日常用品等
环氧树脂	高度黏合力，加工工艺性好，耐化学腐蚀，电绝缘性好，机械强度好，耐热性好	广泛用做黏合剂，制机械零件等；玻璃纤维复合制成的增强塑料用于宇航等领域
聚四氟乙烯	耐低温（－100℃），耐高温（350℃），耐化学腐蚀，电绝缘性好	用做电气、航空、化学、冷冻、医药等工业耐腐蚀、耐高温、耐低温的制品

塑料具有质量轻、优良的介电性能和机械性能、化学稳定性高、生产效率高、成本低等优点，因此，塑料制品广泛应用于工业、农业、国防建设和人们日常生活等各个领域。

制作聚氯乙烯塑料薄膜采用的基本原料是氯乙烯树脂和适量的增塑剂、稳定剂等。常用的增塑剂是邻苯二甲酸二丁酯和邻苯二甲酸二辛酯，它们都易溶于油中。如果该薄膜接触到油腻食品，增塑剂便会溶解在油中，人吃了这些含苯的物质，对健康是有害的。此外，常用的稳定剂三盐基硫酸铅也是有害物质，它能在人体内积蓄，危害身体。所以，日常生活中，不宜用聚氯乙烯塑料薄膜包装食品。

小锦囊

生活中的塑料

日常生活中，人们天天与塑料打交道，究竟什么是塑料呢？塑料的主要成分是合成高分子化合物即合成树脂，如聚乙烯、聚氯乙烯、聚苯乙烯、酚醛树脂等。此外，还有根据需要加入的具有某些特定用途的添加剂，如防止塑料老化的防老化剂、提高塑料塑性的增塑剂等。

塑料制品的原料是高分子聚合物，其主要缺点是不易降解和具有一定的毒性。人们随意抛弃在自然界中的废旧塑料包装制品（塑料袋、薄膜、餐盒、饮料瓶、包装填充物等），飘挂在树上，散落在路边、街头、水面、农田等的这种随处可见的污染环境现象，称为“白色污染”。我国自2008年6月1日开始实施的“限塑令”，就是为了限制和减少塑料袋的使用，遏制“白色污染”。

据国外报道，泡沫塑料餐具在一定温度下会析出剧毒物质二噁喁英，严重危害人体健康。遗弃的塑料制品如粘有污染物，会成为蚊蝇和细菌生存、繁殖的温床，同样也会危及人体健康。

二、合成纤维

纤维分为天然纤维和化学纤维两大类，其中化学纤维又分为人造纤维和合成纤维。人造纤维是利用不能直接纺织的天然纤维（如木材、棉短绒）做原料，经化学处理制成；合成纤维是利用石油、煤、天然气等为原料，经过化学合成和机械物理加工制成的一种纤维。

合成纤维工业创立于20世纪40年代，由于原料丰富、价格低廉、用途广泛等，得到了迅速的发展。被称为合成纤维的"六大纶"(涤纶、锦纶、腈纶、丙纶、维纶和氯纶,性质和用途见表8－6),因为具有强度高、弹性好、耐腐蚀、不缩水、质轻保暖等优点,大大地改善了人们的衣着水平。此外,在工农业生产和高科技领域,合成纤维也有广泛的应用。如工业用的绝缘材料、渔业用的缆绳、医疗用的输液管、航天用的太空服等都离不开合成纤维。

表8－6 "六大纶"的性质和用途

名称	商品名	性能	用途
聚己内酰胺	锦纶	比棉花轻,强度高,耐磨,耐碱,弹性和染色性好;耐光性差,不能长期暴晒,吸水性差、保型性	制绳索、渔网、轮胎帘子线,降落伞以及衣料织品、袜子等
聚丙烯腈	腈纶或人造毛	比羊毛轻而结实,保暖性、耐光性、弹性好;不容易染色,不耐碱	制衣料织品、毛毯、工业用布、滤布等
聚对苯二甲酸乙二醇酯	涤纶或"的确良"	易洗、易干,保型性好,抗折皱性强,耐磨、耐碱、耐氧化;不耐浓碱,染色性较差	制衣料织品、电绝缘材料、渔网、绳索、运输带、人造血管、轮胎帘子线
聚氯乙烯	氯纶	耐化学腐蚀,保暖性、难燃性、电绝缘性好;耐光性、耐热性、染色性差	制针织品、工作服、绒线、毛毯棉絮、渔网、滤布、帆布和电绝缘材料等
聚丙烯	丙纶	机械强度高,耐磨,耐水,耐化学腐蚀,电绝缘性好;耐热性、耐光性和染色性差	制降落伞、绳索、滤布、网具、工作服、帆布、地毯等
聚乙烯醇缩甲醛	维纶	柔软,吸湿性跟棉花类似,耐光,耐磨,保暖性好;耐热水性和染色性较差	制衣料、窗帘、滤布、桌布、粮食袋等

聚乳酸纤维是一种极易水解的合成纤维,独特的降解作用使之在医学领域具有神奇应用。比如,将聚乳酸纤维用做外科手术缝合线,当伤口愈合时,常常不必拆线。因为,在生物体内,聚乳酸纤维分子会发生水解反应降解为乳酸,并最终通过身体的正常代谢循环排出体外。

除此之外,使用聚乳酸及其共聚物作支持材料,移植器官、组织的生长细胞,还可以形成自然组织,这无疑为重度烧伤及大面积皮肤缺陷病人的康复治疗带来了希望。

三、合成橡胶

橡胶是一种弹性高聚物,具有高弹性,当施以外力时形状发生改变,去除外力后,又能很快地回复到原来的形状,这也是橡胶区别于塑料、纤维等其他高分子材料的主要标志。

橡胶可分为天然橡胶和合成橡胶两种。

- 天然橡胶由橡胶树或橡胶草中的胶乳加工而制得的。
- 而合成橡胶是以石油、天然气或煤等为原料生产出的二烯烃作为结构单元,再使它们聚合而制成的高分子化合物。

合成橡胶自20世纪40年代起得到了迅速发展。目前已有的丁苯橡胶、顺丁橡胶、氯丁橡胶、硅橡胶等,由于在耐磨、耐热、耐燃、耐寒、耐腐蚀和耐老化等方面具有独特的性能,因此在生产生活中得到了广泛应用。图8－12所示为汽车轮胎。表8－7列出几种主要合成橡胶以及它们的性能和用途。

图 8－12 汽车轮胎

表 8－7 几种主要合成橡胶的性能和用途

名称	性能	用途
丁苯橡胶	热稳定性、电绝缘性和抗老化性好	制轮胎、电绝缘材料、一般橡胶制品等
异戊橡胶	与天然橡胶相似，黏结性良好	制轮胎、各种橡胶制品
氯丁橡胶	耐油性好，耐磨、耐酸碱、耐老化，不燃烧；弹性和耐寒性较差	制电线包皮、运输带、化工设备的防腐衬里、防毒面具、胶黏剂等
硅橡胶	耐低温（－100℃）和高温（300℃），抗老化、抗臭氧性、电绝缘性好；机械性能差，耐化学腐蚀性差	制绝缘材料、医疗器械、人造关节以及各种在高温、低温下使用的衬里等

涂料

涂料，通常称为“漆”，是一种流动状态或粉末状态的、能均匀覆盖并牢固地附着在物体表面上的有机物质。人造漆又称“油漆”，是含有干性油、颜料和树脂的合成涂料。油漆有清漆、喷漆、调和漆、瓷漆和防锈漆等。油漆的成分一般包括成膜物质、溶剂和颜料三个部分。成膜物质是油漆的基础，它能使油漆在物体表面形成漆膜，油料、树脂（如天然树脂、合成树脂、硝化纤维）等都是成膜物质；溶剂是油漆的另一种重要成分，如乙醇、甲苯、二甲苯等能把成膜物质树脂变成稀薄的液体以便于刷漆和喷漆。

木质家具是家居环境中必不可少的一种用具，供存放衣物、食品、书籍及其他物件等。木质家具的表面都涂有一层涂料，其作用不仅是为了美化表面，更重要的是为了保护家具，延长使用时间。因为家具制作时，木材虽经干燥处理，但由于木材比较疏松，随着环境温度和湿度的变化会变形开裂。有些木材在加工成型后，表面有一种纹理清晰、色彩鲜艳的自然花纹，若长期暴露会氧化变质，失去原来的天然美，因此都需要涂料保护。所以说，涂料是人类现代生活的美容剂。

知识拓展总结

主干知识梳理

一、醇

1. 醇的分类

醇中羟基（ —OH ）为其官能团。

(1) 醇（按羟基的数目）
- 一元醇：CH_3CH_2OH（乙醇）
- 二元醇：$HOCH_2CH_2OH$（乙二醇）
- 多元醇：$\underset{|}{\overset{}{CH_2}}$ — CH — CH_2（丙三醇），三个碳上各连一个 OH（OH OH OH）

饱和一元醇的通式为 $C_nH_{2n+1}OH$。

(2) 醇（按羟基所连的烃基不同）
- 开链脂肪醇
  - 饱和脂肪醇：$CH_3CH_2CH_2OH$（丙醇）
  - 不饱和脂肪醇：$CH_2=CHCH_2OH$（3-丙烯醇）
- 脂环醇
  - 饱和脂环醇：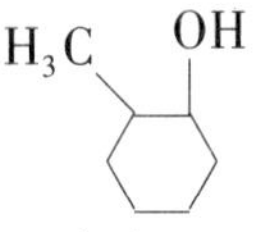（2-甲基环己醇）
  - 不饱和脂环醇：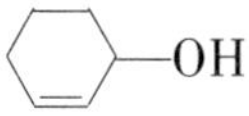（2-环己烯醇）
- 芳香醇：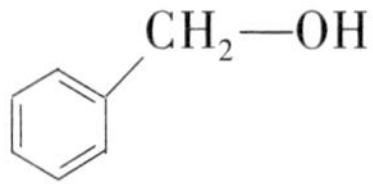（苯甲醇）

2. 醇的结构特点

醇分子中氧原子的电负性比氢原子和碳原子的电负性大，C—O 键和 O—H 键有较强的极性，C—O 键和 O—H 键是醇发生化学反应的主要断键部位。由于分子中氢原子与氧原子直接相连，所以醇可以形成氢键。

3. 醇的物理性质

醇是分子中含有跟链烃基或苯环侧链上的碳结合的羟基的化合物。饱和一元醇通式为 $C_nH_{2n+2}O$，其沸点随分子里碳原子数增多而逐渐升高，甲醇、乙醇、丙醇可与水以任意比混溶；含 4～11 个 C 的醇为油状液体，可以部分溶于水；含 12 个 C 以上的醇为无色、无味的蜡状固体，不溶于水。

甲醇有毒，人饮用能使眼睛失明或致死。乙二醇（CH_2OH—CH_2OH）、丙三醇（CH_2OH—CHOH—CH_2OH）都是无色黏稠、有甜味的液体，都是重要的化工原料。

4. 醇的化学性质

(1) 羟基中氢的反应：醇羟基中，由于氢与氧相连，氧的电负性大于氢，O—H 键有较大极性，可以解离，因此醇可以与活泼金属反应。醇与金属钠反应可以放出氢气，得到醇钠。

$$RCH_2OH + Na \longrightarrow RCH_2ONa + \frac{1}{2}H_2\uparrow$$

除 Na 之外，K、Mg、Al 等也可与醇反应。此反应可用于除去其他化学反应残余的废钠。

(2)羟基的反应：醇与氢卤酸反应得到卤代烃和水。

$$ROH + HBr \longrightarrow RBr + H_2O$$

其中 HBr 可用浓硫酸及溴化钠代替。

(3)脱水反应：

①分子内脱水(消去反应)——生成烯。

$$CH_3CH_2OH \xrightarrow[170\ ℃]{浓硫酸} CH_2 = CH_2\uparrow + H_2O$$

醇发生消去反应的条件：与 —OH 相连的碳原子的相邻碳原子上有氢原子(β－氢)。

醇的脱水反应是烯烃的水合反应的逆反应，控制反应的条件，可使反应向某一方向进行。

②分子间脱水(取代反应)——生成醚。与分子内脱水条件相近，温度稍低一点，可以发生分子间脱水。

$$2CH_3CH_2OH \xrightarrow[140\ ℃]{浓硫酸} CH_3CH_2OCH_2CH_3 + H_2O$$

该反应是制备醚的一种方法，一般用于制备简单醚。如果使用两种不同的醇进行反应，产物为三种醚的混合物，无制备意义。

(4)酯化反应：醇与酸脱水生成酯的反应为酯化反应。

$$CH_3COOH + HOC_2H_5 \underset{\triangle}{\overset{浓硫酸}{\rightleftharpoons}} CH_3\overset{\overset{O}{\|}}{C}—OC_2H_5 + H_2O \text{（酯化、取代）}$$

注意：①酯化反应规律：酸脱羟基醇脱氢。

②醇与无机酸如硫酸、硝酸、磷酸均可反应，得到无机酸酯。

$$CH_3OH + HOSO_2OH \longrightarrow \underset{硫酸氢甲酯}{CH_3OSO_2OH} + H_2O$$

$$CH_3OH + CH_3OSO_2OH \longrightarrow \underset{硫酸二甲酯}{CH_3OSO_2OCH_3} + H_2O$$

$$\begin{array}{l} CH_2OH \\ | \\ CHOH \\ | \\ CH_2OH \end{array} + 3HONO_2 \xrightarrow{H_2SO_4} \begin{array}{l} CH_2ONO_2 \\ | \\ CHONO_2 \\ | \\ CH_2ONO_2 \end{array} + 3H_2O$$

(5)氧化反应：醇分子中与羟基相连的碳原子(α－碳原子)上有氢原子(α－氢原子)，在适当的催化剂作用下，可以被氧化成醛、酮或酸。分子中α－碳原子上没有氢原子(α－氢原子)的醇难于被氧化，酸性条件下易于脱水成烯，然后再被氧化断键，生成小分子化合物。

二、酚

1. 苯酚的结构和物理性质

羟基跟苯环直接相连的化合物叫做酚。

苯酚分子式为 C_6H_6O，结构简式为 C_6H_5OH，纯净的苯酚是无色晶体，因氧化可呈粉红色，有特殊气味，有毒，在水中溶解度不大，当温度高于 65 ℃时，可与水混溶。苯酚可用于制造酚醛树脂等，其稀溶液可直接用做防腐剂和消毒剂。

2. 苯酚的化学性质

(1)弱酸性。

向苯酚钠溶液中通入 CO_2 时，发生反应：

(2)取代反应。向苯酚稀溶液中加入过量浓溴水，生成白色沉淀，可用于苯酚的定性检验或定量测量。

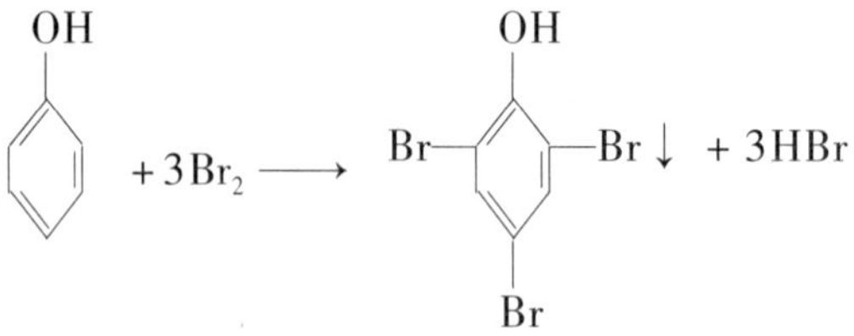

(3)显色反应。苯酚能跟 $FeCl_3$ 溶液反应，使溶液呈紫色，可用于检验苯酚的存在。

(4)缩聚反应

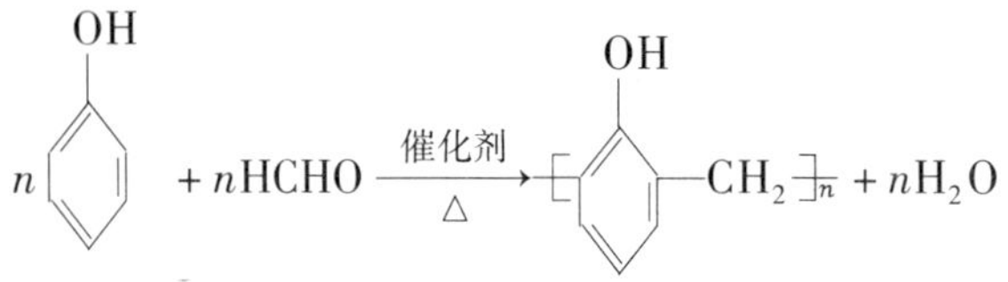

三、醛、酮

1. 醛、酮的结构

(1)羰基化合物：分子中有羰基($>C=O$)的化合物为羰基化合物。通式为 $R_1-\overset{\overset{\large O}{\|}}{C}-R_2$。

R_1、R_2 均为烃基的称为酮，R_1、R_2 有一个或两个为氢原子的称为醛。

(2)醛类的同分异构体：

①属于醛类的同分异构体：由于醛基只能连在碳链的一端，所以属于醛的同分异构体只由烃基碳链异构所致。例如，$C_5H_{10}O$属于醛的同分异构体有四种，主要是丁基 $-C_4H_9$ 有四种：

$-CH_2CH_2CH_2CH_3$ ，$CH_3CH_2-\underset{\underset{\large CH_3}{|}}{CH}-$ ，$CH_3-\underset{\underset{\large CH_3}{|}}{CH}-CH_2-$ ，$CH_3-\overset{\overset{\large CH_3}{|}}{\underset{\underset{\large CH_3}{|}}{C}}-$ 。

②官能团异构(类别异构)：分子中碳原子数相同的醛和酮互为同分异构体。

例如，对于 C_3H_6O，属于醛的有 CH_3CH_2CHO，属于酮的有 $CH_3-\overset{\overset{\large O}{\|}}{C}-CH_3$ ，它们互为同分异构体。

2. 醛、酮的物理性质

常温下，除甲醛是气体外，分子中碳原子数在 12 以下的醛、酮是液体，高级的醛、酮和芳香酮多为固体。某分子一般具有较大的极性，因此沸点比相对分子质量相近的烃和醚要高，但比相应的醇要低。醛、酮的分子可以与水形成氢键，低级的醛、酮（分子中有四个或四个以下碳原子的脂肪醛、酮）易溶于水，分子中有四个以上碳原子的醛、酮微溶或不溶于水中，而易溶于有机溶剂中。

3. 醛、酮的化学性质

（1）羰基的加成反应：由于氧的电负性大于碳，$>\overset{\delta+}{C}=\overset{\delta-}{O}$，羰基碳上带有部分正电荷，易受亲核试剂的进攻。

①与 HCN 加成。

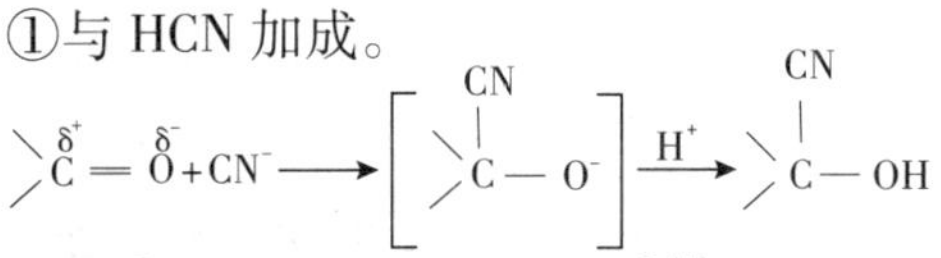

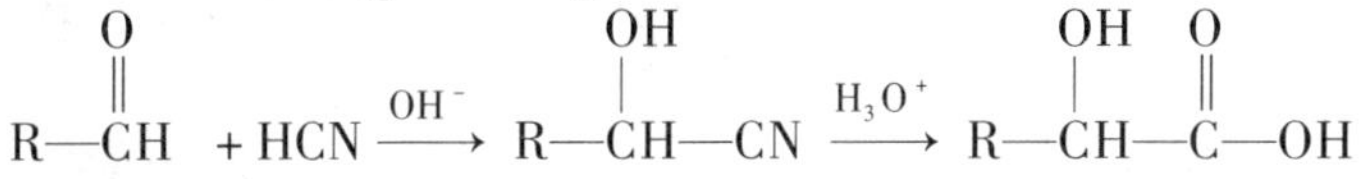

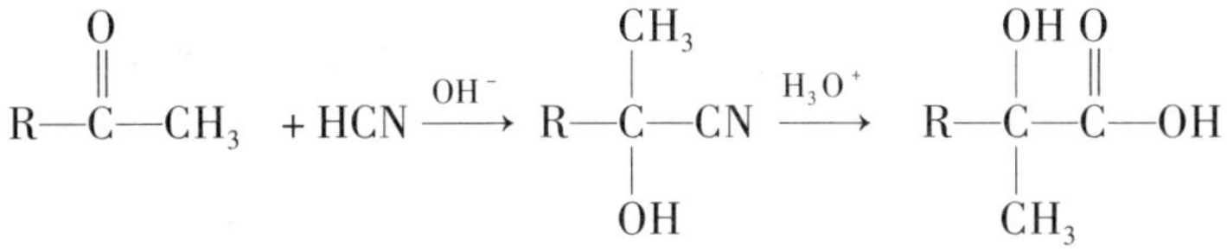

增加一个碳的 α - 羟基酸

②与格氏试剂的加成反应：产物为醇。

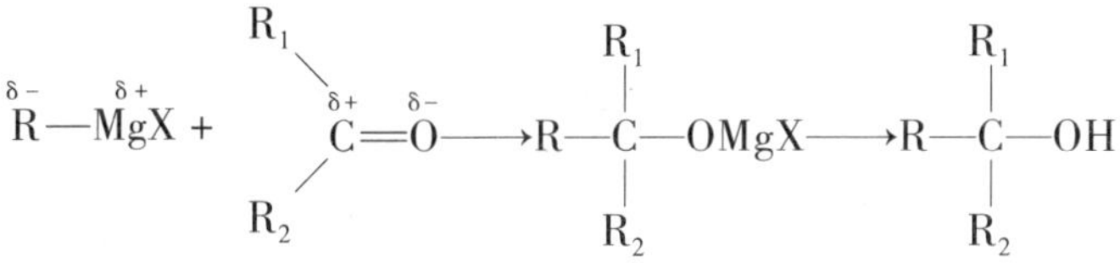

R_1，R_2 为 H 或烷基。

③与氨的衍生物的加成缩合反应。

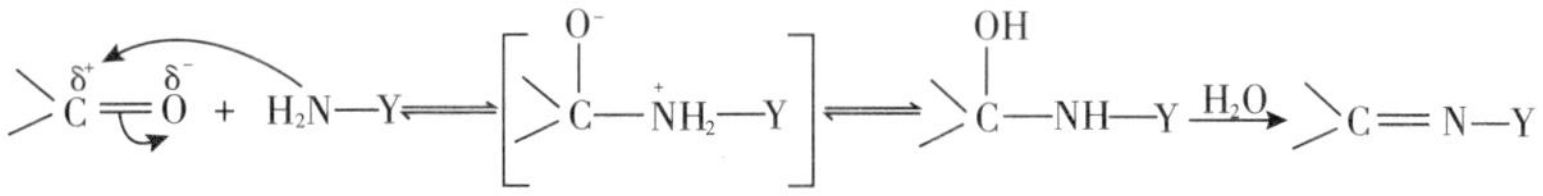

$Y—NH_2$ 为 $H_2N—R$（胺），$H_2N—OH$（羟胺）等。

④羟醛加成缩合反应：酸或碱催化醛、酮自身加成缩合。

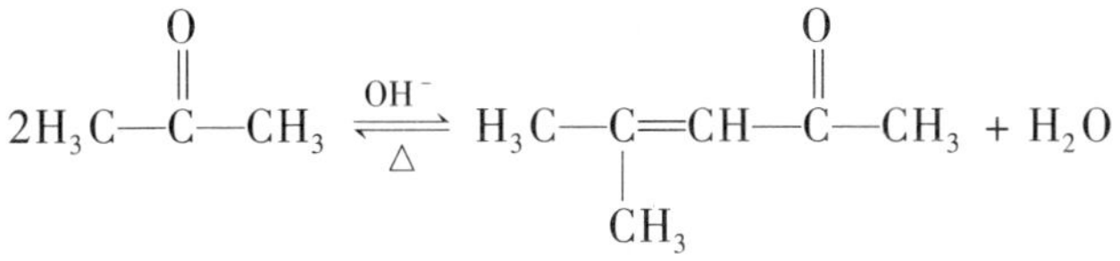

（2）氧化、还原反应：

①还原反应：

a. 催化氢化：产物为醇。

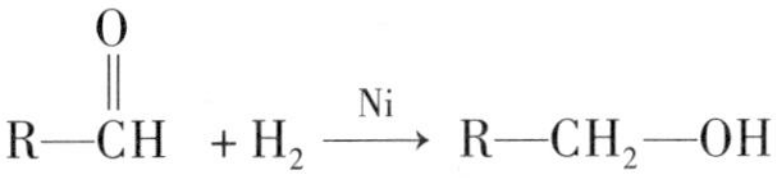

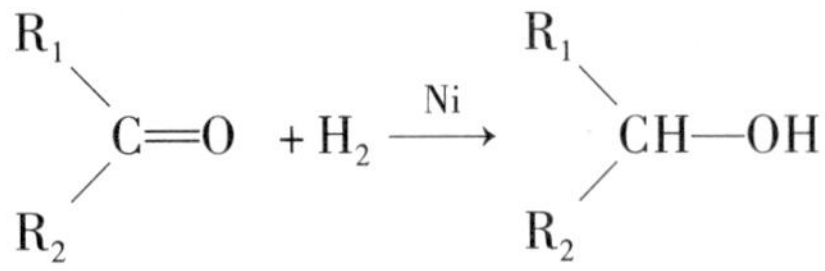

b. $LiAlH_4$ 等还原：选择性还原，不还原双键、三键。

例如：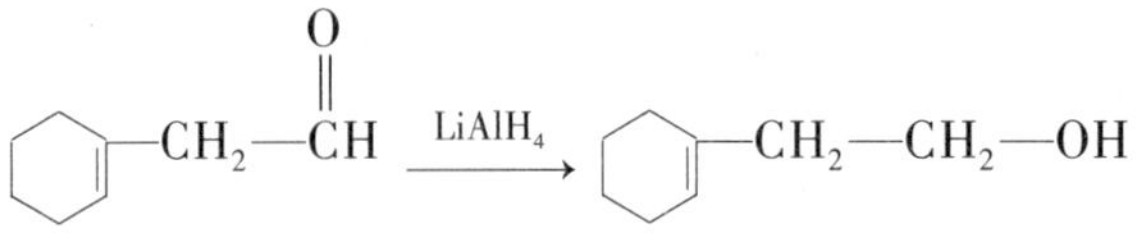

②氧化反应：醛比酮易被氧化。

受羰基（$-\overset{O}{\overset{\|}{C}}-$）影响，醛基中 C—H 键极性增强，跟羰基相连的氢原子比较活泼，醛基可以被弱氧化剂［银氨溶液、新制 $Cu(OH)_2$ 悬浊液］氧化为 $-\overset{O}{\overset{\|}{C}}-OH$，显示了还原性。所以说醛既有氧化性（加氢还原为醇），又有还原性（被氧化为羧酸）。醛基的氧化规律：醛基的 C—H 键断裂，被氧化成羧基。

$$R-\overset{O}{\overset{\|}{C}}-H+[O]\longrightarrow R-\overset{O}{\overset{\|}{C}}-OH$$

4. 代表物——乙醛

（1）结构：分子式为 C_2H_4O，结构简式为 CH_3-CHO，有官能团醛基（$-CHO$）。

（2）物理性质：乙醛是一种无色、有刺激性气味的液体，密度比水小，易挥发，易燃烧，能跟水及乙醇、乙醚、氯仿等互溶。

（3）化学性质：

①加成反应：醛基中的羰基（$-\overset{O}{\overset{\|}{C}}-$）可与 H_2、HCN 等加成，但不与 Br_2 加成。

$$CH_3CHO+H_2\xrightarrow[\triangle]{Ni}CH_3CH_2OH$$

②氧化反应：

a. 燃烧：$2CH_3CHO+5O_2\xrightarrow{点燃}4CO_2+4H_2O$

b. 催化氧化：$2CH_3CHO+O_2\xrightarrow[\triangle]{催化剂}2CH_3COOH$

c. 被弱氧化剂氧化：

$CH_3CHO+2[Ag(NH_3)_2]OH\xrightarrow[\triangle]{水浴}CH_3COONH_4+3NH_3+2Ag\downarrow+H_2O$（银镜反应）

$CH_3CHO+2Cu(OH)_2\xrightarrow{\triangle}CH_3COOH+Cu_2O\downarrow+2H_2O$（生成红色沉淀）

四、糖类

1. 糖类概述

（1）概念：糖类一般是多羟基醛或多羟基酮以及能水解生成它们的化合物，可用通式 $C_n(H_2O)_m$ 表示，但糖类不一定都符合此通式，符合此通式的也不一定都是糖类。

（2）分类：①不能水解的糖为单糖；②能水解成 2～10 分子单糖的糖为低聚糖；③能水解

成许多分子单糖的糖为多糖。

2. 单糖——葡萄糖

(1)结构简式：$CH_2OH(CHOH)_4CHO$，为多羟基醛。

(2)化学性质：

①还原性：能发生银镜反应，且能与新制 $Cu(OH)_2$ 悬浊液反应。

$$CH_2OH—(CHOH)_4—CHO + 2[Ag(NH_3)_2]^+ + 2OH^- \xrightarrow{\triangle} CH_2OH—(CHOH)_4—COONH_4 + 2Ag\downarrow + H_2O + 3NH_3$$

$$CH_2OH—(CHOH)_4—CHO + 2Cu(OH)_2 \xrightarrow{\triangle} CH_2OH—(CHOH)_4—COOH + Cu_2O\downarrow + 2H_2O$$

②加成反应：与 H_2 加成生成己六醇。

③酯化反应：与酸发生酯化反应。

④发酵反应（制酒精）：

$$C_6H_{12}O_6 \xrightarrow{催化剂} 2CH_3CH_2OH + 2CO_2\uparrow$$

3. 二糖

(1)蔗糖和麦芽糖的相似之处：

①组成相同，分子式均为 $C_{12}H_{22}O_{11}$，互为同分异构体。

②都属于二糖，水解都生成两分子单糖。

③水解的生成物都能还原银氨溶液和新制的 $Cu(OH)_2$ 悬浊液。

(2)蔗糖和麦芽糖的区别：

①麦芽糖分子中含有 —CHO ，是还原糖；蔗糖分子中无 —CHO ，不能还原银氨溶液和新制的 $Cu(OH)_2$ 悬浊液。

②水解生成物不同：麦芽糖水解生成两分子葡萄糖；蔗糖水解生成 1 分子葡萄糖、1 分子果糖。

③存在：甘蔗和甜菜中含蔗糖；淀粉在酶作用下水解可以得到麦芽糖。

4. 多糖

(1)淀粉：

①组成和结构：分子组成为 $(C_6H_{10}O_5)_n$，是由几百个到几千个单糖单元构成的高分子化合物。分子结构有直链结构和支链结构两种。

②物理性质：白色粉末状物质，无气味，不溶于冷水，在热水里淀粉颗粒会膨胀破裂，有一部分淀粉会溶解在水里，另一部分悬浮在水里，形成胶状淀粉糊。

③淀粉的主要化学性质

a. 水解反应：淀粉分子里没有醛基，所以无还原性，不能发生银镜反应。但淀粉在酸或淀粉酶催化作用下能发生水解，生成葡萄糖。

$$\underset{淀粉}{(C_6H_{10}O_5)_n} + nH_2O \longrightarrow \underset{葡萄糖}{nC_6H_{12}O_6}$$

b. 显色反应：淀粉溶液遇碘(I_2)显蓝色，这是淀粉的一个特殊性质。因为这个反应灵敏，所以常用来检验淀粉或碘的存在。

(2)纤维素：水解反应：跟淀粉一样，纤维素也不显还原性，可以发生水解，但比淀粉困难，水解的最终产物也是葡萄糖，也可用来制造酒精。

$$\underset{\text{纤维素}}{(C_6H_{10}O_5)_n} + nH_2O \longrightarrow \underset{\text{葡萄糖}}{nC_6H_{12}O_6}$$

$$\underset{\text{葡萄糖}}{C_6H_{12}O_6} \longrightarrow 2C_2H_5OH + 2CO_2\uparrow$$

五、羧酸

1. 定义

烃基与羧基相连而成的化合物。

2. 分类

(1)按烃基的种类:

$\begin{cases}\text{脂肪酸:如 } CH_3COOH\text{(乙酸)} \\ \text{芳香酸:如 } C_6H_5COOH\text{(苯甲酸)}\end{cases}$

(2)按羧基的数目:

$\begin{cases}\text{一元羧酸:如 } CH_2{=}CH{-}COOH\text{(丙烯酸)} \\ \text{二元羧酸:如 } HOOC{-}COOH\text{(乙二酸)}\end{cases}$

(3)按碳原子的数目:

$\left.\begin{cases}\text{低级脂肪酸:如 } HCOOH\text{(甲酸)} \\ \text{高级脂肪酸:如 } C_{17}H_{35}COOH\text{(硬脂酸)} \\ C_{17}H_{33}COOH\text{(油酸,不饱和酸)}\end{cases}\right\}$ 高级脂肪酸中,烃基饱和时为固态,不饱和时为液态

3. 羧酸的通性

(1)物理性质:随着碳原子数的递增,熔沸点逐渐升高,密度逐渐减小,在水中的溶解度逐渐减小。

(2)化学性质:与乙酸相似,具有酸性,能发生酯化反应。

4. 乙酸

(1)物理性质:无色有刺激性气味的液体,易挥发,易溶于水,俗称冰醋酸。

(2)乙酸的化学性质:

①弱酸性(比碳酸酸性强):

$CH_3COOH \rightleftharpoons CH_3COO^- + H^+$,具有无机弱酸的通性。

a. 与指示剂反应——使石蕊变红。

b. 与碱中和——遇新制 $Cu(OH)_2$ 悬浊液生成蓝色溶液:

$Cu(OH)_2 + 2CH_3COOH \longrightarrow (CH_3COO)_2Cu + 2H_2O$

c. 与金属活动性顺序表中 H 前的金属反应:

$Mg + 2CH_3COOH \longrightarrow (CH_3COO)_2Mg + H_2\uparrow$

d. 与盐反应:如与 $NaHCO_3$ 或 Na_2CO_3 反应。

$NaHCO_3 + CH_3COOH \longrightarrow CH_3COONa + H_2O + CO_2\uparrow$

②酯化反应:

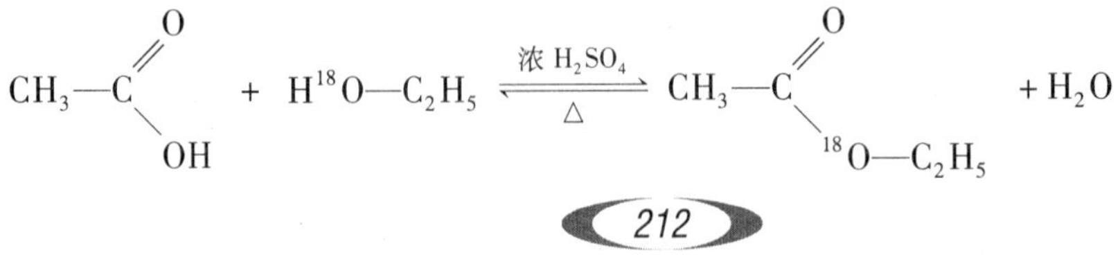

六、酯

1. 结构和通式

醇跟酸起反应生成的一类化合物叫做酯，其通式为 $R-\overset{O}{\overset{\|}{C}}-O-R'$ 。饱和一元羧酸和饱和一元醇生成的酯的通式为 $C_nH_{2n}O_2$（$n\geqslant2$），与同碳原子数的一元饱和羧酸互为同分异构体。

2. 物理性质

酯难溶于水，易溶于有机溶剂，密度比水小，低级酯有水果香味，无色，液态，高级酯（饱和）为固态。

3. 化学性质

（1）水解反应：

①酸性水解：$RCOOR' + H_2O \overset{H^+}{\rightleftharpoons} RCOOH + R'OH$

②碱性水解：$RCOOR' + OH^- \longrightarrow RCOO^- + R'OH$

注意：a. 酯在纯水中很难水解；在酸性条件下部分水解，酸起催化剂作用；在碱性条件下水解比较完全。b. 甲酸某酯由于分子中有醛基，还有醛的性质。

（2）醇解：产物为酯，条件为酸性条件或碱性条件。

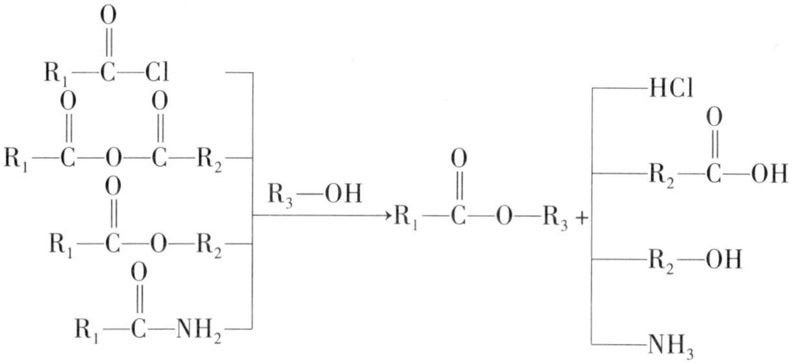

4. 分类

（1）低级酯：如乙酸乙酯等分子中碳原子数较少的酯。

（2）高级酯：分子中碳原子数较多的酯，代表物质为油脂。

①若高级脂肪酸饱和，则形成的甘油酯呈固态，即为脂；

若高级脂肪酸不饱和，则形成的甘油酯呈液态，即为油。

②通式：

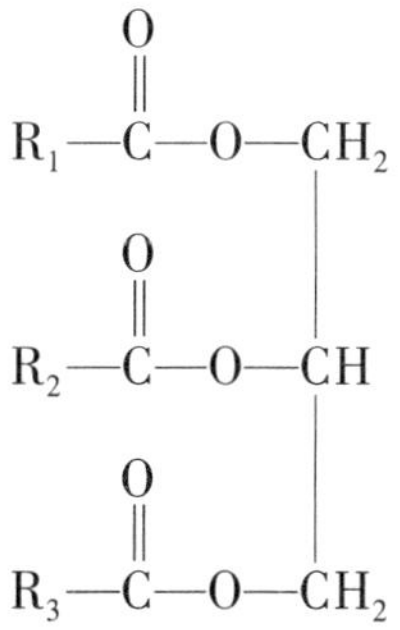

（R_1，R_2，R_3 表示饱和烃基或不饱和烃基）

注意：a. R_1，R_2，R_3 为同一烃基的称为单甘油酯，为不同烃基的称为混甘油酯。天然油脂大多是混甘油酯。b. 油脂是混合物，没有固定的熔沸点。

③物理性质：油脂的密度比水小，不溶于水，易溶于有机溶剂（如苯、汽油等）。

④化学性质——水解

a. 酸性水解：

$$\begin{array}{l} C_{17}H_{35}COOCH_2 \\ \qquad\qquad\quad | \\ C_{17}H_{35}COOCH \\ \qquad\qquad\quad | \\ C_{17}H_{35}COOCH_2 \end{array} + 3H_2O \xrightleftharpoons{H_2SO_4} 3C_{17}H_{35}COOH + \begin{array}{l} CH_2—OH \\ | \\ CH—OH \\ | \\ CH_2—OH \end{array}$$

酸性水解目的——制高级脂肪酸、甘油。

b. 碱性水解：

$$\begin{array}{l} C_{17}H_{35}COOCH_2 \\ \qquad\qquad\quad | \\ C_{17}H_{35}COOCH \\ \qquad\qquad\quad | \\ C_{17}H_{35}COOCH_2 \end{array} + 3NaOH \longrightarrow 3C_{17}H_{35}COONa + \begin{array}{l} CH_2—OH \\ | \\ CH—OH \\ | \\ CH_2—OH \end{array}$$

碱性水解目的——皂化，即制取肥皂（高级脂肪酸钠）和甘油。

注意：a. 油脂的碱性水解反应叫做皂化反应；b. 油脂的碱性水解程度大于酸性水解程度；c. 分离高级脂肪酸钠和甘油、水的混合物时加固体食盐细粒，以降低高级脂肪酸钠的溶解度，使溶液分层，这种方法称为盐析，它也是一种常见的分离物质的方法。

⑤应用——制肥皂

a. 肥皂的制取过程

动物脂肪或植物油跟 NaOH 溶液混合 $\xrightarrow[\triangle]{\text{皂化锅}}$ 高级脂肪酸钠、甘油和水的混合物 $\xrightarrow[\text{盐析}]{\text{加 NaCl}}$ 高级脂肪酸钠（上层）$\xrightarrow{\text{加工}}$ 肥皂

b. 肥皂的去污原理

在洗涤过程中，污垢中的油脂跟洗涤剂接触后，洗涤剂中的亲油基团烃基（R—）就插入油滴内，而亲水基团（$—COO^-$）伸向水里。这样洗涤剂分子把油滴包围起来，将油脂分子往外拉，再经摩擦、振动，油脂分子就被洗涤剂分子从污物上拉下来了。

七、蛋白质

1. 几种常见的氨基酸

甘氨酸（氨基乙酸）：$\begin{array}{l} CH_2—COOH \\ | \\ NH_2 \end{array}$　丙氨酸（α－氨基丙酸）：$\begin{array}{l} CH_3—CH—COOH \\ \qquad\quad | \\ \qquad\ NH_2 \end{array}$

苆丙氨酸（α－氨基－β－苯基丙酸）：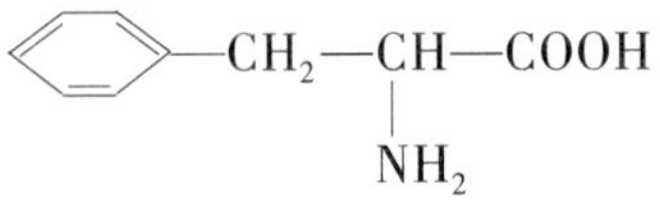

谷氨酸（α－氨基戊二酸）：$\begin{array}{l} HOOC—CH_2—CH_2—CH—COOH \\ \qquad\qquad\qquad\qquad\quad | \\ \qquad\qquad\qquad\qquad NH_2 \end{array}$

2. 氨基酸的性质

上述氨基酸都是α－氨基酸，即羧酸分子里的α－氢原子（离羧基最近的碳原子上的氢原子为α－氢原子，离羧基次近的碳原子上的氢原子依次为β、γ－氢原子等）被氨基取代的生成物。

（1）氨基酸的分子里既有酸性基（羧基），又有碱性基（氨基），故氨基酸呈两性。如丙氨酸在水溶液中存在下列关系：

$$\underset{\text{(强酸性溶液)}}{CH_3CH(^{+}NH_3)—COOH} \underset{H^+}{\overset{OH^-}{\rightleftharpoons}} \underset{(pH=6)}{CH_3—CH(^{+}NH_3)—COO^-} \underset{H^+}{\overset{OH^-}{\rightleftharpoons}} \underset{\text{(强碱性溶液)}}{CH_3—CH(NH_2)—COO^-}$$

（2）氨基酸的分子间能互相结合而形成高分子化合物。

蛋白质就是由不同的氨基酸（天然蛋白质都是由α－氨基酸形成）互相结合而形成的高分子化合物。

$$H—N(H)—CH_2—C(=O)\boxed{—OH + H}—N(H)—CH_2—C(=O)\boxed{—OH} + \cdots \longrightarrow H_2N—CH_2—C(=O)—N(H)—CH_2—C(=O)— \cdots + nH_2O$$

3. 蛋白质的性质

（1）溶解性：有些蛋白质能溶解在水里形成溶液。蛋白质分子的直径很大，达到了胶体中分散质粒子的大小，所以，蛋白质溶液具有胶体的性质。有的蛋白质难溶于水（如丝、毛等）。

（2）水解：人们从食物中摄取的蛋白质，在胃液中的胃蛋白酶和胰液中的胰蛋白酶作用下，经水解反应，生成氨基酸。氨基酸被人体吸收后，重新结合成人体所需的各种蛋白质。人体内各种组织的蛋白质也不断地代谢，最后主要生成尿素，被排出体外。

（3）盐析：少量的盐（如硫酸铵、硫酸钠等）能促进蛋白质的溶解，但如果向蛋白质溶液中加入浓的轻金属盐或铵盐溶液，可使蛋白质的溶解度降低而从溶液中析出，这种作用叫做盐析。这样析出的蛋白质在继续加水时，仍能溶解，并不影响原来蛋白质的性质。采用多次盐析，可以分离和提纯蛋白质。

（4）变性：蛋白质在热、紫外线、X射线、强酸、强碱、重金属（如铅、铜、汞等）盐、一些有机化合物（甲醛、酒精、苯甲酸）等的作用下会聚沉。这种聚沉是不可逆的，即聚沉后不能在水中重新溶解，这种变化又叫做变性。

蛋白质变性后，不仅丧失了原有的可溶性，同时也失去了生理活性。运用变性原理可以消毒，但也可能引起中毒。

（5）颜色反应：蛋白质可以跟许多试剂发生颜色反应。例如，有些蛋白质跟浓硝酸作用时呈黄色。发生这种反应的蛋白质分子中一般有苯环存在。在使用浓硝酸时，不慎溅在皮肤上而使皮肤呈现黄色，就是由于浓硝酸和蛋白质发生了颜色反应的缘故。

（6）蛋白质的灼烧：蛋白质被灼烧时，产生烧焦羽毛的气味。

经典规律总结

一、原子团对有机物性质的影响

对于C_2H_5OH，H_2O，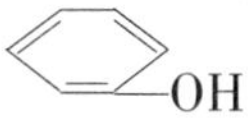 来说，由于C_2H_5— 排斥电子，使C_2H_5OH中 —OH 的

氢氧键极性减弱,H 原子活性比 H_2O 中羟基 H 活性弱;C_6H_5— 吸引电子,使 C_6H_5OH 中 —OH 的氢氧键极性增强,使 C_6H_5OH 表现出弱酸性。

对于 C_6H_5OH 来说,由于 C_6H_5— 对 —OH 的影响,使苯酚呈弱酸性,由于 —OH 对 C_6H_5—的影响,使 C_6H_5OH 相对于 C_6H_6 的性质发生了较大变化。例如,C_6H_6 与溴只发生一溴取代,而 C_6H_5OH 与溴发生三溴取代;C_6H_6 与溴反应,要求条件是液溴和催化剂,C_6H_5OH 与溴反应,不需催化剂,只需浓溴水即可。

二、能使溴水和酸性 $KMnO_4$ 溶液褪色的有机物

1. 能使溴水褪色的有机物

(1)烯烃、炔烃、二烯烃等不饱和烃与溴发生加成反应而使溴水褪色。

(2)具有还原性的、含醛基的物质与溴发生氧化还原反应而使溴水褪色。

(3)苯酚与溴发生取代反应而使溴水褪色。

注意:汽油、苯、四氯化碳、己烷等分别与溴水混合,能通过萃取作用使溴水中的溴进入非极性有机溶剂,使溴水层褪色,但属于物理变化。

2. 能使酸性 $KMnO_4$ 褪色的有机物

(1)分子中含有 C=C 键或 C≡C 键的不饱和有机化合物一般能被酸性 $KMnO_4$ 溶液氧化而褪色。

(2)苯的同系物能使酸性 $KMnO_4$ 溶液褪色。

(3)含有羟基、醛基的物质一般也能被酸性 $KMnO_4$ 溶液氧化而使溶液褪色,如醇类、酚类、醛类、单糖、二糖等具有还原性的物质。

三、醛基的检验

(1)银镜反应:醛具有较强的还原性,能和银氨溶液发生反应,被氧化为羧酸,同时得到单质银,若控制好反应条件,可以得到光亮的银镜。实验时应注意以下几点:①试管内壁必须洁净;②必须水浴加热,不可用酒精灯直接加热;③加热时不可振荡和摇动试管;④须用新配制的银氨溶液;⑤乙醛用量不宜太多。实验后,银镜可用硝酸浸泡,再用水洗去。

(2)与新制的 $Cu(OH)_2$ 悬浊液反应:醛基也可被弱氧化剂 $Cu(OH)_2$ 氧化,同时 $Cu(OH)_2$ 本身被还原成红色的 Cu_2O 沉淀,这是检验醛基的另一种方法。该实验应注意以下几点:①硫酸铜与碱反应时,碱过量;②将混合液加热到沸腾才有明显红色沉淀产生。

四、酯化反应

1. 定义

酯化反应指酸和醇起作用,生成酯和水的反应。酸指有机酸或无机含氧酸,产物必须是酯和水,否则不属于酯化反应。如:

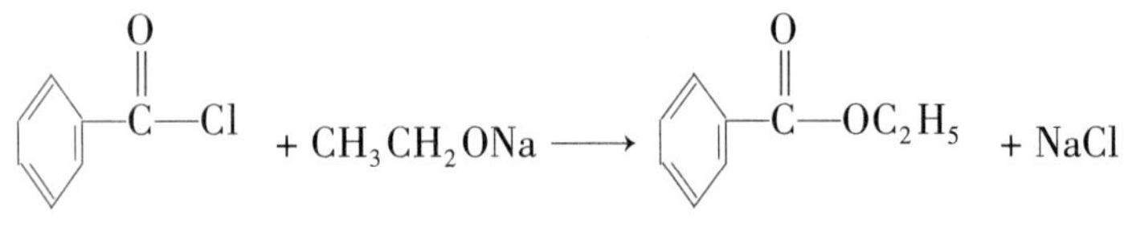

不是酯化反应。

2. 酯化反应的类型

酯化反应可以生成链状酯、环状酯、聚酯等。如:

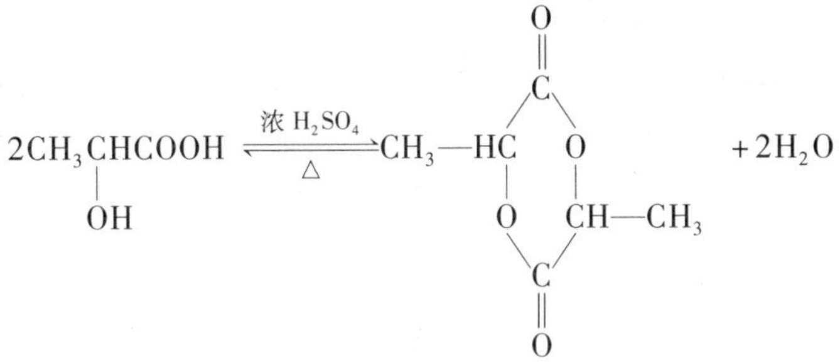

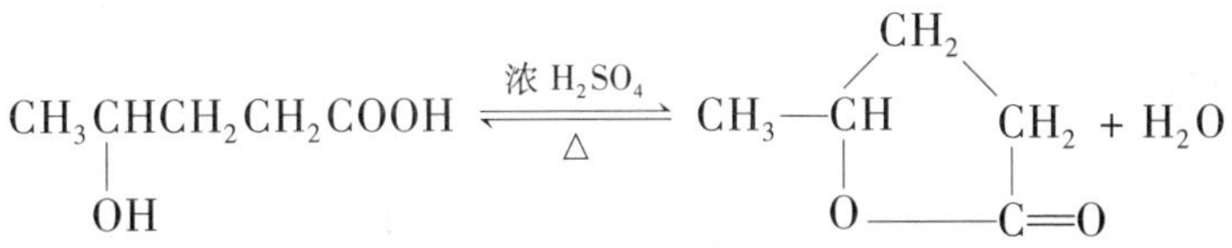

$$n\mathrm{HOOC—COOH} + n\mathrm{HOCH_2—CH_2OH} \xrightarrow[\triangle]{\text{浓 } H_2SO_4} \left[\overset{\overset{O}{\|}}{C}—\overset{\overset{O}{\|}}{C}—O—CH_2—CH_2—O \right]_n + 2nH_2O$$

解题一点通

1. 利用醇的化学性质解题

例题1 乙醇可以发生下列化学反应,在反应中乙醇分子断裂 C—O 键而失去羟基的是 ( )

A. 乙醇在浓 H_2SO_4 存在下发生消去反应　　B. 乙醇与金属钠反应

C. 乙醇与氢卤酸的取代反应　　D. 乙醇与乙酸的酯化反应

解析 乙醇发生消去反应和取代反应(与氢卤酸)断 C—O 键,与钠反应和发生酯化反应断 O—H 键。

答案 AC

例题2 一定质量的某有机物和足量 Na 反应,可得 V_A L 气体,等质量的该有机物如果与足量纯碱反应,在同温同压下可得 V_B L 气体,若 $V_A > V_B$,则该有机物可能是 ( )

A. HO—CH_2—COOH　　B. HO—CH_2—CH_2—CHO

C. HOOC—COOH　　D. CH_3COOH

解析 羧基既能与 Na 反应又能与 Na_2CO_3 反应放出气体,而羟基只能与 Na 反应放出气体。

答案 A

2. 利用酚的化学性质解题

例题3 漆酚 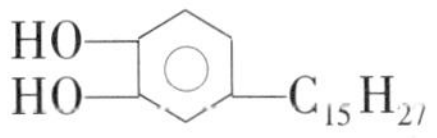 不应具有的化学性质是 ( )

A. 可以跟 $FeCl_3$ 溶液发生显色反应　　B. 可以使酸性 $KMnO_4$ 溶液褪色

C. 可以跟 Na_2CO_3 溶液反应放出 CO_2　　D. 可以跟溴水发生取代和加成反应

解析 该结构中含有酚羟基,应具有酚羟基的性质,能发生显色反应,也能与溴水发生取代反应。同时该结构中的烃基 —$C_{15}H_{27}$ 为不饱和烃基,故也能使溴水、酸性 $KMnO_4$ 溶液褪色。

答案 C

3. 利用醇的催化氧化规律解题

例题4 把质量为 m g 的铜丝灼烧变黑，立即放入下列物质中，能使铜丝变红，而且质量仍为 m g 的是 (　　)

A. 稀 H_2SO_4　　B. C_2H_5OH　　C. 稀 HNO_3　　D. CO

解析 铜丝变黑发生反应 $2Cu + O_2 \xlongequal{\triangle} 2CuO$。对照 A、C，CuO 溶于酸生成 Cu^{2+}（稀 HNO_3 还可与 Cu 继续反应），铜丝质量减少；而 B 中 $CH_3CH_2OH + CuO \xrightarrow{\triangle} CH_3—\overset{\overset{\large O}{\|}}{C}—H + Cu + H_2O$；D 中 $CuO + CO \xlongequal{} Cu + CO_2$。

答案 BD

例题5 将等质量的铜片在酒精灯上加热后，分别插入下列溶液中，放置片刻，铜片质量增加的是 (　　)

A. 硝酸　　B. 无水乙醇　　C. 石灰水　　D. 盐酸

解析 铜片灼烧后生成 CuO，乙醇可实现 $CuO \longrightarrow Cu$ 的转变：$C_2H_5OH + CuO \xrightarrow{\triangle} CH_3CHO + Cu + H_2O$，铜丝的质量不变；石灰水不与 CuO 反应，铜片质量增加。

答案 C

4. 利用醛类组成知识解题

例题6 现有乙二醇、乙二醛、醋酸组成的混合物，测得其中氢元素的质量分数为 9%，则混合物中氧元素的质量分数为 (　　)

A. 16%　　B. 37%　　C. 52%　　D. 无法确定

解析 "通式组成法"是解决本题的重要手段。分析三种物质的组成：乙二醇（$C_2H_6O_2$）、乙二醛（$C_2H_2O_2$）、醋酸（$C_2H_4O_2$），它们分子中的氢元素的含量与氧元素的含量或碳元素的含量并无明显关系，但三种分子中的 C 和 O 的原子个数比都是 1∶1，所以我们可以设混合物的平均组成为 $(CO)_2H_x$，这样就可以求得混合物中 C 与 O 的总的质量分数为（1 − 9%），在（1 − 9%）中氧元素的质量又占了其中的 $\frac{16}{28}$，所以整个混合物中 O 元素的质量分数为 $(1-9\%)\times\frac{16}{28}=52\%$。

答案 C

5. 利用醛基的性质解题

例题7 已知醛和酮可与格氏试剂（R′MgX）发生加成反应，所得产物经水解可得醇：

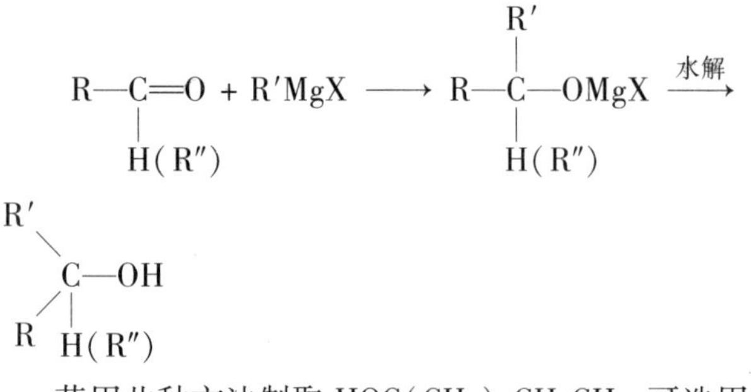

若用此种方法制取 $HOC(CH_3)_2CH_2CH_3$，可选用的醛或酮与格氏试剂是 (　　)

A. $H-\overset{\overset{\large O}{\|}}{C}-H$ 与 $CH_3CH_2\overset{\overset{\large CH_3}{|}}{C}HMgX$

B. CH_3CH_2CHO 与 CH_3CH_2MgX

C. CH_3CHO 与 $CH_3-\overset{\overset{\large CH_3}{|}}{C}HMgX$

D. $CH_3-\overset{\overset{\large O}{\|}}{C}-CH_3$ 与 CH_3CH_2MgX

解析 解此题的关键是抓住重要信息，找出成键的可能位置并作出合理判断。格氏试剂（R′MgX）与醛或酮加成时，带负电荷的R′加到不饱和碳原子上，带正电荷的MgX加到氧原子上，经水解得到醇。要制取$CH_3\overset{②}{—}\overset{\overset{\large CH_3}{|}}{\underset{\underset{\large OH}{|①}}{C}}\overset{③}{—}CH_2—CH_3$，形成①键和②键，可选酮 $CH_3-\overset{\overset{\large O}{\|}}{C}-CH_2CH_3$ 和格氏试剂CH_3MgX；形成①键和③键，可选酮 $CH_3-\overset{\overset{\large O}{\|}}{C}-CH_3$ 和格氏试剂CH_3CH_2MgX。结合本题选项，只有后者符合。

答案 D

6. 利用糖类知识解题

例题8 通过实验来验证纤维素水解后生成葡萄糖，其实验包括下列一些操作过程，这些操作过程的正确排列顺序是（　　）

①取一小团棉花或几小片滤纸　②小火微热，使之成亮棕色溶液　③加入质量分数为90%的浓硫酸，用玻璃棒把棉花或滤纸捣成糊状　④稍冷，滴入几滴$CuSO_4$溶液，并加入过量NaOH溶液使溶液中和至出现$Cu(OH)_2$沉淀　⑤加热煮沸

A. ①②③④⑤　　B. ①③②④⑤

C. ①③②⑤④　　D. ①②③⑤④

解析 通过实验来验证纤维素水解后生成葡萄糖时，一定要注意加入过量的NaOH溶液使溶液中和至出现$Cu(OH)_2$沉淀，再加热煮沸。

答案 B

例题9 某学生设计了三个实验方案，用以检验淀粉的水解情况。

方案甲：淀粉液$\xrightarrow{\text{硫酸,△}}$水解液$\xrightarrow{\text{氢氧化钠}}$中和液$\xrightarrow{\text{碘水}}$溶液变蓝

结论：淀粉完全没有水解。

方案乙：淀粉液$\xrightarrow{\text{硫酸,△}}$水解液$\xrightarrow{\text{银氨溶液,微热}}$无银镜现象

结论：淀粉完全没有水解。

方案丙：淀粉液$\xrightarrow{\text{硫酸,△}}$水解液$\xrightarrow{\text{氢氧化钠}}$中和液$\xrightarrow{\text{银氨溶液,微热}}$有银镜现象

结论：淀粉已经水解。

根据上述操作、现象，首先回答结论是否正确，然后简要说明理由。

解析 方案甲中的最终现象说明有淀粉存在，但不能证明是否已水解得到葡萄糖，因为本

实验未检验葡萄糖的存在。方案乙希望通过检验有无葡萄糖来证明淀粉是否水解,但忽略了反应条件,水解在酸性条件下发生,银镜反应在碱性条件下发生,实验设计中缺少关键环节——中和水解液,故此现象不能作为评判依据。只有方案丙严谨、完整,结论正确。

答案 方案甲不正确,因为淀粉可能部分水解,未水解的淀粉会与碘水反应而使溶液变蓝。方案乙不正确,因为淀粉可能部分水解或完全水解,但是在酸性条件下,生成的葡萄糖不能与银氨溶液发生银镜反应。方案丙正确,说明淀粉水解生成了葡萄糖,并在碱性条件下发生了银镜反应。

7. 利用酯化反应知识解题

例题10 在 $CH_3COOH + C_2H_5OH \rightleftharpoons CH_3COOC_2H_5 + H_2O$ 的平衡体系中,加入一定量的 $C_2H_5^{18}OH$,当重新达到平衡时,^{18}O 原子还应存在于 ( )

A. 乙酸乙酯中　　B. 乙酸中

C. 水中　　D. 乙酸、乙酸乙酯和水中

解析 羧酸分子中羧基上的羟基跟醇分子羟基中的氢原子结合成水,其余部分互相结合成酯,所以 ^{18}O 存在于乙酸乙酯中。

答案 A

例题11 炒菜时,又加酒又加醋,可使菜变得味香可口,原因是 ( )

A. 有盐类物质生成　　B. 有酸类物质生成

C. 有醇类物质生成　　D. 有酯类物质生成

解析 因为醇(酒)与酸(醋)反应生成的酯具有香味。

答案 D

参考文献

[1]贾换军．化学基础知识．北京:中央广播电视大学出版社,2008.
[2]崔建华．基础化学．北京:中国医药科技出版社,2009.
[3]曾崇理．有机化学．北京:人民卫生出版社,2008.
[4]刘同卷．化学．北京:化学工业出版社,2001.
[5]赵华绒,方文军,王国平．化学实验室安全与环保手册．北京:化学工业出版社,2013.
[6]杨勇．普通化学实验．上海:同济大学出版社,2009.
[7]暨南大学华文学院预科部．化学．广州:暨南大学出版社,2011.
[8]施其康．精英化学基础读本．北京:世界图书出版公司,2015.

元素周期表

原子序数 — 92 U — 元素符号，红色指放射性元素

元素名称 注＊的是人造元素 — 铀

$5f^36d^17s^2$ — 外围电子层排布，括号指可能的电子层排布

238.0 — 相对原子质量（加括号的数据为该放射性元素半衰期最长同位素的质量数）

非金属　金属　过渡元素

周期 \ 族	ⅠA 1	ⅡA 2	ⅢB 3	ⅣB 4	ⅤB 5	ⅥB 6	ⅦB 7	Ⅷ 8	Ⅷ 9	Ⅷ 10	ⅠB 11	ⅡB 12	ⅢA 13	ⅣA 14	ⅤA 15	ⅥA 16	ⅦA 17	0 18	电子层	0族电子数
1	1 H 氢 $1s^1$ 1.008																	2 He 氦 $1s^2$ 4.003	K	2
2	3 Li 锂 $2s^1$ 6.941	4 Be 铍 $2s^2$ 9.012											5 B 硼 $2s^22p^1$ 10.81	6 C 碳 $2s^22p^2$ 12.01	7 N 氮 $2s^22p^3$ 14.01	8 O 氧 $2s^22p^4$ 16.00	9 F 氟 $2s^22p^5$ 19.00	10 Ne 氖 $2s^22p^6$ 20.18	L K	8 2
3	11 Na 钠 $3s^1$ 22.99	12 Mg 镁 $3s^2$ 24.31											13 Al 铝 $3s^23p^1$ 26.98	14 Si 硅 $3s^23p^2$ 28.09	15 P 磷 $3s^23p^3$ 30.97	16 S 硫 $3s^23p^4$ 32.06	17 Cl 氯 $3s^23p^5$ 35.45	18 Ar 氩 $3s^23p^6$ 39.95	M L K	8 8 2
4	19 K 钾 $4s^1$ 39.10	20 Ca 钙 $4s^2$ 40.08	21 Sc 钪 $3d^14s^2$ 44.96	22 Ti 钛 $3d^24s^2$ 47.87	23 V 钒 $3d^34s^2$ 50.94	24 Cr 铬 $3d^54s^1$ 52.00	25 Mn 锰 $3d^54s^2$ 54.94	26 Fe 铁 $3d^64s^2$ 55.85	27 Co 钴 $3d^74s^2$ 58.93	28 Ni 镍 $3d^84s^2$ 58.69	29 Cu 铜 $3d^{10}4s^1$ 63.55	30 Zn 锌 $3d^{10}4s^2$ 65.41	31 Ga 镓 $4s^24p^1$ 69.72	32 Ge 锗 $4s^24p^2$ 72.64	33 As 砷 $4s^24p^3$ 74.92	34 Se 硒 $4s^24p^4$ 78.96	35 Br 溴 $4s^24p^5$ 79.90	36 Kr 氪 $4s^24p^6$ 83.80	N M L K	8 18 8 2
5	37 Rb 铷 $5s^1$ 85.47	38 Sr 锶 $5s^2$ 87.62	39 Y 钇 $4d^15s^2$ 88.91	40 Zr 锆 $4d^25s^2$ 91.22	41 Nb 铌 $4d^45s^1$ 92.91	42 Mo 钼 $4d^55s^1$ 95.94	43 Tc 锝 $4d^55s^2$ (98)	44 Ru 钌 $4d^75s^1$ 101.1	45 Rh 铑 $4d^85s^1$ 102.9	46 Pd 钯 $4d^{10}$ 106.4	47 Ag 银 $4d^{10}5s^1$ 107.9	48 Cd 镉 $4d^{10}5s^2$ 112.4	49 In 铟 $5s^25p^1$ 114.8	50 Sn 锡 $5s^25p^2$ 118.7	51 Sb 锑 $5s^25p^3$ 121.8	52 Te 碲 $5s^25p^4$ 127.6	53 I 碘 $5s^25p^5$ 126.9	54 Xe 氙 $5s^25p^6$ 131.3	O N M L K	8 18 18 8 2
6	55 Cs 铯 $6s^1$ 132.9	56 Ba 钡 $6s^2$ 137.3	57～71 La～Lu 镧系	72 Hf 铪 $5d^26s^2$ 178.5	73 Ta 钽 $5d^36s^2$ 180.9	74 W 钨 $5d^46s^2$ 183.8	75 Re 铼 $5d^56s^2$ 186.2	76 Os 锇 $5d^66s^2$ 190.2	77 Ir 铱 $5d^76s^2$ 192.2	78 Pt 铂 $5d^96s^1$ 195.1	79 Au 金 $5d^{10}6s^1$ 197.0	80 Hg 汞 $5d^{10}6s^2$ 200.6	81 Tl 铊 $6s^26p^1$ 204.4	82 Pb 铅 $6s^26p^2$ 207.2	83 Bi 铋 $6s^26p^3$ 209.0	84 Po 钋 $6s^26p^4$ (209)	85 At 砹 $6s^26p^5$ (210)	86 Rn 氡 $6s^26p^6$ (222)	P O N M L K	8 18 32 18 8 2
7	87 Fr 钫 $7s^1$ (223)	88 Ra 镭 $7s^2$ (226)	89～103 Ac～Lr 锕系	104 Rf 𬬻＊ $(6d^27s^2)$ (261)	105 Db 𬭊＊ $(6d^37s^2)$ (262)	106 Sg 𬭳＊ (266)	107 Bh 𬭛＊ (264)	108 Hs 𬭶＊ (277)	109 Mt 鿏＊ (268)	110 Uun ＊ (281)	111 Uuu ＊ (272)	112 Uub ＊ (285)	……							

镧系	57 La 镧 $5d^16s^2$ 138.9	58 Ce 铈 $4f^15d^16s^2$ 140.1	59 Pr 镨 $4f^36s^2$ 140.9	60 Nd 钕 $4f^46s^2$ 144.2	61 Pm 钷 $4f^56s^2$ (145)	62 Sm 钐 $4f^66s^2$ 150.4	63 Eu 铕 $4f^76s^2$ 152.0	64 Gd 钆 $4f^75d^16s^2$ 157.3	65 Tb 铽 $4f^96s^2$ 158.9	66 Dy 镝 $4f^{10}6s^2$ 162.5	67 Ho 钬 $4f^{11}6s^2$ 164.9	68 Er 铒 $4f^{12}6s^2$ 167.3	69 Tm 铥 $4f^{13}6s^2$ 168.9	70 Yb 镱 $4f^{14}6s^2$ 173.0	71 Lu 镥 $4f^{14}5d^16s^2$ 175.0
锕系	89 Ac 锕 $6d^17s^2$ (227)	90 Th 钍 $6d^27s^2$ 232.0	91 Pa 镤 $5f^26d^17s^2$ 231.0	92 U 铀 $5f^36d^17s^2$ 238.0	93 Np 镎 $5f^46d^17s^2$ (237)	94 Pu 钚 $5f^67s^2$ (244)	95 Am 镅＊ $5f^77s^2$ (243)	96 Cm 锔＊ $5f^76d^17s^2$ (247)	97 Bk 锫＊ $5f^97s^2$ (247)	98 Cf 锎＊ $5f^{10}7s^2$ (251)	99 Es 锿＊ $5f^{11}7s^2$ (252)	100 Fm 镄＊ $(5f^{12}7s^2)$ (257)	101 Md 钔＊ $(5f^{13}7s^2)$ (258)	102 No 锘＊ $(5f^{14}7s^2)$ (259)	103 Lr 铹＊ $(5f^{14}6d^17s^2)$ (262)

注：
相对原子质量录自2001年国际原子量表，并全部取4位有效数字。